源语、转述、评论：
记者会口译
跨媒介互文分析

郑凌茜 著

本书获教育部人文社会科学研究规划基金项目（编号：21YJC740082）
和闽江学院人才科研启动项目（编号：MJY20028）资助

厦门大学出版社 国家一级出版社
XIAMEN UNIVERSITY PRESS 全国百佳图书出版单位

图书在版编目(CIP)数据

源语、转述、评论：记者会口译跨媒介互文分析/郑凌茜著.—厦门：厦门大学
出版社，2021.9

ISBN 978-7-5615-8249-7

Ⅰ.①源… Ⅱ.①郑… Ⅲ.①新闻报道—口译—研究 Ⅳ.①G212②H059

中国版本图书馆 CIP 数据核字(2021)第 101653 号

出 版 人	郑文礼
责任编辑	高奕欢

出版发行 厦门大学出版社

社　　址	厦门市软件园二期望海路 39 号
邮政编码	361008
总　　机	0592-2181111　0592-2181406(传真)
营销中心	0592-2184458　0592-2181365
网　　址	http://www.xmupress.com
邮　　箱	xmup@xmupress.com
印　　刷	厦门兴立通印刷设计有限公司

开本	720 mm×1 020 mm　1/16
印张	14.5
字数	255 千字
版次	2021 年 9 月第 1 版
印次	2021 年 9 月第 1 次印刷
定价	58.00 元

厦门大学出版社
微信二维码

厦门大学出版社
微博二维码

序

今年 4 月,凌茜借来京出差的机会来看我,告诉我她的博士论文即将由厦门大学出版社出版,由衷为她感到高兴。这不仅是因为凌茜是我独立指导的第一届博士生中的一位,了解她当初作为一个两岁半女孩的年轻妈妈只身从福建来蓉读博的诸多不易,还因为她的选题属跨学科视角,从传播学、符号学等角度探究记者招待会口译中译员参与媒体话语建构问题,关注口译活动中的社会文化因素,而这样的跨学科视角迄今仍不多见。

在总数或许并不算少的翻译学博士论文中,聚焦口译研究的总体较少,讨论影响口译事件过程和结果的社会文化因素的更少。根据仲伟合、贾兰兰(2015)的统计,2000 年至 2013 年间,国内 32 篇博士论文的主题包括口译过程研究、口译教学研究、口译产品及译员表现研究、口译实践与职业研究、口译理论研究等,其中口译过程研究主题占据半壁江山,其次是口译教学研究,较少有关注与口译相关的社会、文化背景的选题。即便就国内整个口译研究领域来看,虽然近年来口译研究的主题不断丰富,出现了包括实证转向、认知转向、技术转向和社会/社会学转向在内的研究视角和方法的转向(Ren et al.,2020:15),但研究主题仍然分布不均。口译认知过程研究、口译教学研究仍是主打,VR 技术、机器翻译以及眼动仪、事件相关电位、磁共振成像等技术在口译教学和口译过程研究中的应用,推动了这两个领域更多维度的发展(Ren & Huang,2021:11),但是依然"鲜见传播学、符号学、伦理学、哲学视角的口译研究"(Ren et al.,2020:20)。正是在这样的背景下,凌茜的探索即便放在今天仍颇具价值。

《源语、转述、评论:记者会口译跨媒介互文分析》以记者招待会口译为切入点,从翻译研究、批评话语分析研究和符号学研究相结合的跨学科视角,剖析记者会口译话语与现场源语、新闻转述话语以及新闻评论话语之间的互文关系,体现了对口译产品在记者会现场以及后续传播效果延宕的双重关注,这是对社会和文化维度口译研究的呼应和有益的尝试。在我看来,这本书有如下三个特色：

第一，提出口译跨媒介互文分析框架。从记者会现场源语文本发送，到现场译语建构，再到新闻媒体转述和评论，形成一条跨媒介话语传播链，口译的参与使记者会话语在传播过程中的语言和信息变形更为复杂。作者以互文关系为核心，通过翻译研究视域下的源语和译语互文、批评话语分析研究视域下的译语和新闻转述话语互文，以及符号学研究视域下的口译活动和新闻评论话语互文，串联起微观的口译文本分析、语言表层分析透视出的话语秩序构建，以及宏观的文化批评。这一分析框架将着眼于翻译文本的双语对比分析与新闻话语的单语再语境化分析相结合，为社会和文化维度的口译产品研究提供了新的框架和路径。

第二，拓展了口译研究对象的范围。近年来，翻译在国际新闻传播中的作用在学界得到越来越多讨论（Schäffner，2012；Valdeón，2021）。而在加强和改进国际传播工作，展示真实、立体、全面的中国的战略背景下，翻译在我国国际传播中的重要性也更加凸显，但少有研究关注现场译语如何在新闻报道中被转述、评论或重构。将新闻报道纳入研究视野，拓展了口译研究对象的范围；而新闻报道的转述和评论作为考察现场口译传播的窗口，也有助于重新审视口译教学和实践的有效性。比如，研究发现译员自我修正可能使记者会话语在新闻报道传播中出现意义和理解上的偏差，造成不必要的误读，这对于口译策略训练提出了更细致的分类别、分场景、分对象的要求。此外，通过新闻评论描绘机构和媒体语境下记者会译员及其口译活动的真实状态，有助于进一步推动国际新闻传播中的口译因素研究。

第三，综合使用定量统计和定性分析阐释方法。该研究选取真实口译现场语料以及新闻报道语料，自建语料库，先是通过定量统计呈现语料的整体情况，而后对具有区别性特征的细节进行定性分析和阐释。由于该研究涉及的口译员群体主要为外交部译员，在译员调查和访谈方面存在一定难度，因而利用新闻媒体公开报道对译员及其口译活动进行描述阐释，并运用版面位置、空间位置、字体设置等视觉模态相关分析方法讨论新闻报道的副文本和链文本特征。这对译员及口译活动进行细颗粒度研究具有一定的启示意义。

当然，我们也应注意，口译活动只是记者会现场和新闻报道传播过程中的一种参与性因素因素，其对后者的影响作用是有限的。该研究由于现场调研受控以及海外调查成本过高等因素限制，未直接针对英语国家受众进行现场口译传播效果的实证调查。而新闻媒体有着自身的机构性和意识形态，不能以本研究结果作为审视口译传播效果的全部依据，新闻转述和评论对于口译实践的启示也需要有更多维度的数据验证。这些问题为后续研究提供了广阔的探究空间。此外,本研究还存在一个可待进一步挖掘的隐含价值:既然政治话语、口译译语和媒体报道之间存在互文关系,提升政治话语国际传播效果和层次单靠译员的努力显然不够,还需深入客观地探究政治话语表述方式是否也需要改善以及如何改善,以期获得更佳的传播效果,"塑造可信、可爱、可敬的中国形象"(习近平,2021)。希望并相信口译与国际传播相结合的研究能得到更多学者的关注,转化为助力口译教育和口译实践的资源,以推动口译研究、教学和实践为新时期中国话语国际传播做出更大的贡献。

在这篇序言完成之时,欣闻凌茜获得 2021 年教育部人文社科研究青年项目立项,可喜可贺。祝愿凌茜在教书育人、教研并重的道路上活得充实、走得坚实、所获丰实。

任文

北京外国语大学高级翻译学院

2021 年 8 月

参考文献

习近平.加强和改进国际传播工作 展示真实立体全面的中国. 2021 年 5 月 31 日习近平总书记在主持中共中央政治局第三十次集体学习时的讲话.新华社.

仲伟合、贾兰兰. 中国口译研究的发展和研究走向浅析——一项基于国内口译研究博士论文的分析[J]. 中国翻译,2015(2):19-25.

Ren,W.,C. Guo & J. Huang. A Review of 40 Years of Interpreting Research in China (1978-2018)[J].*Babel*,2020,66(1):1-28.

Ren,W. & J. Huang. Mapping the Structure of Interpreting Studies in China (1996-2019) Through Co-word Analysis [J]. *Perspectives*,2021. doi:10. 1080/0907676X. 2021.1900881.

Schäffner,C. Unknown Agents in Translated Political Discourse[J]. *Target*,2012,24(1):103-125.

Valdeón,R. A. *Journalistic Translation Research Goes Global*[M]. London & New York:Routledge,2021.

目　录

第一章　绪　论

在当今这个国际交流日益频繁、密切而多元的时代,语言在国际关系、对外传播、媒体和新闻传播研究等领域起着积极作用,受到越来越多关注(Wigen,2015:428)。中国的国际地位不断提高,"让世界读懂中国""让中国走向世界"成为具有鲜明时代特征的中国特色国际传播理念。中国要在世界上发出更强的声音,除了要了解和把握国际形势和动向之外,更重要的是在国际舞台上讲好中国故事,将中国声音有效地传播到国际社会中,同时关注国际社会对中国故事的接收和解读。在这个过程中,新闻媒体是中国话语国际传播的重要媒介,翻译则是中国话语国际建构和传播的重要参与因素。口译活动作为翻译行为的重要组成部分,其出现远早于笔译活动,在书面文字出现之前,口译员就是语言不通的部落之间跨语际交流的直接参与者。西方有记录的最早的口译活动出现在古埃及,当时的寺庙和墓碑上刻载了异邦向古埃及朝廷臣服和朝贡的场景(任文,2010:1)。如今,口译仍是国家元首间互访、记者会新闻发布、跨语际跨文化交流等活动中不可或缺的沟通桥梁。译员及其口译活动是口译研究的重要内容,然而在对外话语和新闻传播研究中受到的关注不足。

事实上,口译活动不仅沟通了讲话人和现场受众的交流,也在一定程度上影响了参与和报道现场活动的新闻媒体及其受众对现场讲话的理解和解释。以方言"不折腾"在英文媒体中的传播为例。胡锦涛主席于 2008 年 12 月 18 日在纪念改革开放三十周年大会的讲话中提到在改革开放的进程中要"不折腾",当天的新华社英语新闻和第二天的《中国日报》都将其表述为"don't get sidetracked"(不转移方向)(Xinhua News Agency,2008-12-18;Zhu,2008-12-19),此后"不折腾"又出现了十几个英语译本,其中一个译本是对"不折腾"进行音译,出自政府记者会译员之口。2008 年 12 月 30 日,在国务院新闻办举行的新闻发布会上,《香港商报》记者提问国新办主任王晨如何解读胡锦涛主席所说的"不折腾",现场译员音译为"buzheteng",这一音译引发了广泛讨论

（朱纯深、张峻峰，2011；杨明星、闫达，2012）。值得注意的是，现场译员的译本逐渐被外国媒体接受，如《悉尼先驱晨报》(*The Sydney Morning Herald*)在2010年2月27日的一篇报道中将"不折腾"表述为"'bu zheteng'('stability', or 'don't rock the boat')"［不折腾（稳定，或者不破坏现状）］(Gamaut, 2010-02-27)，这一表述显然受到了口译员音译的影响。2010年12月29日，《中国日报》网站发表文章称越来越多的中国词汇进入英语，其中第一个例子就是"buzheteng"(Xiao, 2010-12-29)。

如仲伟合（2015）[①]等学者所说，今天中国的翻译已经"由译入为主转为译出为主"，表现出"强烈的文化输出需求"和"国家形象建构"需求。记者会译员的措辞被国际新闻媒体采纳，译员的中国特色话语表达进入英语词汇，这促使我们重新审视翻译及口译活动在中国话语国际建构和传播中的作用。比如，现场译员如何处理记者会讲话中有中国文化特色词汇的翻译？现场译语对于记者会讲话在英语受众中的传播有何影响？译员在译语传播过程中，尤其是在新闻媒体对译语的传播过程中扮演什么样的角色？口译活动本身是否受到新闻媒体的关注，对译语传播有何影响？正是对这些问题的思考，开启了本研究的探索之旅。

本研究以12场中国政府记者会口译和136篇国内外主流媒体新闻报道为语料，以互文理论为核心搭建理论框架，剖析口译与记者会源语、新闻转述话语及新闻评论话语的互文特征，描述和解释译语建构及译语传播轨迹，探究口译活动在记者会新闻传播中的参与作用，为记者会口译的本质认知、策略反思、效果及影响等研究提供新思路。

第一节　机构和媒体语境下的口译研究

翻译研究长期以来受语言学研究范式影响，关注微观的文本分析，20世纪八九十年代的"文化转向"使翻译研究的内容拓展到文本之外，包括"各种类型的非语言材料、翻译/口译过程中的各类参与者、影响翻译/口译活动的文化、历史、社会环境"(Baker, 2014:15)等方面，涉及宏观的社会、历史、文化、政治、权力等因素。本研究对口译活动在记者会新闻传播中参与作用的探究是

---

① 参见仲伟合、许钧、王宁等于2015年3月在广东外语外贸大学举办的翻译高层学术论坛上的发言，http://www.tagd.org.cn/Item/2196.aspx，访问日期：2019-10-01。

以翻译研究"文化转向"后的研究视野为背景进行的,同时也是对"文化转向"的反思。本节先评述"文化转向"对翻译/口译研究的整体影响,接着梳理前人关于机构、媒体和翻译/口译活动的研究,尤其是这方面研究在"文化转向"影响下的进展和存在的不足,从而界定本研究的起点。

一、"文化转向"与翻译/口译研究

"文化转向"(the cultural turn)这一概念由勒弗菲尔和巴斯奈特(Lefevere & Bassnett,1990:1,4)于 20 世纪 90 年代初提出,两位作者认为,翻译研究从以词为单位到以语篇为单位,现在应该转向以文化为单位。"文化转向"被认为是对 80 年代以来翻译研究中盛行的操控理论、目的论、解构主义理论等思潮的总结和前瞻(Snell-Hornby,2006:47-68),由此,翻译研究的焦点从文本本身和意义对等转向"文本转换过程中的操纵"(Bassnett,1998:123),学界普遍意识到翻译不只是简单的语言转换和意义对等,而是植根于社会文化语境中,在文化交流中起中介作用,甚至产生关键性影响。同时,翻译研究"文化转向"这一概念的提出,与同时期文化研究的蓬勃发展密切相关,翻译研究的文化视野在此后的十年间大量结合解构主义、后现代主义、后结构主义、后殖民主义、女性主义等文化研究理论,以及社会学、符号学、人类学等视域,研究翻译活动与其所处的社会文化语境中的文化、身份、政治、权力、机构、意识形态等因素的关系,这极大地拓宽了翻译研究的内容和范围,开启了一个全新的范式,对今天的翻译研究仍有重要影响。

在翻译研究的"文化转向"之后,又出现了诸多与之相关的"转向"[①],如"权力转向"(Tymoczko,2002:xvi)、"政治转向"(Snell-Hornby,2006:69)、"社会学转向"(Prunč,2007:42)、"社会转向"(Pöchhacker,2008:38)等,归结起来,主要关注两个方面,一是翻译活动中"人"的因素,尤其是译者作为一个重要的行动者(agent),其"行动主体性"(agency)(任文,2016:70)、决策等对翻译活动和社会活动产生的影响;二是关注翻译活动与社会、政治、历史、文化语境之间的互动关系,即社会历史文化语境因素对翻译活动的影响和制约,以

---

① 有学者认为翻译研究中出现各种"转向",并不是转向新的研究视域而抛弃原有的研究,而是应理解为各种不同的理论视角或方法互相补充,促进翻译研究的多元发展,参见 Mona Baker 在"Translation and Interpreting as Social Practice"高端论坛(2013,Henan,China)上的发言,赵文静、胡海珠(2015:70)。

及翻译活动对社会历史文化语境的反映、塑造和影响（Tymoczko，2003；Inghilleri，2005；Wolf & Fukari，2007；Pérez-González，2012；Kang，2014；Constantinou，2019），其中，权力关系是研究的焦点。

另外，翻译研究长期以来主要依靠汲取其他研究领域，如语言学、文学和文化研究的理论和方法求得发展，"文化转向"后的另一个趋势是，学界开始思考翻译研究是否能"为其他学科提供新的研究视角的借鉴，让我们生活的整个世界受益"（Snell-Hornby，2006：166），巴斯奈特称之为文化研究中的"翻译转向"（Bassnett，1998：123）。而近年来，一些学者更进一步强调翻译活动作为社会变革和历史进程参与者和干预者的角色和作用，如贝克（Baker，2006；2013）、铁木志科（Tymoczko，2009；2010）、张佩瑶（Cheung，2010）和腓特列西等（Federici et al，2016）。伍尔夫（Wolf，2012：129）更明确提出"翻译研究的行动主义转向"，即翻译活动积极地介入、影响，甚至干预政治、经济、文化活动和意识形态的斗争，消解冲突，成为社会变革和进步的重要推动力量。换句话说，学界开始将翻译活动作为社会文化交流的参与者，重视其在社会变革中的积极作用，思考翻译研究能为其他相邻学科、为整个社会、历史和文化发展做些什么，这也成为国际翻译研究的热点和前沿之一（李红满，2014：26；Ghessimi，2019）。

同时，翻译研究学界对"文化转向"也有不少批评的声音，如认为"文化"是一个含义众多因而含混不清的表述（Conway，2015：517）、"文化转向"只停留在概念层面，并没有提出具体的理论框架等。较为强烈的反对声音集中在"文化转向"对翻译活动外部因素的过度关注上，如沙夫纳和巴斯奈特（Schäffner & Bassnett，2010：12）这样评论道："如今的翻译研究不再关心译文是否'忠实'于原文，转而关注翻译作为一个社会、文化和传播行为的文化作用和意识形态作用……换句话说……关注翻译的影响而不是翻译活动内部的结构。"批评者们认为"文化转向"否定了翻译作为一种语言转换活动的本质，模糊了翻译研究的边界，如果"任何（声称）与翻译有关的东西都属于翻译研究的范畴"（Lefevere & Bassnett，1998：1），那么翻译就成为一个包罗万象的学科而迷失方向。正是在这个意义上，芒迪（Munday，2001：139）将"文化转向"描述为"文化研究试图对翻译研究进行的殖民化"。近年来，一些学者呼吁翻译研究的"本体回归"（武光军，2008：80；曹明伦，2013：100），强调对翻译研究宏观和微观视域的共同关注（Tyulenev，2014），鼓励翻译研究文化学派和语言学派的互相借鉴（任文，2007），为文化视野下的翻译研究指明了新的方向。

口译是一个高度依赖语境的即时的信息传递活动，因此口译研究学者们很早就开始关注交际和情景语境的影响。对口译在社会和情景语境中的讨论可以追溯到 1976 年安德森（Bruce Andersen）对三方交际话语互动和译员角色的研究，其范式与瓦登斯约（Wadensjö，1998）和罗伊（Roy，2000）的研究共同促成了口译研究"对话性话语互动范式"（Dialogic Discourse-Based Interaction，DI）（Pöchhacker，2004：79）的形成，但这一范式主要限于对话口译，尤其是社区口译（community interpreting）研究。

2002 年，受到翻译研究"文化转向"的影响，克朗宁（Cronin，2002：387-397）提出口译研究的"文化转向"，呼吁将经济、政治和文化语境纳入口译研究的视野，从文化和权力操控等角度研究各种形式的口译活动，但这一宣言一直没有得以全面实践。与"对话性话语互动范式"相同，口译研究的"文化转向"，或者更确切地说，口译研究的"社会学转向"①主要是在对话口译，尤其是在社区口译的阵地实现和发展的，这与社区口译通常发生在医院、警局、法庭等机构场所内有很大关系，机构霸权使得对话双方的地位悬殊，权力冲突特别激烈。这方面具有代表意义的研究如安吉莱利（Angelelli，2004）、英格莱利（Inghilleri，2005；2012）、皮姆（Pym，2006）、任文（2010；2013）、弗拉涅茨（Vranjes et al，2019）。值得一提的是，波拉鲍尔（Pöllabauer，2006）的研究证明口译研究一定程度上影响了澳大利亚避难听证会口译员使用条例的起草，这是对"翻译研究的行动主义转向"有力的呼应。只有少数学者从社会文化、机构、权力或意识形态的角度聚焦对话口译/社区口译之外的口译场景，如南非真相与和解委员会（The Truth and Reconciliation Commission）口译（Wallmach，2002）、国际会议口译（Diriker，2004）、欧洲议会专题讨论会口译（Beaton，2008）、中国古代口译史（Lung，2011）、政府记者会口译研究（Fu，2018）等。

除少数研究外，国内口译研究的焦点主要集中在口译的认知心理过程和口译教学，涉及"文化转向"视域的研究较少。根据仲伟合、贾兰兰（2015）对国内 32 篇口译研究博士论文（2000—2013）的文献计量研究，从研究视角来看，话语互动行为和社会文化活动视角的论文仅有 10 篇，其中文化和社会学视域下的研究只有 1 篇，即任文（2008）的研究。仲伟合、贾兰兰（2015：23）更明确指出，"目前国内口译研究博士论文大都关注口译的理论、认知过程、教学培训等主题，缺乏对翻译行业和与口译相关的社会、文化背景的关注和研究"。根据任文、黄娟（2019）的文献计量研究，口译教学、译员、口译技能等仍然是中国

---

① 关于口译研究的"文化转向"和"社会学转向"，参见任文（2016：74-75）采访安吉莱利（Claudia Angelelli）的访谈录。

口译研究的核心关键词。总之，口译研究的"文化转向"在国内外研究中主要在对话/社区口译场景中得以实现，而其他口译场景中口译活动与相关社会历史文化因素的互动研究有待进一步探索和丰富；相对于国外，国内学界对口译研究的"文化转向"尚未引起广泛重视，为后续研究留有巨大空间。

以上对翻译/口译研究"文化转向"以及转向之后研究的回顾，是本研究视野的基础和起点。"文化转向"后翻译研究学界对翻译活动作为社会历史进程的参与者所扮演的角色和承担责任的关注和思考正是现有口译研究文献，尤其是社区口译研究之外的口译研究所缺失的。本研究将从口译研究的文化视野出发，以综观视角兼顾宏观的文化、社会和机构因素以及微观的语言和语篇因素，讨论口译活动作为主动和被动的参与者影响社会文化交流的过程，描述和解释机构和媒体语境下记者会译员及其口译活动的真实状态。

二、机构翻译/口译研究

"机构翻译"概念最早由莫索普（Mossop，1998）提出，指特定官方主体（如国家机构、跨国组织、公共服务机构、私人公司等）内进行的或为其服务的翻译活动（Schäffner et al，2014：493）。机构翻译的特点是翻译的制度化（任东升、陈梦瑶，2015：29），即翻译群体的组织结构、翻译实践、行为模式等带有一定的机构制度特征。目前关于机构翻译活动的研究大致可分为三类，一是机构中的翻译，主要关注翻译文本的语言特点和翻译策略；二是翻译活动与机构的互动，主要关注机构因素对翻译活动的制约；三是翻译的机构性，关注翻译在机构活动中的参与和影响作用。但这两类研究并不是界限分明的，而是有所交叉，比如对机构翻译文本语言风格的研究可能涉及机构因素与整个翻译活动的互动影响；对机构中翻译活动的研究也必然涉及翻译的机构性。

具体来说，第一类研究以文本为中心，聚焦翻译文本的语言和语篇特点、机构语言和语篇特点对翻译产品及翻译策略的影响。较有代表性的研究如机构语言的特点及文化内涵对翻译策略的影响（Newmark，1991；Shunnaq，2000；杨大亮、赵祥云，2012；屈文生，2015）、机构语境和意识形态对翻译语言和语篇结构的影响（Baumgarten & Gagnon，2005；Kang，2014；Witt，2017）、机构文本的隐喻翻译研究（Schäffner，2004a；朱晓敏、曾国秀，2013）、机构翻译的受众意识（Li & Li，2015）等。这些研究主要应用语言学理论如文本类型理论、概念隐喻理论、系统功能语言学理论、修辞学理论等，通过文本分析，尤其是源文和译文对比分析，探究机构语境下的翻译产品和翻译策略，但大多数研究将机构语境和意识形态作为分析译文语言特点和翻译策略的制约因素，几乎没有涉及宏观的机构活动以及翻译对机构活动的影响。

第二类研究以机构为焦点，考察机构内的翻译活动，讨论机构因素对翻译活动的制约和影响，以及翻译活动在机构运作中的作用。较早论及翻译与机构关系的是莫索普（Mossop，1988；1990）对加拿大政府机构翻译服务的研究，莫索普认为其对机构翻译的研究是"翻译研究一个缺失的方面"（Mossop，1988：65）。之后比较有代表性的研究如沙夫纳（Christina Schäffner）关于欧洲安全与合作会议（CSCE）[①]中机构专门术语对翻译活动的影响研究（Schäffner，1997）；阿特恩（Arthern，1994）、科斯基宁（Koskinen，2000；2008）和瓦格纳等（Wagner et al，2002）对欧盟委员会机构翻译的研究；洪和若林（Hung ＆ Wakabayashi，2005）对中国历史上政府机构翻译的研究；郑晔（2012）关于国家机构赞助人身份对翻译活动的影响研究；莫索普（Mossop，2014）关于机构因素对译者积极动机和消极动机影响的研究；沙夫纳（Schäffner et al，2014）对国家机构、超国家机构和非政府机构组织中翻译活动的比较研究；以及达马斯金尼迪（Damaskinidis，2017）关于欧盟机构因素对译者翻译偏移的影响研究等。其中，欧盟作为最大的提供翻译服务的政治机构，已成为翻译研究主要的机构场景（Mossop，2014：144）。这些研究受"文化转向"的显著影响，关注翻译过程中的机构因素和权力因素如何影响翻译活动的发生、进展和传播，制约译者行为，影响译者身份认同，以及译者对翻译语言、词汇和风格的选择。

第三类研究关注翻译的机构性，聚焦机构场景下"鼓励、允许、推动、阻碍或是禁止翻译活动的各种政策"因素和权力关系（Schäffner，2007：136），以及翻译在机构活动中的参与作用。如米尔顿（Milton，2000）研究 20 世纪 60 至 80 年代巴西的翻译审查制度和国家意识形态对文学翻译出版政策的影响；朗德尔和斯特奇（Rundle ＆ Sturge，2010）研究德国文学翻译作品文本选择及出版政策等；贝克（Baker，2006）关注翻译在国际冲突中的影响和建构作用，以及对译者作为一个机构角色的作用；洛迦诺和博托利（Loiacono ＆ Bertoli，2018）关于法律机构和国家机构因素对两国双边协定翻译的复杂性影响研究；盖斯密（Ghessimi，2019）聚焦翻译在机构活动中的参与作用。这些研究代表了"文化转向"之后翻译研究学者对翻译活动社会和机构属性的思考和多维阐

---

① "欧洲安全与合作会议"最早是冷战时期西方为加强对话而召集的会议，于 20 世纪 90 年代设立了组织机构和秘书处，于 1995 年更名为"欧洲安全与合作组织"（OSCE）。

释，但大多着眼于宏观的社会和机构维度，较少考虑翻译的语言因素，且主要运用理论思辨和实例分析的方法，需要更多量化数据的支持。

这三类研究的主要发现是，翻译活动在各方面受机构语境制约，在承担语言中介任务的同时，也传递着机构文本发出者的价值观，翻译活动甚至在机构中形成了"符合机构需求的内在逻辑"（Kang，2014：470）；同时，翻译活动发挥着一定程度的参与和影响作用。其中，译者在机构语境中的角色、身份和能动性受到了学者们的普遍关注。

这三类研究存在的问题是：首先，虽然大部分研究都关注翻译与机构的互动关系，但总体上更侧重机构语境对翻译语言和译者行为的制约，进而引发对机构文本的语言和翻译、机构语境制约下的翻译政策、译者角色等话题的讨论，而对翻译在机构活动中的作用，尤其是对"翻译在各种类型的机构中的角色给予的关注不足"（Kang，2014：470），"翻译的整个机构文化……值得在更多的机构和语言对中进行系统研究"（Mason，2012：410）。

其次，大多数研究强调机构语境对翻译的制约作用，且主要结论是译者忠诚于机构，在机构活动中扮演守门人或把关人的角色，但也有学者指出，译者对机构的从属关系不是一成不变而是多样化的（Kang，2014），因而译者在机构中的能动作用和复杂多样的同盟关系需要进一步研究。

再次，已有研究"有着极强的欧洲中心主义色彩"（van Doorslaer，2011：231），整体上对其他国家和地区政治场景中的翻译活动关注不足，因此，不同国家和不同机构语境中各种形式的翻译活动还有待进一步挖掘和丰富。

最后，从研究范式和方法来看，机构语境下的翻译研究要么着眼于具体的文本语言，要么在"文化转向"的影响下关注宏观的机构因素，将微观和宏观结合起来全面描写机构语境下翻译活动的研究较少。另外，关于翻译在机构活动中参与作用的研究以理论思辨和案例分析为主，需要更多实证数据的支撑和丰富。

与翻译研究的整体趋势相似，机构语境下的口译研究也重视具体文本的口译策略，但与翻译研究不同的是，口译研究较少关注"口译活动的机构性"，却表现出对口译员重要性的高度重视。具体可以分为两类，一类是关注译员作为机构活动参与者的主体性和调控角色。比如，比顿（Beaton，2008）对欧洲议会专题讨论会中译员个人的价值观与机构意识形态关系的研究，认为同声传译强化了机构霸权；英格莱利（Inghilleri，2012）对英国政治庇护机构口译的研究，剖析口译员表现出的伦理道德选择和协调角色；詹成（2013）基于真实对话口译语料对机构译员调控角色的研究。另一类研究关注口译的译员的认知心理过程、口译策略、口译规范和译员决策,研究结论具有一定的普适性,在这种情况下,机构语境仅是适用于研究结论的一个背景。比如,沃里科斯基(Vuorikoski,2004)基于多语欧洲议会演讲和同传语料库,对口译语言特征、口译规范进行描写,评估口译质量;谌莉文(2011)以记者会口译为案例语料,分析译员的认知心理和概念整合模式;芒迪(Munday,2012)通过分析奥巴马演讲三个版本同声传译语料中的词汇和语法,探讨译员决策的步骤和策略;王斌华(2013)和李(Li,2018)描写分析描写记者会口译规范和口译策略。其中,仲伟合、贾兰兰(2015:21)曾评论王斌华的研究虽然选择记者会现场口译作为语料,但"主要是试图描写具有普遍适用性的口译规范",未将这些规范限定在机构口译语境中。

可见,机构语境下的口译研究重视"人",即译员因素的作用,突出对口译认知心理、规范和口译质量的描写,并通过对口译员认知心理过程及译员作为政机构角色的探讨,一定程度上将微观的语言研究与宏观的机构研究联系在一起,然而很少从宏观上关注口译与机构的互动关系,较少涉及口译活动在机构运作和发展中的角色和作用。

三、机构、新闻翻译和媒体口译研究

媒体,包括传统媒体如报纸、杂志、广播电视,以及新媒体如网络、微信等,是大众传播的重要媒介。媒体通过新闻报道、新闻采访、直播或转播新闻发布会、开辟官方网站或微博微信与公众互动等,成为官方机构与大众沟通的主要渠道。聚焦媒体和机构活动的研究很少涉及翻译维度,主要关注媒体议程设置(吴瑛,2011)、机构话语在媒体语境中的建构和叙述(Fetzer & Lauerbach,2007)、媒体的机构角色以及对机构形象的塑造(Li,2009;Ekström & Patrona,2011;Kim,2014;申田,2019)等。虽然一些对领导人讲话的话语分析研究实际上是基于翻译文本,但翻译始终是隐身的。例如,多纳休和普罗瑟(Donahue & Prosser,1997)对多位领导人在联合国讲话的研究中,大多数领导人使用母语,其讲话通过英语同声传译到达受众,但两位学者所有的分析和发现都只是基于英语文本。

现有文献中关于机构、媒体和翻译有关的研究大致可分为三个方面。第一类是机构话语与新闻翻译研究。新闻翻译研究文献自 21 世纪初才开始大量出现(Valdeón,2015),这类研究主要基于文本分析,从语言学理论,尤其是批评话语分析的视角出发,讨论新闻报道中机构话语的变形及其涉及的翻译

政策、翻译策略和译者的中介和协调作用，以及这些变形所体现的机构意识形态的增强或削弱，如沙夫纳（Schäffner，2004b）、康（Kang，2007）、陈（Chen，2008）、瓦尔德翁（Valdeón，2008）、古谬尔（Gumul，2010）、闫威（2011）、康托斯和西迪罗帕洛（Kontos & Sidiropoulou，2012）、奥特安顿和皮芒泰尔（Ortego-Anton & Pimentel，2019）等。一些研究涉及媒体机构的运作和政策，如蔡（Tsai，2005；2010）研究新闻信息的多样化来源及电视新闻的运作方式对电视新闻翻译的影响，别尔萨和巴斯奈特（Bielsa & Bassnett，2011）探究主要国际通讯社的翻译政策和翻译流程，并特别关注了伊拉克前总统萨达姆审判话语的新闻翻译，以及潘（Pan，2014）对中国新闻机构以及新闻编译员工作现状的实证研究。这类研究发现新闻翻译的过程是对机构话语进行改写、编辑、重新语境化的过程，新闻机构的机构性和意识形态张力将新闻翻译产品与机构的目标和原则捆绑在一起，翻译的忠实因而成为"有选择的忠实"（Kang，2014：475）。

第二类是媒体口译研究。媒体口译是机构内进行的翻译活动，如贝克（Baker，1997）通过对萨达姆电视采访口译的研究，分析媒体采访的形式对译员决策产生的心理因素和文化因素的制约，瓦登斯约（Wadensjö，2000）分析苏联总统叶利钦在瑞典广播中接受实况采访时的口译语料，发现新闻媒体采访任务的性质是影响译员表现的重要动因；易卜拉欣（Ibrahim，2011）对萨达姆审判电视口译中口译特征、影响因素，及译员角色的研究；郭（Guo，2018）关于译员政治意识对政府领导人访谈中口译偏移的影响研究。这类研究主要采用会话分析、文本对比分析等方法，发现媒体口译直播语境的特殊性，以及采访任务特点等对译员的策略选择、信息的忠实程度和表达方式有重要影响。

以上两类研究都是以机构活动为背景，以媒体为焦点，或关注媒体机构性和意识形态对翻译的制约和影响，或关注媒体口译的特征和译员的表现，第三类研究则将机构语境下的口译活动、媒体传播与新闻翻译相结合，聚焦翻译在新闻传播的文本转换和信息变形过程中的参与作用。这类研究以沙夫纳（Schäffner，2004b；2010；2012a；2012b；2015；2017；Schäffner & Bassnett，2010）的系列研究为代表。沙夫纳通过分析两国政府联合记者会发言人话语在口译文本、官方网站脚本、联合公告文本和媒体新闻报道文本这一文本链中的变形和传播，结合翻译研究和批评话语分析视角，探究翻译作为一种社会活动，在记者会讲话的传播和再语境化（recontextualisation）过程中扮演的角色。沙夫纳认为翻译活动是国际交流和国际关系的组成部分，或反映或在一定程度上影响国际交流效果。因此，翻译研究视角能为记者会话语研究提供新的维度。在沙夫纳和巴斯奈特主编的文集（Schäffner & Bassnett，2010）中，多位作者，如布朗利（Siobhan Brownlie）、卡伊莫托（Cristina Caimotto）、甘比尔（Yves Gambier）等也对翻译在新闻媒体传播中的作用提出见解，呼吁在机构和新闻传播领域进行更多的翻译实证研究。

沙夫纳的系列成果有力地补充了口译活动、机构翻译和新闻翻译相结合的研究的不足，但这些系列研究主要以一些个案作为例证，未见系列语料的实证研究；研究结论主要是揭示翻译在记者会话语传播中的作用，尚未涉及一般规律的总结；从语言上看，沙夫纳的研究着眼于欧洲语言和欧洲政治语境，未涉及欧洲以外的语言对。因此，其研究还需要更多语言对、更多实证研究的补充，涉及更丰富的国家和地区。

四、中国政府记者会口译研究

记者会话语是一种机构话语；记者会的目的是与媒体记者对话，因此记者会话语也是一种媒体话语。从某种程度上来说，记者会是机构活动的媒体化，即向公众宣布关于机构活动的消息。埃希博绍豪（Eshbaugh-Soha，2013）通过对总统记者会及其新闻报道的研究，更进一步指出，新闻报道对总统话语的引用率很高，说明记者会是政府机构对媒体甚至普通大众施加影响的重要事件。因此，政府记者会及其相关的翻译活动为研究机构话语、媒体与翻译的互动关系研究提供了合适的切入点。但这一切入点尚未引起国内学者足够的关注。

一方面，历史和传播视域下的中国政府记者会研究主要着眼于分析其历史沿革（如赵鸿燕，2007；殷莉，2009）、其在公共关系和国家形象塑造过程中的角色和作用（如刘晓燕，2005；Yi & Chang，2012；申田，2019）、机构话语与媒体传播之间的关系（如吴瑛，2011；Zhang，2012；王志龙、自国天然，2015）；记者会的话语特点和问答策略，如巴蒂亚（Bhatia，2006）对中美两国元首联合记者会的批评话语分析、孙（Sun，2010）、周宗顺（2014）对记者会问答策略的研究等。这类研究很少涉及翻译维度。

另一方面，由于语料的开放性和获取的便利性，国内学者关于政府记者会口译的研究主要"使用每年两会期间的总理记者会"语料（仲伟合，2013：iii），通过对文本语言转换的分析，探究口译的语言特征、译员认知心理过程、口译策略、口译规范、译员的调控角色等，从研究视野上看，大多基于"文化转向"之前口译认知心理和文本视角进行探索。如通过源语和译语的文本对比，分析译员的认知心理过程（谌莉文，2011）、口译策略（许峰、陈丹、殷甘霖，2013；张易凡，2015）、口译语言特征（胡开宝、谢丽欣，2014；王丽、李桃，2015）口译规范（王斌华，2013）、译员的调控角色（Liu，2010；孙婷婷，2013）、口译词汇特征（冯建中、殷东豪，2016）、口译偏移和重构（Guo，2018；Gu，2019）等。

少数研究在研究语料、研究视角或内容上有较大突破，如詹成（2013）以广东省政府领导会见外宾的对话口译录音为语料考察译员的调控角色，在语料的选择上有很大突破；孙婷婷（2013）以戈夫曼（Erving Goffman）的社会语言学理论为基础，考察译员在政府记者会中的角色，也将影响译员行为的社会政治因素纳入考虑范围，迈出了社会视角记者会口译研究的一大步；胡和孟（Hu & Meng，2017）基于语料库研究记者会译员的性别特征；符（Fu，2018）引入社会符号学概念，讨论记者会口译中情态语言的使用。这些研究主要从微观的语言偏移分析出发，剖析机构语境对译员行为的制约以及译员作为机构代言人的角色，较少关注译员对其他话语参与方的协调作用和代言身份。除此之外，这些研究主要关注记者会口译现场的语用和情景语境，尚未涉及口译活动作为一个社会活动产生的社会影响，而译员行为的影响和贡献、译员行为与所处社会文化背景的关系也有待进一步研究。现有文献的不足正是本研究的重要切入点。

鉴于此，本研究将从翻译/口译研究的文化视野和语言学视野互鉴和互通的综观视角，以互文理论及其在翻译研究、批评话语分析研究和符号学研究中的发展为基础框架，以文本关系为焦点，结合宏观的记者会新闻传播过程和微观的语言和语篇分析，描述和解释口译活动在记者会话语跨媒介传播中的作用及对新闻传播效果的影响，进而为提高记者会口译实践的实效，丰富国际新闻传播研究提供新思路。

第二节　记者会口译与跨媒介 互文的核心概念定义

本书以记者会口译与现场源语、新闻转述和新闻评论的跨媒介互文关系为主要研究对象，结合语言学观照下的微观文本分析和符号学理论观照下宏观文本分析，探究记者会译语互文建构和传播的轨迹、效果及影响，因而本研究从微观和宏观两个方面定义关键概念。本节主要阐述中国政府记者会口译这一主要对象，并定义口译活动、互文性、文本、话语、跨媒介传播等跨媒介互文的核心概念及其在本研究中的使用范围。

一、记者会及记者会口译

记者会通常被认为是常见而有效的政府新闻发布方式之一。记者会（press conference）是"政府部门、社会团体或个人邀请记者参加的具有一定规模的公开特殊会议"，"政府记者会是规格最高、规模最大和新闻价值最大的记者会形式"（赵鸿燕，2007：1）。一方面，记者会为政府提供了媒体议程设置的机会，政府通过记者会发布信息、回答问题、宣传执政理念，另一方面，记者会也为媒体提供了与国家领导人/政府发言人直接对话、获取权威信息的机会，"是新闻媒体重要的新闻来源"（赵鸿燕，2007：28）。公众则通过大众媒体间接获得知情权，以公共舆论的方式反馈给政府，因此，记者会是政府"与媒体和公众交流的最重要的方式"（Eshbaugh-Soha，2003：349）。值得注意的是，记者会与政府新闻发布的其他形式，如新闻发布会，吹风会等，理论上有一定区别。吹风会一般是提供新闻的背景知识，为某一政策发布或某一政治活动作铺垫；新闻发布会重在新闻发布，因此一般有重要消息公布，可以设置记者提问环节，也可以不设置；记者会则重在招待记者，一般有记者提问环节，不一定有新闻需要公布，只是在记者提问之前有简短的开场白。但在实际使用中，可以认为记者会和吹风会都属于新闻发布会的一种形式，如国务院新闻办公室新闻发布会直播网就把吹风会、新闻发布会和记者会都归于"新闻发布会"类别①。有时也认为记者会和新闻发布会可替换使用，如外交部的例行发布会在外交部网站上表述为"例行记者会"②，在中国政府网（中国中央政府门户网站）上表述为"新闻发布"③。本研究统一使用"记者会"表述，具体指中国政府主办或联合主办的邀请中外记者参加的公开会议，主要涉及政府发言人与记者的问答互动。

新中国成立之后，中国政府就开始定期或不定期地举行记者会，目前中国的新闻发布制度主要分为三个层次，即国务院新闻办、国务院各部委以及地方政府的新闻发布（赵启正，2006：2）。中国政府记者会和新闻发布制度的逐步

---

① 参见中国网，http://www.china.com.cn/zhibo/node_7030558_8.htm，访问时间：2019-10-02。

② 参见外交部网站，http://www.fmprc.gov.cn/web/fyrbt_673021/，访问时间：2019-10-02。

③ 参见中国政府网，http://www.gov.cn/xwfb/wjb.htm，访问时间：2019-10-02。

确立,始于 20 世纪 80 年代。1983 年,外交部率先确立新闻发言人制度(郭卫民,2006:67)。同年,"两会"(即全国人民代表大会和全国政协委员会议)首次召开新闻发布会。1989 年,七届全国人大二次会议明确提出:"全国人民代表大会会议举行新闻发布会、记者会"(宋双峰,2003:20)。之后,中央各部委如国家统计局、国务院台办,以及地方政府逐步建立了新闻发言人制度,各级政府记者会和新闻发布制度也逐渐常态化。以 2003 年非典疫情突发事件为转折点,新闻发布制度的重要性引起政府和公众的注意,新闻发布会和记者会工作进入快速发展的阶段,新闻发布从重宣传转向重传播,充分利用传播规律和媒体力量塑造自身形象。如今,记者会逐渐成为中国政府对外传播的重要平台,受到国内外媒体和舆论的广泛关注。如全国政协发言人赵启正所说,"中国试图向世界展示她的文化传统、社会发展和国内外政策,也回答国外公众关于中国的任何问题"(Ma & Li,2011-03-03),而"国内外媒体确认中国各级政府的新闻发布会是中国信息的可靠来源"(赵启正,2006:1)。

就国家层面而言,中国政府记者会大致有三种情况:第一,国务院新闻办和国家部委的记者会。除少数部委,如国台办、外交部等实行"自主发布"模式,即由部委主办记者会以外,大多数为"搭台发布"(王国庆,2006:51),即各部委或有关部门的发言人接受国务院新闻办邀请进行新闻发布。国新办新闻发布制度始于 1993 年,为目前涉及面最广的政府新闻发布平台,"每场都会吸引七八十位中外记者出席"(王国庆,2006:51),还得到"中央电视台四套、九套、香港凤凰卫视的电视现场直播、中国国际广播电台的英语广播现场直播和中国网、新华网、国际在线等新闻网站的现场录播"(王国庆,2006:51),国内外媒体和公众关注度很高。

第二,"两会"记者会。全国人大和全国政协召开期间新闻发布制度的常态化始于 1983 年,每年都召开多场记者会,其中最为引人注目的是总理记者会(始于 1991 年,但 1992 年没有举行,1993 年开始每年举行[①]),其他包括人大发言人记者会、政协发言人记者会和国家各部委发言人记者会等。"两会"记者会是"两会"对外开放的重要标志,也是了解中国政府的重要窗口,一直是国内外媒体共同高度关注的事件。

第三,中外政府联合记者会,指中国政府发言人,如国家元首、政府首脑或各部委负责人不定期在特定场合或就某一特殊问题与他国政府中职位相当的

---

① 参见凤凰网专题:"总理记者会 16 年",http://news.ifeng.com/special/zhongli-jizhehui/,访问时间:2019-10-02。

发言人共同举行的记者会。政府联合记者会通常是国家高层互访日程的一个组成部分,如中美元首联合记者会,这类记者会涉及两国元首或政府重要官员,而且是两国面向媒体和公众汇报其会晤的内容和进展,传播其政治、军事、外交政策的平台,通常也吸引两国公众和媒体的广泛关注。在笔者找到的涉及中英口译的资料中,最早的一场为 1999 年 4 月 8 日中国总理朱镕基和美国总统克林顿在美国白宫举行的联合记者会。本研究的记者会口译语料包括以上三类记者会。

中国政府历来非常重视政府译员队伍的建设,为各级政府记者会提供口译服务的通常为政府译员。政府译员一般是公务员或事业编制,是政府机构的组成人员,也是口译从业者中的一个重要群体①。外交部前大使、翻译室②主任过家鼎曾撰文指出,中国的外事翻译人员既是外交工作者,又是政府代表,同时,"翻译还是传达我方立场和主张的载体"(过家鼎,2004:14)。中国政府译员作为政府机构代表的角色可以体现在以下两个方面:第一,政府译员政治觉悟高,口译灵活度较低,口译质量评判标准以政治性和政策性为先。比如,周恩来总理要求政府译员"立场坚定、熟悉业务、掌握政策、严守纪律"(过家鼎,2004:13),这十六字要求大都与译员的政治觉悟有关;前大使、外交部翻译室主任施燕华论及外交口译工作时,将"政治敏感性"(施燕华,2007:57)放在首要位置;任小平将政治和外交场域的口译活动,包括会见会谈、演讲讲话、记者会、媒体采访、新闻发布会、谈判等,都列入"低灵活性口译"(任小平,2000:43)的范畴,认为这些活动主题较严肃、语言较严谨。第二,政府译员是中国对外交往发展历程的亲历者,直接参与中国政府的文件起草和政策制定等活动,比如,译员参与外事会谈的准备工作,参与外事活动文件、发言的起草,以及政策讨论、决策制定等,这使得译员能熟悉政策背景,在现场口译的时候避免错误。过家鼎曾回忆,周恩来总理就经常与译员一起商讨政策和文件的措辞,讨论利弊(过家鼎,2004:13)。

拥有专职翻译人员的政府部门主要有中央编译局、外交部翻译司③、商务部外事司,以及各省市地方政府的外事部门,如各省市外事办公室,外事侨务办公室等。其中外交部翻译司作为国家级政府外事部门,拥有数量众多的翻

---

① 根据詹成(2013)的研究,中国大陆口译活动的从业译员大致分为四类,即政府部门的口译员、企业或非政府组织的职业译员、在高等院校任教的兼职译员,以及自由职业译员。

② 现已改称外交部翻译司。

③ 前身为外交部翻译室,2015 年改为外交部翻译司。

译人员,仅英、法两个语种的口笔译人员就有七八十人(邓媛,2014-12-19),其主要职责是"为国家外交活动和政治外交文件提供英语、法语、西班牙语和葡萄牙语的笔译服务,以及为重要国际会议提供多语种的同声传译和其他形式的口译服务"[①]。中国政府重要场合的口译活动主要由外交部翻译司的口译团队承担,如"两会"记者会、国家元首联合记者会,以及大部分的国务院新闻办发布会等。因此,外交部翻译司口译员作为一个群体,受到媒体的高度关注,甚至成为媒体眼中的"明星",如《国际先驱导报》曾评论道,"两会"是"翻译室'明星'集中曝光的平台"(邓媛,2014-12-19)。本研究关注的政府译员群体具体指外交部翻译司译员,本研究涉及的记者会口译活动主要由外交部翻译司译员担任翻译。

二、口译活动

"翻译是把一套语言符号或非语言符号所负载的信息用另一套语言符号或非语言符号表达出来的创造性文化活动"(曹明伦,2013:114),口译是翻译的一种类型,指即时性的翻译。翻译是一种语言符号的转换活动,也是一种社会实践活动。前者可理解为狭义的翻译活动,关注语言符号转换这一翻译实践行为,涉及信息的传递、语言形式和结构、情景语境、文化语境等;后者指向广义的翻译活动,即图里(Gideon Toury)所说的"翻译事件"(a translating event)(Toury,1995:249),由翻译市场、出版社或其他赞助机构因素、作者因素(如作者要求)、译者因素(如译者职业和社会角色)、读者因素(如读者需求和反馈)等一系列与翻译行为相关的参与性因素构成(也参见 Chesteman,2007:173)。本研究参照广义翻译活动的概念,将口译活动(interpreting events)定义为一系列与语言符号的即时性转换相关的交际活动,包括通过口头或手语方式将信息由一种语言即时转换为另一种语言的交际行为,以及对这种语言交际行为产生影响的参与性因素,如讲话人因素、译员因素、现场听众因素、非现场听众/观众因素、口译受众市场因素、口译服务提供机构因素等。

本研究的口译活动具体指中国政府召开的中外记者会口译活动,以及中美联合记者会中方译员担任翻译的口译活动,包括口译行为即语言文本转换,

---

① 参见外交部网站,http://www.fmprc.gov.cn/mfa_eng/wjb_663304/zzjg_663340/fys_665298/,访问时间:2019-10-02。

以及口译行为的参与因素,如记者会发言人、提问记者、译员、译员组织等。记者会发言人语言为汉语,提问记者的语言为汉语或英语,口译形式为交替传译①。本研究只涉及以口头方式进行的口译,不涉及手语翻译。

三、互文性

译语建构和传播是一个对话过程,源语和译语对话,口译话语和新闻转述话语对话,口译活动和新闻评论话语对话,这就涉及文本的互文性。"互文性"(也有学者称"文本间性",intertextuality)是克里斯蒂娃(Julia Kristeva)创造出的新词,法语原文为"intertextualité",最早见于克里斯蒂娃 1966—1967 年间发表的两篇文章②。互文性指文本间的关系,克里斯蒂娃认为,"任何一个文本都是用引文的马赛克拼贴起来的;任何一个文本都是对另一个文本的吸收和转化"(Kristeva,1986a:37)。换句话说,任何文本都不是孤立存在的,必然与其他文本相联系。比如,我们的写作会受到先前作品内容和作家的影响,而我们的阅读也必然基于先前积累的知识、社会、历史、文化经验和阅读体验等。"每一个词(每一个文本)都是不同词语(文本)的交汇点,在这个交汇点上至少能读到另外一个词(文本)"(Kristeva,1986a:37)。学界对互文的理解大致有两个层次,一是从广义上理解互文,认为"任何文本都是互文本"(如 Venuti,2009:157),二是从狭义上理解互文,认为互文是"一个文本出现在另一个文本的文字表面"(如 Genette,1992:11),如引用、用典、抄袭等。这两种理解的区别在于对文本的定义,一个将社会、文化、历史,甚至人的身体等都视作文本,另一个主要将文本等同于文字文本(关于互文理论及互文概念的详细论述,见第三章第一节)。本研究的"互文"既涉及广义互文也涉及狭义互文,具体包括三种互文关系:记者会源语和译语互文(主要是互文指涉从源语到译语的转换)、译语和新闻转述话语互文、口译活动和新闻评论话语互文。

这三种互文分别从翻译研究、批评话语分析研究和符号学三个研究领域来定义(详细定义和讨论见第三章),存在以下三个方面的联系:第一,源语和译语互文,译语和主流英文新闻转述话语互文,主要是在狭义层面谈互文,指

---

① 为方便搜集源语和译语语料,本研究不涉及同声传译,只考虑使用交替传译进行的政府记者会。

② 这两篇文章分别为"词、对话和小说"(Le Mot, le dialogue, le roman,1966)、"封闭的文本"(Texte clos,1967),均发表于 *Tel Quel* 期刊,参见萨莫瓦约(2003:3)。

向微观的语言和文本分析,以及具体的文字文本之间的引用和转述,但这两种互文关系也涉及社会、文化因素,如源语中的互文指涉既包括具体文本之间的引用关系也包括语篇对社会、文化、历史语境的指涉,而口译译语在新闻转述话语中的表征反映了一定的社会秩序的建构;口译活动和主流中文新闻评论话语互文则主要是在广义层面谈互文,将互文作为一种符号和文化现象,将口译活动作为符号文本,口译活动与其评论话语形成互文;

第二,本研究的三种互文关系,即记者会源语解构和译语建构,译语在英文新闻报道中的转述,以及口译活动在中文新闻报道中的评论,可视作是一条以记者会口译为中心的从源语文本发送,到译语建构,再到新闻媒体接收、转述和评论的互文影响链。本研究基于此互文影响链,分析考察记者会译语传播不同阶段的特征。

第三,口译活动在记者会现场是主动参与互文建构,而在新闻报道中则主要是被动参与互文传播,通过新闻转述和评论参与媒体对译语、译员及其他口译活动的解释。口译活动除被动参与记者会新闻互文传播外,也有个别主动参与的案例,如译员接受新闻媒体采访(见附录3)。

四、文本

互文理论从本质上说,是一个文本理论,因此"文本"也是本研究的一个关键概念。狭义的文本概念即字面意义,指文字文本,"一个文本即一个独立的书写文字的集合,如一本书,一首诗,一封信"(Smith,2009:215),也包括口语文本(McHoul,1998:609)。最广的文本概念是从符号学角度定义的,指组成"合一的表意单元"的符号组合(赵毅衡,2012:41),这样,文本是"任何能够被阅读或解读的东西,可以是一部电影,一个城市,甚至可以是你我的身体"(McHoul,1998:610)。赵毅衡将符号文本的定义具体解释为:"一定数量的符号被组织进一个组合中,让接收者能够把这个组合理解成有合一的时间和意义向度。"(赵毅衡,2012:43)显然,狭义文本的概念可以被包括进广义文本的概念中。巴赫金和克里斯蒂娃的文本概念都是取其广义,包括文字文本,如文学作品,也包括文学作品的社会历史语境。

本研究结合狭义文本和广义文本的定义,认为文本指组成合一的表意单元的符号组合,包括语言符号组合,如源语文本、译语文本,新闻报道文本,也包括非语言符号组合,如口译活动文本、社会文本等,对文本既作语言学框架下的微观文本分析,也作符号学和文化研究视野下的宏观文本分析。需要说明的是,在互文研究视角下讨论文本间的关系,不论是狭义的文本还是广义的文本都将社会历史语境因素纳入研究视野,因此本研究的微观文本分析不限于语言符号本身,而是透过语言表层审视其背后的社会关系。

五、话 语

学界对话语的理解大致可以分为两个层次,一是广义的话语,将话语看作是一种知识,一种建构或塑造社会现实、社会关系和社会身份的力量,如福柯(Foucault,1972:31)的"话语实践"、费尔克劳(Fairclough,1992:103)的"话语秩序";二是狭义的话语,将话语看作是具体交际语境中的语言运用,在具体语篇中指"句子以上的结构单位"(Pearson & Villiers,2006:686),包括书面语和口语语篇,也指某一领域群体成员的话语使用,如媒体话语、广告话语、商务话语等。本研究在阐释费尔克劳的话语理论时既涉及广义的"话语秩序"也涉及狭义的话语使用。在狭义层面,话语分析理论认为,话语联系着一系列与之相关的社会交际行为(Schiffrin & Tannen,2001:1),反映着语言和非语言社会交际中的权力、冲突、政治等意识形态。批评话语分析视角的媒体和机构话语研究旨在挖掘和揭示话语背后的意识形态因素,阐释语言在社会建构中的作用。本研究在使用费尔克劳的批评话语分析互文框架时,主要使用"表层互文"概念,即文本对他文本的转述,不涉及其话语背后的意识形态因素。除此之外,本研究的"话语"概念主要都是指狭义的话语,在话语/语篇层次上对具体的口译文本进行分析。

具体而言,本研究的"话语"包括记者会源语、译语、新闻转述话语及新闻评论话语。记者会源语包括发言人话语和提问记者话语,为发言人和记者在现场的语言交流,发言人话语由简短的开场白和回答记者提问两部分组成。

六、跨媒介传播

媒介是指信息传播的介质。跨媒介传播是指信息在不同传播介质之间的流动和互动。邀请中外记者参加的记者会及其国际新闻报道是一个较为复杂的话语传播过程。记者会问答话语的传播先通过汉语口语语言媒介,然后经由汉英口译语言转换和译语重构,通过英语口语语言媒介,接着被记者会现场媒体接收,经历新闻语篇语言转换和再语境化重构,再由传统媒体如报纸、电视、广播,以及新媒体如互联网等进行新闻传播。记者会及其国际新闻报道的跨媒介传播涉及记者会现场答问口语文本、政府官网公布的记者会单语或多语实录文本、报纸报道笔语文本、互联网新闻报道文本、电视和广播电台节目脚本、采访视频口语文本等文本媒介，以及传统媒体和新媒体等技术媒介。

这个从现场源语文本发送，到现场译语建构，再到新闻媒体转述和评论的传播过程，形成一条跨媒介"语类链"（a chain of genres）（Fairclough，2006：34）。语类"指相对稳定的、规约化的语言方式，是在某一社会或机构语境中为达到某些特殊的交际目的而采用的具有区别性特征的语言形式或语言结构"（Fairclough，2006：32），有的学者也称为"文本类型"（Beaugrande & Dressler，1981：10）。该跨媒介传播涉及记者会机构话语到新闻话语的语类转换，除此之外，还涉及两种或两种以上语言的跨语言和跨文化传播。

话语在从记者会现场答问到新闻转述评论的传播过程中不可避免地发生语言和信息变形，现场口译的参与使这个传播过程变得更为复杂。本研究认为文本互文是记者会话语在新闻媒体报道中传播的显著特征之一，从口译与源语、口译与新闻转述，以及口译活动与新闻评论三个环节分析口译在记者会话语跨媒介传播中互文影响。

第三节　口译跨媒介互文研究的意义：理论建构、策略反思与效果反思

一、研究问题

本研究的主要内容是分析口译与记者会源语、新闻转述话语及新闻评论话语的跨媒介互文特征，描述和解释译语建构及译语传播轨迹，探讨口译活动在记者会新闻传播和国际新闻翻译中的参与作用，从而更新对记者会口译活动本质的认知，促进口译策略反思，为口译效果及影响研究、新闻翻译研究增添新思路。

在已有文献的基础上，本研究认为口译不仅是一种语言转换活动，而且作为社会活动的一种形式参与了社会变革和历史进程。本研究从"口译事件"（见第二节核心概念定义）的角度理解口译活动，关注译员、译语、口译活动的评论、口译活动的影响等与口译活动有关的因素。因此，记者会口译的互文建构和传播既有通过语言转换进行的主动参与，也有通过新闻媒体对译员、译语

以及整个口译活动的报道而进行的被动参与。另外,本研究认为文本关系是社会互动关系的反映,受到社会因素的制约,也影响着社会关系的变化,因此以互文理论的文本关系在翻译研究、批评话语分析研究和符号学研究三个领域的发展和阐释为切入点,通过对微观文本和宏观文本之间关系的分析,讨论译语建构及译语传播的具体影响。

鉴于此,本研究总的研究问题是:记者会口译如何通过跨媒介互文,参与记者会新闻传播,对记者会新闻传播效果有何影响? 具体从三个方面展开:

1.口译译语与现场源语的互文分析

(1)口译译语如何呈现源语中的互文指涉,是完全保留互文指涉的形式和意义,还是呈现一定程度的变形? 互文指涉变形的形式、程度和原因是怎样的?

(2)互文指涉的保留或变形对记者会译语的互文建构有何影响?

2.口译译语与新闻转述的互文分析

(1)口译译语与新闻转述话语的互文关系呈现何种特点?

(2)口译译语在主流英文新闻报道中的转述和接受效果如何? 口译活动如何参与国际新闻翻译? 对记者会新闻传播有何影响?

3.口译活动与新闻评论的互文分析

(1)中文媒体报道作为评论文本,涉及口译活动的哪些方面或内容,如何对口译活动进行评论? 对口译活动文本的符号表意有何影响?

(2)中文媒体报道作为文本,其伴随文本有何特点? 对口译活动文本的接收和解释有何影响?

(3)基于前两个问题,口译活动在主流中文新闻报道中的传播效果如何? 对记者会新闻传播有何影响?

这三个方面的研究问题互为补充,反映了记者会口译跨媒介传播的三个阶段。第一,从源语到译语的传播。现场口译为记者会发言人和现场记者,以及通过媒体同步收看收听记者会的其他目的语受众搭建桥梁,影响受众对记者会讲话的接收和理解;第二,从译语到新闻转述话语的传播。除了通过媒体同步收看或收听记者会的公众之外,大部分目的语受众是通过媒体的新闻报道了解记者会的,因此国际新闻媒体一方面作为记者会受众,另一方面作为向公众传播记者会讲话的渠道,其中介作用非常突出,而口译无疑是国际新闻翻译的重要来源。第三,从口译活动到新闻评论的传播。在主流媒体对口译活动这一记者会副产品的评论和传播中,口译活动成为较严肃的记者会新闻报道中的一抹亮色,凸显新闻传播多元化、有故事、有温度的百姓视角,影响受众对记者会话语的解读。

二、记者会口译跨媒介互文研究的意义

本研究的目的是发现口译活动在记者会国际新闻传播中的具体影响，重新审视口译活动作为一种社会活动的内涵和作用，提出记者会口译策略反思及改进建议，为提升译语传播及新闻翻译的话语表达实践提供新的角度和维度。同时，本研究促进了口译理论文化视野和语言学视野的互鉴和融通，以及口译理论符号学视野的拓展，也为提升记者会口译效果提供实证数据。

本研究的意义主要体现在跨学科多维理论框架建构意义、口译策略反思的实践意义和国际新闻传播效果反思的应用意义三个方面。

第一，提出以互文为核心的跨学科多维理论整合、拓展与建构。本研究以文本的互文关系为焦点，建构基于翻译研究、批评话语分析研究和符号学研究的跨媒介互文理论框架，从不同研究视角出发，共同解释记者会口译的译语传播，同时，尝试在翻译研究文化路径的宏观理论与语言学路径的微观理论视角之间搭建互鉴和对话的桥梁，一方面考察口译活动的语言细节，另一方面对口译活动进行宏观的观照，因而本研究具有一定的发展、拓展和建构翻译理论框架的价值。

其中，本研究在哈提姆和梅森基于情景交际语境的互文指涉翻译模型中加入对社会和机构因素的考量，发现当出现话语冲突时，译员倾向于做出带有立场偏移的决策，表现出其机构同盟角色特征，但在事件背景信息的传递方面仍然更多地扮演中立的沟通和桥梁角色，这一认识对于哈提姆和梅森的互文模型以及文化学派关于权力和"差异"（方薇，2012：27）的思想均是一定的补充和修正。另外，本研究提出的跨学科三维理论框架是将翻译理论与其他领域理论相结合的新的尝试，实现了跨学科互为阐释的有效性，拓展了翻译理论的宽度，有助于翻译研究走出学科藩篱，进入其他领域研究的视野。

第二，促进记者会口译策略的反思与调整。本研究基于对记者会口译及相关新闻报道真实语料的描述、分析和解释，发现译员自我修正和对互文指涉文化符号的弱化可能在一定程度上造成新闻报道在意义和理解上的偏差，导致新闻话语的不准确转述。这对于口译实践和口译培训具有一定价值，提示政府译员、口译研究者和培训者反思政治传播中口译策略的有效和得当使用，引发对于译员自我修正策略使用的时机和有效性、记者会话语中具有中国特色的文化意象的保留与删减、国外受众需求的把握与满足等问题的思考。

在前人对口译"隐身性"探讨的基础上提出口译的"显身性"，如口译环节

出错状况引发媒体关注时,口译作为来源文本的特征得以显性化;口译活动在新闻评论中主要体现为作为评论对象的"显身性"。这助于调整口译策略,推动口译实践在话语传播的修辞和英文表达方面做出更加积极有效的贡献,也有助于更新对记者会口译活动本质和规律及其社会影响的认识。

第三,为记者会的国际新闻传播效果反思研究提供多维考量因素和实证数据。本研究以口译活动为焦点,从记者会现场和记者会后续新闻报道两个方面探究口译跨媒介互文传播的轨迹,这是对此前学者(如 Gambier,2010)提出的在新闻传播领域进行更多翻译实证研究的响应,同时也契合国家提升国际传播能力战略的核心需求,具有一定的应用价值。在当前中国迫切需要在国际舞台上说好中国故事,让国际社会通过话语了解中国的背景下,国家需要在国际传播策略以及传播效果方面进行全方位、多角度的探索。这一点体现在翻译研究领域,主要表现为国家对涉及中国传统文化传播的中译外项目的大力支持、重视"翻译对文化要素传播及国家形象建设的影响"(张威,2015:112)、2018—2021 连续四年将"国际传播"相关选题列入国家社会科学基金项目课题指南等。

本研究契合记者会新闻发布效果研究将新闻发布"活动区间"和"后续报道效果延宕"(孟建,2006:215)相结合的重要研究方向。研究发现,口译活动对记者会讲话在现场和新闻报道中的传播均有一定的互文影响,源语通过口译媒介后产生变形,继而被新闻媒体接受、解读,有时甚至引发误解,增加了记者会新闻传播的复杂性。本研究发现可应用于中国政府记者会的国际新闻传播研究和实践,从口译角度为记者会新闻发布及其在媒体报道中的传播效果研究提供多维分析思路和考量因素,同时为记者会新闻传播状况调查提供实证和数据支持。

本研究的价值包括理论视角创新、研究对象创新和语料创新三个方面。

第一,以互文概念的跨学科多维阐释为框架的理论视角创新。本研究以文本的互文关系为研究对象,以互文概念在翻译研究、批评话语分析和符号学三个研究领域的阐释为基础构建多维理论视角,对口译活动在记者会话语跨媒介传播中的作用进行研究,一定程度上实现了不同领域、不同学科理论在同一个问题上互相补充阐释的跨学科融合,是理论视角的创新性尝试。在这样的理论框架下,本研究的视野也力图实现辩证性和多维性,兼顾口译活动微观的本体语言特征和宏观的社会属性,涉及对客观口译活动事实的描述、对译语传播影响的分析和解释,以及对口译研究应用于记者会国际新闻传播研究和实践的考量。

第二，以文本关系为切入点的研究对象创新。本研究从常见的以口译源语和译语、口译员，以及口译过程的其他因素如雇主、口译服务对象等为主要研究对象，转向以文本关系为研究对象，同时，在互文理论的关照下，将文本定义为包括微观的语言文字文本和宏观的社会文本在内的双重文本概念。由此，本研究以文本关系为切入点和载体，实现了对口译活动主动（现场语言转换）参与和被动（通过媒体报道）参与互文建构和传播的描述和分析，而对源语/译语、口译员以及口译过程其他因素的分析则在对文本关系的具体描述中进行。研究对象的转向，或者说研究对象在更为宏大的社会文化背景下融合微观和宏观视角的升级，是一种新的尝试，这种尝试为口译研究对象和内容的拓展提供了具备可操作性的新思路，并引发关于口译活动本体特征和社会属性的新思考。

第三，将媒体报道纳入口译研究范围的语料创新。研究语料方面，本研究突破翻译/口译学科领域的界限，搜集 136 篇英文和中文主流媒体报道作为口译研究的语料，通过媒体对口译译语的转述情况和对口译活动的报道，考察记者会口译跨媒介互文传播的轨迹和效果。主流媒体指被当局或法人组织所拥有、控制或管理的电视、广播、报刊等大众媒介（朱振明，2013:218）。本研究的主流媒体报道包括报纸报道、通讯社报道、广播电台新闻脚本、电台博客、门户网站报道、在线采访视频、微信公众号信息推送等类型。将语料的触角伸向媒体新闻报道，是口译研究的一种新的尝试。同时，本研究也搜集记者会现场口译语料，通过源语和译语的对比分析描述口译过程中语言转换的特征和规律。

第四节　基于自建语料库的文本分析方法和思路

施莱辛格（Shlesinger，2009）和刘敏华（Liu，2011）的统计分析表明，近年来口译研究中实验研究的比例逐渐减少，越来越倾向于选取真实口译现场的语料，运用话语分析、回想和访谈、档案研究、实地调查研究等方法加深对口译活动和译员真实工作状态的理解。如塞顿（Setton，2011:68）所说，"没有什么可以替代对自然（社会）条件下口译产出的研究"。语料库为口译研究提供了丰富的例证，有助于描述"是什么"，但还需要借鉴相关理论视角，并辅以恰当的研究方法对研究发现进行深入思考和解读，从而得出更有说服力的结论，告诉我们"为什么"。

黑尔和内皮尔(Hale & Napier,2013)认为社会科学研究主要有两种研究哲学观(research philosophies),一是实证主义(positivistic),二是现象主义(phenomenological)。前者认为社会现象有其自身规律,不受研究者影响而变化,因而主张通过理性、系统和演绎论证的方法"辨认、测量和评判"(Hale & Napier,2013:14)社会现象之间的联系,尤其是逻辑和因果关系;后者认为影响人类活动的因素并不能完全通过观察来感知,因而主张通过社会现象参与者的主观认识和知识框架对社会现象进行描述、解释和阐释。就研究方法而言,实证主义哲学观主要使用定量方法,即关注可测量和量化的变量之间的相关性或因果关系,研究问题通常是"有多少"(Hale & Napier,2013:15);现象主义哲学观主要使用定性方法,即基于主观认识对现象或概念的本质和特征进行探索、描述或解释,研究问题通常是"情况怎么样"(Hale & Napier,2013:15)。实证主义哲学观和现象主义哲学观互有重叠之处,也可能在同一研究中同时存在(Hale & Napier,2013:13)。同理,定量研究方法和定性研究方法也不是对立而是互补的,因此研究者要考虑的"不是采用定量方法还是定性方法,而是研究应该处于两种方法连续统的什么位置"(Creswell,2003:4)。

本研究旨在对记者会译语的互文建构和传播轨迹进行描述和解释,属于描述性和解释性研究,因而总体来说以定性方法为主,定量方法为辅,通过定量统计呈现语料的整体情况,而后对语料中的细节进行定性分析和阐释。具体方法包括基于语料库的语料搜集、自建语料库、文本对比和分析、话语分析等。

首先,本研究利用已有语料库检索目标语料,进而自建记者会口译和相关新闻报道语料库。基于6场中国政府记者会口译视频转写文本,自建记者会现场口译微型语料库对现场口译互文转换进行分析,语料时间跨度为1999年至2015年,包括国新办记者会、"两会"记者会和中美政府联合记者会三种类型;基于8场中美联合记者会口译语料、"世界各国报纸全文库"(Access World News)和"ProQuest报纸数据库",辅以纸质报纸提取目标语料,自建记者会新闻报道语料库对主流英文媒体关于译语内容的新闻转述进行分析,语料时间跨度为1999年至2014年,主要包括报纸、通讯社、电视、广播等媒体类型,涉及中美政府联合记者会;基于"中国报纸资源全文数据库"、"慧科搜索"两大数据库,辅以互联网、微信等新媒体平台检索新闻评论语料,对主流中文媒体关于口译活动的评论进行分析,时间跨度为1998年至2015年,涉及外交部翻译司译员及其口译活动。

需要说明的是,第一,本研究对语料库的使用主要是基于语料库进行语料检索和搜集，以保证所搜集语料的系统性、全面性和代表性，不涉及语料库标注等方法。

第二，三个研究问题的语料之间具有一定的一致性和连贯性，也有所侧重。现场口译语料的搜集尽量兼顾中国政府记者会的三种类型；主流英文新闻报道语料以中美政府联合记者会为主，初步语料搜集和统计表明，联合记者会涉及中美两个大国，国际媒体重视度高，相关报道数量较多也较丰富；关于中国政府译员及其口译活动的报道则以国内媒体报道为主，报道对象以外交部翻译司译员作为主要的政府译员群体。外交部翻译司译员担任本研究所有口译语料绝大部分场次的口译工作，涉及中国政府记者会的三种类型，这一定程度上将本研究三个研究问题的语料串联在一起。

第三，所搜集语料的时间跨度以符合研究目的和要求的可得性为标准。为方便记者会口译视频搜集和双语语料转写，便于译语和新闻报道转述的对比分析，本研究选择以交替传译方式进行的记者会口译作为语料。在可找到的资料中，1998 年 3 月 31 日《浙江日报》对政府译员及其口译的报道是最早的新闻报道，1999 年朱镕基总理和克林顿总统的联合记者会是最早的中美政府联合记者会，2015 年后中美政府联合记者会主要使用同声传译。因此本研究将语料时间范围界定为 1998 年至 2015 年。

第四，从方向性上看，政府发言人讲话部分为汉英口译，记者提问部分包括汉英和英汉两个方向（其中"两会"记者会和国新办记者会的记者提问包括汉英和英汉两个方向，而中美联合记者会由中方译员负责翻译的记者提问为汉英方向）。本研究的定量统计和定性分析一般不考虑口译方向性因素的影响，只是在第三章讨论其他参与方话语指涉时，由于涉及汉语和英语的时态问题，为方便分析去除一个英汉口译的译例（见第三章第三节）。

其次，针对第一个研究问题，即口译译语和现场源语的互文分析，主要采用描述性翻译研究常用的源语和译语对比分析方法，分析焦点是互文指涉的翻译；针对第二个研究问题，即口译译语和新闻转述的互文分析，主要采用文本对比和话语分析方法，通过对比口译译语文本和英语新闻转述报道文本，分析译语在新闻报道中的引用和转述情况，进而透视话语与其语篇和社会语境，以及话语发出者、话语内容与话语效果之间的关系；针对第三个研究问题，即口译活动和新闻评论的互文分析，主要采用文本分析方法，对中文媒体报道中涉及口译活动的内容，以及媒体报道的框架因素和链接因素进行分类讨论。在对三个研究问题进行具体分析时，均先对研究对象的量化数据进行统计和描述，呈现数据的频次、占比、趋势和逻辑关系等，然后针对有突出特征的案例进行分类解释和阐释,挖掘数据背后的话语意义。

本研究的论述共分六章。

第一章为绪论。首先界定本研究的起点,在翻译研究"文化转向"的背景下,结合文化研究的宏观视野和语言学研究的微观视野,梳理语言、翻译、口译与媒体关系的研究。本研究对口译活动在国际新闻传播中的参与作用的考察既是响应口译研究中尚未实现的"文化转向"呼吁,也是对"文化转向"的反思,同时本研究讨论国际新闻传播研究一直以来忽略的口译维度,为中国的对外新闻传播实践提供新的思考。其次,定义本研究的核心概念、介绍研究对象、内容、意义,方法和思路,并概述本研究的价值和创新点。

第二章为理论框架,以克里斯蒂娃的互文理论为核心,以互文概念在翻译研究、批评话语分析和符号学研究中的阐释和发展为基础,形成跨学科三维理论视角,分别从微观的语言和文本分析、由语言表层分析透视社会秩序建构的话语分析,以及宏观的文化批评三个方面,聚焦源语与译语互文、被引话语与转述话语互文、文本与其评论文本互文三组关系,提出记者会口译跨媒介互文体系的要素和理论架构。

第三章至第五章为主体章节,分别讨论和回答本研究提出的三个研究问题。

第三章基于自建记者会口译语料库、哈提姆和梅森(Basil Hatim & Ian Mason)的互文指涉翻译模型,探究互文指涉在译语语境中再语境化重构的具体表现、程度、原因及影响。在前人研究基础上增加机构因素分析,补充调整现有文献关于机构译员非中立角色的阐述,提出记者会口译策略反思及改进建议。研究语料为 6 场中国政府记者会口译视频(1999—2015)。研究焦点为互文指涉从源语到译语的传递或变形,以及这些保留或变形对源语在记者会现场传播效果的影响。研究方法主要为源语和译语对比分析,辅以定量统计。本章将哈提姆和梅森关于主动/文外互文和被动/文内互文的分类细化为具体互文、非具体互文和意义链 3 种互文方式,具体讨论四项互文指涉内容:中国文化指涉、其他参与方话语指涉、事件背景指涉和语用指涉。

第四章基于自建记者会新闻报道语料库和费尔克劳(Norman Fairclough)的话语表征互文分析框架,探究记者会译语在新闻报道中的转述和接受情况,尤其是翻译偏移对译语传播效果的影响。研究语料为 8 场中美政府联合记者会口译视频和主流英语新闻报道(1999—2014)。研究焦点为口译译语在新闻报道中被引用和表征的方式、内容和相关评论,并通过表征现象讨论口译在国际新闻翻译中的参与作用,提出口译策略和新闻翻译策略反思及改进建议。研究方法主要为文本对比和话语分析，辅以定量统计。具体的话语表征分析框架包括直接引语、间接引语和部分引语三种表征方式；完全引用译语、修饰译语、修改译语、重组译语 4 种表征内容；以及明示口译来源和隐藏口译来源两种表征来源情况。

第五章基于自建记者会口译新闻评论语料库和赵毅衡的伴随文本互文概念框架，剖析口译活动（包括口译话语、译员群体及口译组织机构等）与新闻评论话语的互文关系，提出口译活动的"显身性"特征，提供口译活动报道反思及改进建议。研究语料为中国政府记者会的主流中文媒体报道（1998—2015）。研究焦点为新闻报道对口译活动的评论内容，新闻报道伴随文本的特点，以及新闻报道作为口译活动的评论文本，所体现的记者会口译活动的符号表意。研究方法主要为文本分析，辅以定量统计。新闻媒体对口译活动报道的内容分为具体译语内容、作为个体的口译员、口译组织机构和作为群体的口译员三个方面；新闻报道的伴随文本考虑副文本和链文本，即报道的框架因素和链接因素两个方面。

第六章为结论，回顾本研究的研究问题，总结主要研究发现、主要贡献，以及在翻译／口译研究、口译教学与实践，以及国际新闻传播研究与实践等方面的启示，反思本研究的不足之处，展望后续口译研究的发展方向。

第二章 记者会口译互文理论基础

本研究尝试从微观和宏观,结合语言表层研究和社会文化研究两个方面分析记者会口译的互文建构特征及其在新闻传播中的参与作用,因而本研究需要一个既能为具体的口译语言转换提供解释,又能将口译活动作为整体,描述其在新闻传播过程中起作用的理论框架,互文理论满足了这一需要。

互文理论作为一个文学批评理论由克里斯蒂娃(Julia Kristeva)提出,但此后文学、语言学、翻译学、符号学、文化研究等诸多研究领域均在其基础上对互文理论进行改造和发展,大致呈现两个方向,一是将互文作为具体的文本之间互为指涉的篇章现象,二是将互文作为意义解构的工具,指广义的社会文化文本之间互为指涉的文化现象。虽然各家理论基本沿用"互文"这一说法,也主要基于克里斯蒂娃"互文"概念的核心思想,但互文的具体定义及应用范围已各有不同。笔者选择与本研究内容关系最为密切的三个理论,即哈提姆和梅森的互文观、费尔克劳的互文观和赵毅衡的互文观搭建三维理论框架,分别阐释记者会口译活动的三个方面,即源语到译语的互文转换、译语到英文新闻转述的互文转换,以及中文媒体报道对口译活动的互文评论。这三个理论分属翻译研究、批评话语分析研究和符号学研究三个研究领域,涉及互文理论在篇章分析和文化研究中发展的两个方向,具有明显的跨学科特征,是从互文理论发展的不同角度对记者会口译跨媒介互文关系展开多维阐释。

本章首先梳理互文理论提出的背景及核心思想,接着分别评述哈提姆和梅森、费尔克劳和赵毅衡对互文理论的发展和重新定义,最后搭建本研究的理论框架。

第一节　互文和互文理论

互文理论是当代西方文论中的重要理论，由法国符号学家、文学批评家克里斯蒂娃于 20 世纪 60 年代提出，是克里斯蒂娃解析符号学理论的重要组成部分。"互文"指文本间的关系，其核心是对话性，简而言之，互文理论认为，任何文本都不是孤立存在的，都是与他文本的对话，受到他文本的影响，也影响着他文本。

事实上，互文作为一种语言、文学或修辞现象，普遍存在于东西方的语言和文论中。西方涉及互文现象的讨论，最早可以追溯到古希腊哲学，在苏格拉底充满异质、对立和统一的对话精神，以及柏拉图和亚里士多德的诗学观点中都可以看到"互文"的影子。比如，柏拉图认为，"诗歌永远是先前创作的复制品，而先前的创作本身也是一个复制品"（转引自 Still & Worton，1990：3）；"艺术作品不是独立存在的，而是各种社会知识（如军事技巧、占卜术、治国才能等）相互作用的结果"（Still & Worton：3；罗选民，2006：14）。亚里士多德认为写作拥有丰富的源泉，应该让每种声音都成为多声性的，用陌生的语言来构成写作的主题（转引自 Worton & Still，1990：3）。古希腊先哲的思想无疑是克里斯蒂娃互文思想的源泉，一个有力的例证就是克里斯蒂娃引入柏拉图的"穹若"（chora）概念，作为解释符号存在的异质性形态和互文本生成的重要工具[①]。

中国古代文论中也出现了"互文"概念，但与克里斯蒂娃的互文理论有本质区别，主要是指修辞手法，目的是"节省文字，求字面变化，从而达到参互见义，相备相释"（罗选民，2006：31）。例如，"司马相如《子虚赋》有'轶野马，辖騊駼'，李善《文选》注曰：'轶辖言车之疾，能过野马及騊駼也。轶不言车，辖不言过，互文也'"（罗选民，2006：31）。互文修辞在中国古典诗词歌赋中非常常见，又如，"烟笼寒水月笼沙"这一诗句运用互文修辞，应理解为"烟笼寒水和沙，月笼寒水和沙"。虽然汉语中的"互文"修辞区别于西方的互文理论，但另一修辞手法"用典"却与克里斯蒂娃所说的"互文"有异曲同工之妙，"用典"是在一个文本中引用另一文本，这涉及到文本和此前文本的关系。

---

① "穹若"即"场"，指符号存在的形式和场所，克里斯蒂娃将其比喻为母亲的子宫，孕育尚未形成的主体，参见孙秀丽（2010：59，104）、Allen（2000：49）。

"互文"作为一个理论术语被提出,始于克里斯蒂娃。克里斯蒂娃在法语词根"texte"(文本)的基础上加上常用词缀而创造出"intertextualité"这个新词,中文译作"互文",或"互文性"、"文本间性",英语译作"intertextuality",该词最早见于克里斯蒂娃 1966—1969 年发表的三篇/本著述[①]。其中,在《词、对话和小说》("Le mot, le dialogue, le roman")这篇文章中,克里斯蒂娃(Kristeva,1986a:37)对"互文"作了一个经典的表述,在学界引用率颇高:

> 水平轴(作者—读者)和垂直轴(文本—语境)重合,揭示了一个重要的事实:每一个词(文本)都是不同词语(文本)的交汇点,在这个交汇点上至少能读到另外一个词(文本)。巴赫金在他的著作中把这两条轴分别称为对话性和双值性,二者没有明显的区别。表面看来这种说法不太严谨,实际上是巴赫金首次在文学理论中提出的深刻见解:任何文本都是引文的镶嵌和拼贴;任何文本都是对另一文本的吸收和转化。于是,互文概念取代了主体间性概念,诗性语言至少能够被双重阅读。

在克里斯蒂娃看来,文本的对话包括作者、读者和语境三个要素,是一个由水平和垂直两个坐标形成的立体空间,写作主体、接收者、文本和文本外语境处于永不停歇的对话中,无论是写作还是阅读,都是作者与作品、与其他作家、其他作品、与读者、与文本的社会历史语境、与作者和阅读者先前积累的知识、社会、历史、文化经验和阅读体验等的联系和对话,文本的每一次阅读所带入的读者体验,又成为文本的一部分,进入到作者、读者和文本对话的循环中。因此,"文本不是一个自给自足的个体,也不是一个封闭的系统"(Still & Worton,1990:1),每个文本都是与其他文本的交汇,具有双重甚至是多重的意义,这些意义不是固定的,而是存在于与其他文本的关系中,这就是互文。

20 世纪 60 年代是法国学术界由结构主义转向后结构主义的过渡时期,克里斯蒂娃和她的互文理论就站在这样一个交叉路口。从克里斯蒂娃的互文定义中,我们可以看到两位学者的影响,一位是结构主义语言学家索绪尔(F. de Saussue),一位是俄国后形式主义符号学家巴赫金(Mikhail Bakhtin)。索绪尔思想的核心是"系统中的对立"(陈平,2015:1),他认为语言符号是一个差

---

① 分别为发表于 *Tel Quel* 期刊的《词、对话和小说》("Le mot, le dialogue, le roman",1966)、《封闭的文本》("Texte clos",1967),以及出版于 1969 年的《符号学:语意分析研究》(*Sèméiotikè. Recherches pour une sémanalyse*),参见萨莫瓦约(2003:3)。

异性的系统，符号的意义必须置于系统中，通过与其他符号的差异或对立关系而获得。其中有几对关键概念，即符号由能指和所指构成；符号的意义是在横组合轴上进行合并和纵聚合轴上进行选择的结果；符号系统具有共时性和历时性。索绪尔的结构主义语言学观为克里斯蒂娃提供了方法论和分析框架，如互文定义中关于水平轴和垂直轴的说法就带有明显的结构主义特点，同时，索绪尔关于封闭文本和意义确定性的观点是克里斯蒂娃批判的对象和研究起点。

巴赫金则是由克里斯蒂娃在《词、对话和小说》这篇文章中第一次介绍到西方世界，他的对话理论、狂欢理论和复调小说概念彰显着主体性、多元性和社会性，是互文理论脱胎的母体，克里斯蒂娃的"互文""对话""文本"等基本概念都源自巴赫金。巴赫金认为，人处于一个众声喧哗的世界，对话是人类思维的基本特征，存在于社会生活的各个领域，指向"双重性、语言和另一种逻辑"（Kristeva，1986a:42）；狂欢节是取消了距离、等级和规范的自由的交往活动，其本质就是对话性的；对话性和狂欢化表现在文学作品中就是复调和多声性，复调强调小说人物独立的意识和多种声音，作者与小说人物平等地参与到对话中。互文理论将巴赫金的对话和狂欢思想纳入结构主义的分析框架，发展了巴赫金的理论，同时实现了对结构主义的继承、批判和超越，这一点在互文理论的文本观中得以具体体现。

互文理论从本质上说，是一个文本理论。文本，英语为"text"，源自拉丁词"textus"，意思是"编织物"（McHoul，1998:609），因此从词源上来说，文本指涉的就是事物之间的关系。互文理论文本观的特点体现在如下几个方面：第一，文本的系统性。互文理论对文本系统性的理解离不开索绪尔语言系统观的整体框架。正是在索绪尔横组合和纵聚合思想的基础上，克里斯蒂娃建立起由三个维度（作者、读者、语境）、两个坐标系（水平轴、垂直轴）构成的"结构线性组合与层级组合贯通的系统空间"（祝克懿，2013:19）。克里斯蒂娃将巴赫金关心的主体间关系放在水平轴上，而将文本与历史的关系放在垂直轴上，这本身就是对巴赫金理论的创造性发展，而水平轴和垂直轴的建立融合了结构主义思想，这被认为是克里斯蒂娃在巴赫金基础上"最杰出的理论创造"（曾军，2014:136）。互文理论将文学作品放在社会和历史的大系统中，分析作者、读者、文本、历史之间的对话关系，这也是在结构主义系统观的关照下进行的。

第二，文本的广义性和历史性。索绪尔将语言系统视为自给自足的整体，受其影响，结构主义将文本定义为"由连贯的话语构成的单一的物质存在"（McHoul，1998:609），如一部文学作品、一首诗、一幅画。如果将这一定义看作狭义的文本定义,那么克里斯蒂娃对文本的定义则是广义的。克里斯蒂娃借鉴巴赫金的"大文本"概念,将文本放在更广阔的社会、历史和文化的语境下进行研究,"历史和社会被视为供作者阅读的文本,作者通过改写历史和社会将自己嵌入其中"(Kriseva,1986a:36)。这一广义的文本概念使互文理论具有了社会和历史的维度。互文理论反对索绪尔语言系统的共时观,却在其历时观上看到了契机,对文本与文本历史关系的开拓是互文的要义所在。

第三,文本的异质性和不确定性。虽然索绪尔认为语言符号是差异性的,能指和所指的关系是任意的,但一旦确定能指和所指的对应关系,能指就成为所指的载体,二者一一对应,从而将意义固定下来。事实上,从另一个角度看,"如果所有的语言符号在某种程度上都是相互差别的,那么它们就可以被看成不仅本质上是非指称性的,而且背后隐含着不计其数的、可能的关系"(辛斌,2008:6),由此,意义的固定性被否定,而异质性、不确定性和阐释性则出场了。与巴赫金一脉相承,克里斯蒂娃不赞同索绪尔的观点,认为文本是开放的,"意义不是文本的核心,而只是永远无法到达的极限"(Sakellariou,2015:37)。一个所指能够对应多个能指,因此,文本的意义存在于多重文本的交叉、对话和不断阐释中,或者说,存在于"能指的嬉戏"中(黄念然,1999:18)。

第四,文本的主体性和生产性。巴赫金对话理论的一个关键概念是主体间性,主要关注作者和小说主人公的对话关系,克里斯蒂娃将这一主体间的对话关系延伸到小说人物之间、人物自身与自身的对话中,更扩展到文本之间、文本与历史的对话中,文本成为相互对话的言谈主体。更进一步,克里斯蒂娃没有停留在巴赫金理论的"对话"层面,而是继续向前,将文本看作一种"实践"(practice),认为文本具有"生产性"(productivity)(Kristeva,1986b:86)。在她对巴赫金思想的总结"任何文本都是引文的镶嵌和拼贴"(Kristeva,1986a:37)中,关键不在于镶嵌和拼贴本身,而在于文本通过被吸收和转化,为另一个文本的表意实践带来变化的力量(Sakellariou,2015:36),换句话说,文本通过每一次阅读、解释和写作来进行"互文性的建构"(程锡麟,1996:77)。文本通过对其他文本不断的破坏、置换和阐释来重新分配和重新建立文本内部各要素之间的关系。

总之,互文理论的文本概念走出了封闭文本的局限,从文本的自足走向开放、变化、动态的历史维度。在互文理论的形成过程中,除了索绪尔和巴赫金,诸多符号学家和/或哲学家,如巴特(Roland Barthes)、洛特曼(Yuri Lotman)、本维尼斯特(Émile Benveniste),弗洛伊德(Sigmund Freud)以及中国学者张东荪等①都给了克里斯蒂娃直接或间接的给养。互文理论始于文学批评领域，但从一开始就不仅是文学批评理论，而是具有广阔的哲学、语言学、文学和符号学视野，涉及人类交往活动的核心特点。互文概念具有强大的解释力、包容性和可拓展性，对其后的多个理论思潮产生了重要影响，包括解构主义、女性主义、后殖民主义等②，被广泛应用于文学、符号学、文艺学、文化研究、语篇语言学、话语分析、翻译研究等诸领域。互文概念在这些理论思潮或研究领域中的旅行，使其具有了多个维度和多种理解，因此互文成为一个包罗万象，甚至是众说纷纭的概念。

学界对互文的理解大致有两个方向，一个方向是走在广义文本的道路上，延续克里斯蒂娃对结构主义的批判，发展意义的不确定性和互文概念对封闭结构的解放，认为"任何文本都是互文本"（Venuti,2009:157），都与其他文本建立某种关系，进而将互文作为文化批评的工具。如巴特（Roland Barthes）的后结构主义"作者死亡"观、德里达（Jacques Derrida）的解构主义"延异"观、格林布拉特（Stephen Greenblatt）的新历史主义"全方位阅读"观等；另一个方向则从文本的狭义性出发，认为互文是"一个文本出现在另一个文本的文字表面"（Genette,1992:11），如引用、典故、剽窃等，将互文作为文学描述和文本分析的工具，以寻找存在于结构中的文本关系，从而推进了文本内在结构和形式的研究。如结构主义批评家热奈特（Gérard Genette）的"跨文性"（transtextuality）概念及其分类、语篇语言学家鲍德朗德和德雷斯勒（Robert-Alain de Beaugrande & Wolfgang U. Dressler）的"文本性"（textuality）概念，以及批评话语分析代表人物费尔克劳在"表层互文"中的应用和在"深层互文"中的拓展等。

前一个方向被认为是广义互文或宏观互文，后一个方向则通常被冠以狭义互文或微观互文③。从本质上说，互文理论发展的两个方向都承认文本的系统性、历史性、异质性和生产性，都将外部的社会历史语境纳入研究视野，区别在于一个在广义层面谈文本，另一个在狭义层面谈文本；一个批判结构主义，利用互文概念解构意义的确定性，另一个发展结构主义，利用互文概念编织和建构文本的意义。可以说，互文理论从结构主义的文本概念出发，走向了

---

① 关于这些学者对互文理论的影响，参见 Worton & Still(1990)、祝克懿(2013)。

② 关于互文理论对结构主义、女性主义、后殖民主义的影响，参见 Allen(2000)。

③ 广义互文指文本与赋予其意义的知识、符号、表意实践之间的互动关系，如文学作品是对社会历史文本的重写，狭义互文指两个具体文本之间可论证的相互指涉关系，如引用、戏仿、抄袭等，参见秦海鹰(2004)、李玉平(2006)。

广阔的语言和符号自由嬉戏的空间,而又在结构主义的关照下回归了文本,将历史、文化、读者引入文本分析。从另外一个角度来看,立足点截然不同的各种理论共同青睐互文理论,也显示了互文理论的包容性和高度可塑性。

本章兼顾广义互文和狭义互文两个视角,在克里斯蒂娃互文理论的基础上,从翻译研究、批评话语分析研究和符号学研究三个方面阐释互文概念在不同研究领域中的发展。

第二节　解构中的建构：翻译研究的互文观

翻译是"把一套语言符号或非语言符号所负载的信息用另一套语言符号或非语言符号表达出来"的活动(曹明伦,2013:114),从本质上说,是符号转换的过程。翻译涉及的两个文本,源语文本和译语文本之间的关系以及译者的角色,一直是翻译研究热议的话题,如北宋赞宁提出"译之言易也,谓以所有易所无也"(赞宁,1987:3),又如西方流传甚广的谚语"译者,叛逆者"(traduttore,traditore)。雅柯布森(Jakobson,1971/2012:127)将译文看作是对原文的解释,认为"任何语言符号的意义都是另一个更进一步,尤其是发展得更为充分的符号对其的翻译"。符号学家佩特丽莉(Petrilli,2008:247)则更明确地指出翻译是"同一的他者"(the same other)的悖论,即译文与原文必定是相似同时又是不相似的,既是同一个符号又是不同的符号。换句话说,源语文本的意义是翻译永远不可能到达的彼岸,却也是翻译孜孜以求的终极目标。

正是在这一点上,互文理论发展的两个方向都能为翻译研究提供有效的阐释。一方面,互文理论解构了以意义为中心的文本观,直接指向翻译的复数性,每一次翻译都只是对意义阐释的无限可能的循环中的一个片段,而非终点(Spivak,1976;Eagleton,1977;秦文华,2006;Hermans,2007)。在译语文本对源语文本进行解构和重构的过程中,源语文化和译语文化原有的互文网络都受到破坏,而重新建立的互文网络必然是一个"类比出来的不同的互文关系"(Venuti,2009:157);另一方面,翻译总是要尽可能完整地将原文本的互文线索重新编织进译文文本的互文网络中(Toury,1982;Neubert,1992),翻译的终极目的始终是意义的传递,是"同一",即使文本的意义永远无法到达,在每一次翻译中,译者总是尽可能最大限度地接近他所理解的文本意义。因此,翻译既是互文解构的过程,又是互文建构的过程,如曹山柯(2012:95)所说,"文本意义的解构暗示着意义的缺失或新的意义的建构;互文性理论在翻译批评中的真正功能就隐藏在对源语文本终极意义的建构之中"。

哈提姆和梅森是将互文理论应用于翻译研究的主要推动者和践行者,两人认为,"互文为书面翻译和口译这样具体实践活动中的基本符号关系提供了理想的检测平台"(Hatim & Mason,1990/2001,121),两人的互文观主要体现在《话语与译者》(*Discourse and the Translator*,1990/2001)一书中。该书以语篇语言学为主要背景,结合语用学和符号学的相关理论,旨在提出一个指导翻译实践的操作模型,探究交际、语用和符号语境因素如何影响译者的决策。其中,两位作者关于互文性的讨论从符号学理论出发,聚焦于"互文指涉"概念,落脚于在具体翻译实践中如何识别互文指涉、追溯其前语篇、转换其价值,进而在译语中建构新的互文指涉。这一思想正暗合了翻译活动在"解构中建构"的本质。

首先,与克里斯蒂娃提出的互文概念一致,哈提姆和梅森是从符号层面来定义互文的,他们将语篇视作符号,认为互文性指语篇的出现(textual occur-rences)与其他语篇之间的依赖关系,是语篇符号唤起了我们关于先前语篇(prior discourse/ pre-text)的知识和经验(Hatim & Mason,1990/2001:121,133)。哈提姆和梅森将语篇与其前语篇之间的这种互文联想称为"互文指涉"(intertextual reference)(Hatim & Mason,1990/2001:125)。互文指涉是一个相对抽象的统称,包括"互文手法、互文类型及社会—符号结构"(李珍,2008:53)等,其在语篇中的指示符号即"互文信号"(intertexual signals)(Hatim & Mason,1990/2001:133)。互文信号是有形的语篇要素,包括词汇、短语、句子、篇章、体裁等,其功能是向读者发送启动互文符号搜索和加工的信号,引发前语篇联想。通过互文指涉可以识别语篇和语篇之间的交互关系,同时互文指涉也"在主体语篇的构建中起作用"(Hatim & Mason,1990/2001:137)。哈提姆和梅森认为,"互文性既是语篇接收的一部分,也是语篇生产的一部分,而互文指涉正是语篇建构和解构的重要方面,因而读者和作者都要处理好互文指涉"(Hatim & Mason,1990/2001:133)与语篇的关系。

其次,哈提姆和梅森提出互文链(intertextual chain)概念,指一连串互相关联的互文指涉形成链条。两位作者区分两种类型的互文链,一是主动互文(active intertextuality),指语篇要素与相关的前语篇知识形成互文链,由语篇要素激活语篇之外的知识和符号系统。例如两人举了一个关于麦卡锡(Joseph McCarthy)根据番茄酱的 57 个种类来确定敌对势力数量的例子,这个例子中主人公的名字"麦卡锡"激活麦卡锡主义,以及麦卡锡主义的偏执、狂热、荒谬等前语篇知识,"亨氏番茄酱"激活关于亨氏番茄酱有 57 个种类的前语篇知识,进而与主人公指定敌人时的任意性联系在一起;二是被动互文(passive intertextuality),指语篇内部要素之间促使语义连贯得以实现的意义链(哈提姆和梅森称为"互文线"(intertextual thread)。比如,与上个例子同一语篇的"可怜的家伙"—"不知所措"—"愚货"—"呆滞的目光"构成被动互文链,使关于主人公麦卡锡形象的描写得以延续和丰满。接着,哈提姆和梅森援引莱姆基(Lemke,1985)的研究,认为除主动互文和被动互文外,还有一种在其之上的分类方式(over and above the passive-active distinction),即"同一语篇要素之间的互文",如上文提及的一个观点在几个段落之后被再次提及;以及"不同语篇要素之间的互文",如一个语篇中的观点在另一语篇中被引用(Hatim & Mason,1990/2001:121-125)。

　　哈提姆在另一本著作中将这一分类表述为"内互文"(intratextuality)和"互文"(intertetuality)(Hatim,1997/2001:218),国内学者则多表述为"内互文"和"外互文"(蒋骁华,1998:21;李玉平,2003:103;管志斌,2012:77)。笔者认为,哈提姆和梅森先后提及的两种分类表述有很强的交叉性和互补性,如主动互文可以视作是语篇要素与社会文化、知识结构和背景等前语篇的外互文,被动互文则是同一语篇上下文之间的内互文。但两种表述又有所不同,如主动互文中语篇要素激活的是抽象的知识和经验系统,而外互文更多地强调两个具体语篇之间存在互文关系;被动互文重在强调词汇互文链以及上下文语义的连贯性,而构成内互文的语篇要素可以是具体的词汇,也可以是思想、观点等。正是因为这两种分类表述的交叉性,国内学者在使用时也存在交叉混用的现象,如啜京中(2007:52)对被动互文和主动互文的分类相当于上文所说的内互文和外互文,而王雪明、杨子(2012:107)对文内互文和文外互文的分类则相当于上文所说的被动互文和主动互文。

　　鉴于两种表述的交叉性和互补性,为使分类名称一目了然且具有足够的涵盖性,本研究表述为"主动/文外互文"和"被动/文内互文",前者指语篇与语篇之外要素的互文关系,包括语篇与其相关的社会历史文化语境知识系统,以及语篇与其他相关语篇之间的互文;后者指同一语篇内部上下文的互文关系,包括具体的词汇形式以及抽象的话语意义、观点、思想之间的互文。与克里斯蒂娃的互文概念相比较,哈提姆和梅森关于主动/文外互文和被动/文内互文的分类是对文学文本互文的延伸和拓展,或者说,是对互文概念应用于语篇翻译分析时的创新和改造,其中主动/文外互文相当于克里斯蒂娃所说的语篇与其前语境的联系,而被动/文内互文则与克里斯蒂娃所说的文学文本内部人物形象、思想之间的关联性相通。

第三，哈提姆和梅森将互文性与意图性联系起来，认为互文是"超越语篇意义界限的一种力量"(Hatim & Mason，1990/2001：129)，语篇发出者的任何互文指涉都有一定的用意，服务于一定的交际意图，在主体语篇中产生新的价值。例如在两位学者所举的例子中，新闻语篇引用莎士比亚《理查二世》(*Richard II*)作品中的语句"precious stone set in the silver sea"(银色大海中珍贵的宝石)，不仅是为了增强语篇论证的权威性，而且通过指涉这句话所在的关于爱国主义的前语篇符号系统，为语篇附加价值，讽刺了某一类人群的话语(Hatim & Mason，1990/2001：128)。哈提姆(Hatim，1997：39)更进一步将互文指涉称作"不在场的语篇"(absent text)，指出互文指涉的前语篇看似"不在场"，却通过作者的意图性被接收者所理解，因而实际上是"在场"的(Hatim，1997：34)。哈提姆和梅森将意图性作为语篇互文的焦点，是对克里斯蒂娃互文理论提出的文本具有生产性特点的强调，即文本互文的关键不在于"引文的镶嵌和拼贴"(Kristeva，1986a：37)，而在于通过引入、吸收、调整、转化另一文本的信息而产生新的符号价值并作用于主体语篇构建及其语境的重置。

在此基础上，哈提姆和梅森讨论语篇互文对翻译实践的指导作用，主要可以归纳为两点。首先，互文指涉从源语到译语的传递过程为：源语语篇——识别互文信号(互文指涉的语言形式，如词、短语、小句等)——前语篇——互文空间——译语前语篇——译语语篇互文信号——译语语篇(Hatim & Mason，1990/2001：134)。用两人的话说，这是互文指涉符号从一个语篇"旅行"(Hatim & Mason，1990/2001：129)到另一个语篇的过程，其中一个重要概念是"互文空间"(intertextual space)，正是在这个空间中，源语语篇中互文指涉的价值得到调整和转换，以适应译语语篇语境的需要，也正是在这个空间中，译员做出翻译决策，是"传递源语信息的形式、内容抑或两者皆有"(Hatim & Mason，1990/2001：135)。显然，这是一个解构和建构的过程，译者受到互文信号的刺激启动互文搜索，进而对源语的互文指涉进行解构和重构，最后在译语语篇中建构新的与译语互文网络相适应的互文指涉(Hatim & Mason，1990/2001：129-135)。

其次，互文指涉翻译的宗旨和原则。哈提姆和梅森认为，从互文性视角来评价翻译质量，就是要考察"源语语篇中指涉符号的哪些方面在传递过程中被保留下来，哪些方面在译语语篇中没有得到体现"(Hatim & Mason，1990/2001：135)，以及这一传递过程是如何实现的。这涉及译者的决策，而决策背后是重要的意图性问题，可分为两个方面：一是对源语语篇意图性的解读，即源语作者为何做出某种互文指涉，译者由此决定哪些必须翻译，哪些可以舍弃;二是译语语篇意图性的建构。这受到两方面因素的影响,其一是译者个体的前语篇经验,译者的知识系统、社会文化实践等前语篇经验一定程度上决定了译者如何传递和呈现意图性;其二是译语语篇受众的前语篇经验,不同的读者群体进行语篇加工时必然携带不同的知识系统、文化背景以及信息需求,因此译者要有针对性地调整意图信息的符号表征,如面对熟悉西方文化背景的受众和不熟悉西方文化背景的受众,翻译莎士比亚作品引用时的处理有所不同。

需要注意的是,哈提姆(Hatim,1997:31)强调,他所认为的翻译对等不是字词的对等,而是符号的对等,是支撑语篇互文关系的整个符号系统、话语历史以及语篇意图性的对等。但在具体翻译实践中,在互文指涉从原文到译文的转换和重置过程中,不可避免地发生某些价值变化,如"符号的信息性、体裁性、意图性以及语言表达手段"(Hatim & Mason,1990/2001:136)等,这些变化由译者来取舍和"协调"(negotiated by the translator)(任文,2007:26)。

总的来说,哈提姆和梅森的互文观是其对翻译活动符号维度分析的重要组成部分[①],其核心是对源语文本终极意义的追求,是译者寻找到合适的意义表达,搭建源语语篇前文本和译语语篇前文本之间的桥梁,将源语语篇的互文线索(包括主动/文外互文和被动/文内互文)编织进译语的互文网络中,参与译语语篇的建构。对源语文本互文网络的解构是翻译转换的前提,而译语文本互文网络的建构则是翻译的最终目的,译者正是在对原文进行理解、变形和重构的基础上建构与原文相呼应的互文指涉网络。其中,互文性与意图性相关联,译者对原文意图性解构和对译文意图性的建构是"译者决策背后"(Hatim & Mason,1990/2001:137)的关键问题。

值得注意的是,哈提姆和梅森的研究开始于 20 世纪 80 年代中期(任文,2007:26),其背景是翻译学界开始意识到去语境化理论的局限性和语篇语言学理论的盛行,因此,两人对互文指涉的讨论主要基于情景交际语境,虽然涉及符号学思想,但从整体上说还是基于语言学路径的研究。两人主要强调交际、语用、符号语境因素,以及译者的知识、文化背景和前语篇经验等主体性因素对其互文指涉和意图性转换和表达的影响,没有涉及更深层次的社会、文化和意识形态语境和压力,如机构、权力因素等对译者决策的影响。

但这并不意味着两位学者完全忽视社会文化和意识形态语境与翻译活动的联系,相反,梅森表示他是"第一个承认文化研究路径对于翻译研究有着极

---

① 哈提姆和梅森在《话语与译者》一书中提出翻译语境的三维分析框架,即交际维度、语用维度和符号维度。具体讨论参见 Hatim & Mason(1990/2001:57-59)。

其重要影响的人"(任文,2007:25)。他在访谈中表示,译员在口译过程中不仅有纯粹"语言上的操纵,还有对讲话人话语的重新定位,如话语重心的改变和省略等,这些改变不是口译错误,而是有意图的省略或改变强调重心,这些很明显与权力有关"(任文,2007:28)。梅森认为语言学派和文化学派的理论具有很强的融合性和互补性,事实上,在他与哈提姆建立的交际、语用和符号三维语境框架之外早已标记了"文化/意识形态"字样作为更广阔的语境基础(Hatim & Mason,1990/2001:58)。这在 20 世纪 90 年代两人专著面世时具有很强的前瞻性,也说明两人提出的理论和操作框架虽然没有对交际情景之外的语境进行探讨,但却并不排斥甚至包容文化学派的文化、社会、意识形态等更为广阔和丰富的语境因素的加入,两人提出的三维语境框架为这些因素留有足够的空间。

哈提姆和梅森的翻译互文观主要是为互文指涉的翻译实践提供理论指导,但由于其对如何解读源语文本、如何传递互文线索以及如何重构译语语境的重视,其理论和分析框架同时也适用于对比源语文本和译语文本的互文网络,从而发现互文指涉价值的保持或改变,评价互文指涉的翻译。本研究基于哈提姆和梅森关于互文指涉的思想,主要根据其对主动/文外互文和被动/文内互文的分类,对比源语和译语互文网络的变化,讨论互文指涉在译语中的建构和传播效果。

第三节　话语的再语境化：批评话语分析研究的互文观

批评话语分析(Critical Discourse Analysis)这一术语由福勒等人(Fowler et al, 1979)提出的批评语言学概念发展而来,现已成为一种非常活跃的话语分析方法,主要关注话语与更广阔的社会文化变革之间的关系,通过对表层语言形式的分析,对文本的生产过程进行解读,剖析其背后的社会文化、意识形态和权力对话语的制约和影响,以及话语对社会文化、意识形态和权力的反作用。批评话语分析的代表人物之一费尔克劳主张兼顾文本分析和社会分析,认为对任何一个话语事件(即任何话语的实例,如访谈、对话、新闻报道等)的分析都可以有三个维度,即文本分析(指对文本作语言学描述)、话语实践分析(指文本生产、传播和解读的过程)和社会实践分析(指向文本的社会语境,即社会机构及其权力和意识形态)(Fairclough,1992:4)。社会实践以不同的方式交织在一起构建了具有等级的社会秩序,社会秩序在话语上的体现是话语秩序,而话语秩序反映在文本上,是不同话语的表征以及话语类型(如体裁、风格等)之间的关系,这就涉及文本的互文。

需要说明的是,费尔克劳试图通过对文本表层的语言、结构和语篇功能的分析,批判和影响社会秩序的建构,因此,其文本观是指狭义的具体的文本,即书面或口语的文字形式,如一次访谈的书面记录(Fairclough,1992:4);而"话语"却有两层含义(Fairclough,2003:26),在谈及具体的语言运用或某一领域的具体的话语类型,如新闻话语,医疗话语时,"话语"是可数的,而谈及抽象的话语实践、话语秩序时,"话语"是不可数的,指福柯(Foucault,1972)所说的将话语看作知识和社会实践的一种形式,是对现实的表征和社会建构。本节的讨论既涉及可数的记者会话语,也涉及不可数的话语秩序。

克里斯蒂娃认为互文是"历史(社会)被植入文本,而文本也被植入历史(社会)"(Kristeva,1986a:39),换句话说,文本具有编织性、生产性、建构性和变革性,互文是对历史的吸收和转化,也是对历史的重塑,甚至是创造性的改变,对文本的每一次阅读和阐释,都是一次"互文性的建构"(程锡麟,1996:77)。这一互文观与费尔克劳认为话语能够表征、反映和转换社会资源,甚至在一定程度上能通过话语的交织和重塑来创造社会现实的观点相契合。

同时,费尔克劳的互文观明显受到热奈特的结构主义互文观和语篇语言学的"文本性"概念的直接影响。热奈特认为互文性就是"一个文本出现在另一个文本的文字表面"(Genette,1992:11),或者说是文本的"共现"(co-presence)(Genette,1997:8),具体指引用、抄袭、用典等。将互文概念缩窄到具体的语篇层面,这为话语分析提供了可能。鲍德朗德和德莱斯从语篇语言学角度提出文本性(textuality)概念,认为互文性是语篇的特性之一,语篇的生产和解释依赖生产者或解释者拥有的其他语篇的知识(Beaugrande & Dressler,1981:182)。也就是说,文本的生产和解读不是在真空状态下进行的,文本的构建同生产者或解释者先前的知识、经验,以及整个社会交往有关,这将文本与其反映的社会实践联系在一起。由此,互文作为连接话语和社会结构的桥梁,成为费尔克劳话语分析三维框架的一个关键性概念。在费尔克劳看来,"话语分析的中心课题是研究话语的变化"(纪卫宁、辛斌,2009:23),费尔克劳认为话语分析分为语言分析和互文分析,前者关注语篇如何通过语言系统的选择来构建,后者关注语篇如何通过话语秩序的选择来构建(Fairclough,1995:188),而话语秩序的构建则可以通过特定的互文关系的联结来实现。

　　费尔克劳互文分析的焦点是话语的"再语境化"（recontextualization）①，即话语在从一个社会实践语境到另一语境的流动过程中以某种方式被置换、重新表征和重构，以适应新的语境。具体而言，话语的"再语境化"可通过表层互文（manifest intertextuality）和深层互文（constitutive intertextualiality）（Fairclough,1992:104-115）②来实现。表层互文指文本表层存在着他文本的痕迹，或有显著标记，如引号，或没有显著标记，如对原话进行重写，具体包括话语表征、预设、否定、元话语、反讽等。深层互文指话语生产过程中各种话语类型的混合，具体指体裁、话语、风格等，如一则信用卡产品推介广告，可能融合了金融规范（介绍金融知识）和广告体裁（推介产品）。与深层互文密切相关，费尔克劳认为在话语生产过程中存在话语类型的转换链（Fairclough,1992:131）③，如一次总统演说将转化为各种不同的体裁形式进行传播，出现在事件报道、专栏分析评论、学术著作、传记小说、政府文件等体裁中。本研究讨论的媒体对记者会话语的报道正是一种话语类型的跨媒介转换，从口语到书面语，从记者会机构话语到新闻话语。

　　值得注意的是，首先，费尔克劳的"话语秩序"主要是依靠深层互文，即不同话语类型的转换来建构和重构的，如总统演讲的新闻报道会根据媒体的机构意识形态的需要和读者的阅读期待融合政治话语、公共话语和私人话语。但他也指出，表层互文和深层互文不是割裂的，而是互相联系的："表层互文表征的不仅是话语的内容，还包括被表征话语的风格和语境等"（Fairclough,1992:119）；话语的体裁和风格要通过一定的语言形式体现出来，不同话语类型，其对应的表征形式也不同，如"新闻报道、闲谈和科技文章中话语表征的频率、形式和功能大不相同"（Fairclough,1992:128）。因此，文本表层对其他文本的吸纳和引用，以及文本深层对体裁、风格等的转化实际上共同构建了话语秩序，推动了文本的生产（文本的构成来自其他的具体文本）、传播（话语类型

---

　　①　再语境化（Recontextualization）是伯恩斯坦（Basil Bernstein）提出的教育社会学概念，费尔克劳将其引入话语分析研究，参见 Fairclough（2003:32-33,222）。

　　②　也有学者称显著互文性和构成互文性，参见辛斌（2000:14）；或显性互文性和结构互文性，参见徐赳赳（2010:200）。本研究认为费尔克劳所说的"manifest intertextuality"不仅包括有显著标记的引用，也包括不带显著标记的化用，如总结性话语等，因此参考徐涛（2006:58）的说法，表述为表层互文性和深层互文性。

　　③　费尔克劳将从一个话语类型到其他话语类型的转换和变形称为互文链。由于本研究的"互文链"主要指哈提姆和梅森提出的翻译互文链，为避免混淆，不在正文中讨论费尔克劳的互文链概念。

转换和融合）和消费（话语的解读有赖于众多互文建构的文本）。

其次，费尔克劳互文分析的关键是文本的生产力，是"通过对先前文本的转换和重构，创造新的话语规范和话语秩序"（Fairclough，1992：103），通过考察互文性的介入及其介入的程度揭示互文结构背后的权力和意识形态关系。因此，话语的"再语境化"是话语的再生产，是在新的语境中互文重现具有等级性的话语秩序，或通过互文关系的运用对话语秩序进行调整和重构。话语秩序的建构可以是常规的（normative），也可以是创造性的（creative）（Fairclough，1992：65）。比如，课堂上教师和学生之间的关系通过一定的话语模式来建构，但学生有时也可以通过在话语表层引用权威、在课堂话语中加入辩论体裁等方式改变传统的关系，建立创造性的师生课堂关系。

本研究主要关注费尔克劳的"表层互文"概念，尤其是话语表征（discourse representation）。话语表征是最常见的表层互文，是显性的"再语境化"，指对他文本的转述，包括语言特征、内容、话语组织方式、话语环境、语气等①。费尔克劳认为，表层互文是话语实践和文本的连接地带，是深层互文的外显形式，表层互文分析的目的是探究什么样的他文本被纳入文本的建构过程，以及他文本如何被再语境化（Fairclough，1992：233）。费尔克劳在著述中多次提及对话语表征的互文分析（Fairclough，1992：119，120，233；Fairclough，2003：47，51，192），主要涉及被表征话语与原话语，以及被表征话语与转述语境这两种关系，归纳起来主要有以下几点（见表3-1）：

表 2-1　费尔克劳对话语表征的互文分析要点

1. 被表征话语与原话语的关系： (1)被表征话语与原话语之间是否有清晰的界限？ (2)话语表征了什么？是话语内容，风格，还是语境？表征了谁的声音和立场，没有表征谁的声音，为什么？ (3)以什么方式表征？直接引语还是间接引语？ (4)话语表征的转述动词是如何被选择的？体现怎样的语用功能？
2.被表征话语如何被转换到新的语境中： (1)被表征话语与文本其他部分的关系是怎样的？ (2)被表征话语在整个文本中起到怎样的作用？

---

①　费尔克劳特别指出，他使用"话语表征"（discourse representation）而非"言语引述"（speech reportage），是因为我们引述他人话语时，总是以某种方式对话语进行表征，且被表征的不仅是话语的内容，还包括措辞，不仅是语法特征，还包括话语组织、环境、语气等（参见 Fairclough，1992：118）。换句话说，费尔克劳是从批评话语分析的角度来定义"话语表征"，认为对他人话语的引述包含着主观的意识形态对社会现实的构建。

与之密切相关，费尔克劳基于利奇和肖特(Leech & Short,1981)的分类，以是否有引号(quotation mark)、转述分句(reporting clause,如"他说")和话语表征内容(representation of discourse)区分了四种话语表征类型(见表 3-2)，描述被表征话语与原话语之间的关系。

表 2-2　话语表征的类型

类型	引号	转述分句	话语表征内容	示例	互文界限	互文介入程度①
直接引语	有	有	有	He said: "she'll be there at 3 pm."	清晰	低
自由间接引语	无	无	有	She would be there by now.	比较模糊	中等
间接引语	无	有	有	He said she would be there at 3 pm.	比较模糊	较高
言语行为的叙述	无	无	无	He made a prediction.	非常模糊	高

这四种类型最重要的区别是话语的异质性程度。话语表征是文本和他文本"声音"(voice)(Vološinov,1973:138,151)②的交织，体现出叙述声音的"双值性"(ambivalence)③，或称"双重的声音表达"(赖彦,2009:22)，不同声音的强弱交织使得文本和他文本互文界限的清晰度和互文介入的程度有所区别。直接引语是对他文本原封不动的转述，使用转述分句和引号，忠实于他文本的内容，所用的语言形式也完全相同；间接引语有转述分句，忠实于他文本的内容，但不忠实于措辞，用自己的话进行重写或总结；自由间接引语是介于直接引语和间接引语之间的类型，不出现转述分句，只出现话语表征的内容；引号、转述分句和话语表征内容在言语行为的叙述中均不出现，言语行为的叙述是语篇作者对他文本言语行为的主观描述。因此，直接引语的互文界限非常清晰，互文介入程度低，引号和转述分句表明了叙述者的存在，语篇作者的声音明显区别于他文本；间接引语和自由间接引语的互文界限比较模糊，语篇作者

① 关于互文介入程度高低的总结，参见辛斌(2005:116)。

② 学界对这本著作的作者尚有争议，有些学者认为该著作的作者为巴赫金，参见张冰(2013:123-124)。

③ "双值性"是巴赫金对话理论的关键概念，关乎小说文本的对话空间和独白空间，换句话说，文本总是交织着各种不同、甚至是相互对立的声音，由此产生了意义的多声性，参见 Kristeva(1986a:43)。

的声音和他文本声音交织在一起,多种意义并存,难以分辨;言语行为的叙述则走向互文界限清晰度的另一端,互文源和互文内容完全缺失,互文介入程度高,凸显出语篇作者的声音。

除此之外,不同的话语表征类型在再语境化的过程中具有不同的互文功能和效果,如"与他文本声音保持距离、引用权威支持自己的观点、展示一个新的用法、介绍一个新词"(Fairclough,1992:119-120)等。但是费尔克劳也指出,在新闻语篇中,并非所有的直接引语都完全忠实于原话,间接引语可能是对原话的改写,也可能是对原话的忠实转述(Fairclough,1995:56-57),因为新闻报道中直接引语的引号只是为了显示"报道的客观公正"(辛斌,2005:121),而是否忠实于原话,取决于记者和编辑的理解和报道的目的。另外,虽然直接引语的互文介入程度最低,但在新闻报道中转述者仍然可以通过"选择引用谁的话语和什么内容的话语"(辛斌,2005:116)来达到操控和介入的目的。

通过区别四种话语表征类型,可以回答表 3-1 费尔克劳提出的两个语篇互文分析要点,即被表征话语和原话语的关系,以及被表征话语嵌入转述语境,与主文本中的其他话语相衔接、互动和融合,从而实现话语表征的再语境化问题。本研究主要基于费尔克劳提出的两个话语表征互文分析要点,以费尔克劳对话语表征的分类为框架,描述记者会口译在新闻报道中被引用和转述的情况,讨论经过口译活动加工的记者会讲话在新闻报道中的接受和传播效果。

第四节　伴随文本：符号学研究的互文观

符号学是互文理论的主要理论来源之一,具有互文性的文本是克里斯蒂娃解析符号学理论的研究对象,因此互文概念的提出从一开始就与符号学密切相关。但克里斯蒂娃的互文理论主要以文学批评为依托,中国符号学家赵毅衡则基于更广阔的文化视野对互文概念进行重新思考和创造性发展,提出"伴随文本"概念。可以说,伴随文本概念是互文概念在符号学研究视域下的细化和拓展。

要理解赵毅衡的"伴随文本",先要明确几个概念:第一,符号与意义。赵毅衡认为符号与意义是绑定关系,符号即意义,符号概念涉及意义的发出和接收,而意义必须被感知,并且被识别或理解才能成为符号。因此,符号是"被认为携带着意义而接收的感知"（赵毅衡，2012：27），而"符号学是研究意义活动的学说"（赵毅衡，2012：3），换句话说，符号学就是意义学，关注意义的产生、发送、传递、接收、理解和变形等。比如，名牌包在认识名牌的购买者那里才能成为符号，如果不识货，那就只是一只装东西的袋子而已。

第二，符号文本。赵毅衡认为符号通常不会单独出现，总是与其他符号一起形成符号组合来表达意义，这就是符号文本，指组成"合一的表意单元"（赵毅衡，2012：41）的符号组合。比如，一款品牌包，其品牌意义总是通过商标、款式、颜色、质地、缝线制作工艺等符号组合在一起来表达的。

第三，符号文本的边界。赵毅衡认为符号文本的边界是非常模糊的，因为符号文本在产生、发送和接收的过程中，其意义都依赖于解释，换句话说，接收者对符号表意的解释构建了符号文本的"合一"和整体性，也决定了文本的边界。比如赵毅衡举的例子，行路人根据自己的需要将路标与其周围的道路状况构成一个文本整体；读者根据自己的阅读喜好决定一个章节是一个文本，抑或一整部小说是一个文本；一个抢劫犯、一个警察和一个行人，出于不同的意义需求，在同一个街景中会组合不同的符号，构建不同的符号文本（赵毅衡，2012：44）。文本携带意义，又向接收者对文本的解释开放。

赵毅衡将伴随文本定义为"伴随着符号文本一道发送给接收者的附加因素"（赵毅衡，2012：143）。他认为任何符号文本的意义都受到其所处的文化背景和各种文化关系的制约，携带着各种文化联系，这种制约和联系或显露于文本表层、或隐藏于文本之后，或存在于文本之外，但"积极参与文本意义的构成，严重地影响意义解释"（赵毅衡，2012：143），这些制约文本生产和理解的因素就是伴随文本。或者说，伴随文本是文本的"周边符号"（赵毅衡，2013：215），是"文本与世界的联系方式"（赵毅衡，2013：215）。值得注意的是，由于符号文本的边界模糊不清，依靠接收者的解释来确定，因而文本与其伴随文本之间的距离也或远或近。有些伴随文本与文本本身密不可分，甚至很难离开文本本身成为一个独立的文本，如文章与其标题（文本与副文本），有些伴随文本则与文本本身相距较远，这时伴随文本也是一个独立的文本，如《三国志》与《三国演义》（先后文本）。

赵毅衡将伴随文本分为显性伴随文本、生成性伴随文本和解释性伴随文本三大类，副文本（para-text）、型文本（archi-text）、前文本（pre-text）、评论文本（commenting-text）、链文本（link-text）和先/后文本（preceding-ensuing text）六小类（具体定义和示例参见赵毅衡，2010：2-8；2012：144-152；2013：215）。需要特别指出的是，赵毅衡在《符号学》（2012）一书中沿用法国结构主义文学批评家热奈特的术语①，将对文本进行评论的文本称为"元文本"（meta-text）（赵毅衡，2012：148），但在《广义叙述学》（2013）中指出，"元"这一术语的使用太过广泛容易引起混淆，因此改称"评论文本"（commenting-text）（赵毅衡，2013：217）。本研究采用赵毅衡修正后的"评论文本"表述。赵毅衡对伴随文本的分类如图 2-1。

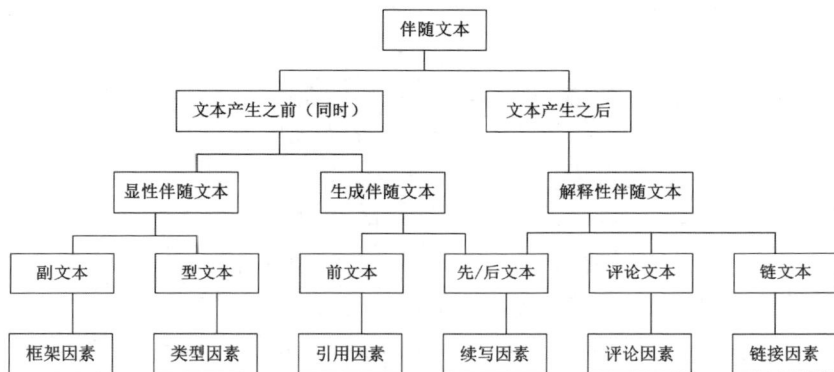

图 2-1　赵毅衡对伴随文本的分类

　　赵毅衡重视伴随文本对文本意义生成和解释两方面的作用，前者包括显性伴随文本和生成性伴随文本，后者包括解释性伴随文本。显性伴随文本包括在文本表层上明显显露出的框架性因素，如书籍标题、商品标签等（副文本），以及类型因素，如体裁、发出者与接收者的相对关系和地位等（型文本）；生成性伴随文本指文本产生之前就存在的，对文本的生成产生影响的因素，如文本中的引用、典故（狭义前文本）、文本的全部历史文化背景（广义前文本）。解释性伴随文本指文本生成后，在文本的解释环节起作用的因素，包括文本的评论因素（评论文本）、与文本存在链接关系的因素，如网页链接（链文本）。先/

―――――――――

　　① 法国叙述学家、结构主义批评家热奈特（Gérard Genette）在克里斯蒂娃互文概念的基础上，提出"跨文性"（transtextuality）概念，认为跨文性是一个涵盖互文性的概念，跨文性包括互文本（intertextuality）、副文本（paratextuality）、元文本（metatextuality）、超文本（hypertextuality）和原文本（architextuality）。赵毅衡对伴随文本分类的命名与热奈特有相承之处，其中赵毅衡（2013：217）明确指出其"元文本"命名"沿用热奈特的术语"名称。但热奈特讨论的对象主要是小说，出发点是结构主义的文本分析，具体分类标准和对各类别的理解与赵毅衡的思想有出入，如热奈特的"元文本"指"文本与其评论文本之间的跨文本关系"（Genette，1997：82），包括书评、目录、参考文献等。为避免复杂化，本研究不作深入讨论，关于热奈特的跨文性分类，参见 Genette（1997：2，67，82）。

后文本指两个具有直接演化关系的文本,如小说和改编自小说的电影,电影及其续集等,先/后文本可以是生成性伴随文本(如作者在小说写作时就有意要将其拍成电影),也可以是解释性伴随文本(观众意识到电影改编自某部小说)。

其中,赵毅衡特别区分了前文本和先文本,认为前文本指文本生成的一切文化史和文化网络,而先文本是与文本有直接关系的特定文本[①]。赵毅衡认为,任何文本都有其伴随文本,或者说,伴随文本普遍存在于符号文本周围,如电视剧《甄嬛传》,有出品方、导演、编剧、演职人员信息等副文本;宫斗剧、清宫剧、戏说和虚构等型文本;清朝历史、服饰、礼仪等前文本;关于《甄嬛传》的各种采访评价等评论文本;导演和各主演拍摄的其他电视剧等链文本;电视剧同名小说以及美国版《甄嬛传》等先/后文本。又如,一场现场直播的卫生部关于"非典"疫情的记者会,有场地、参加人员安排、直播设备等副文本;发言人与记者问答形式等型文本;"非典"疫情的爆发、发展、现状等前文本;媒体随后对该场记者会的新闻报道、总结等评论文本;国家相关部门和各级政府针对"非典"疫情召开的其他记者会等链文本;卫生部关于"非典"疫情进展的系列记者会等先/后文本等。这些伴随文本帮助我们建构和理解符号文本,可以说,我们生活在伴随文本的海洋中,我们的周围充斥着伴随文本。

克里斯蒂娃提出的互文概念的核心是文本之间的关系,这种关系体现在文本中显露出的他文本的影响,体现在文本被吸收和转化的过程中,对另一文本的破坏、重建,以及生产性或变革性的力量,但克里斯蒂娃没有关注到文本产生之后的解释。克里斯蒂娃的互文概念主要指向影响文本生成的一切社会历史压力,赵毅衡认为其相当于伴随文本中的前文本和先文本(赵毅衡,2010:6)。因此,伴随文本是在克里斯蒂娃基础上发展出的对互文现象的新解,与克里斯蒂娃的互文概念相比,有如下三个特点:第一,伴随文本是符号文本与文化相连的桥梁和标记。伴随文本为文本的解读提供文化背景,体现的是文化对文本意义的制约,其核心是"伴随",即与文本一起发送,作为符号文本的支撑,参与符号表意,从而影响接收者对符号文本的建构和解释。用赵毅衡的话来说,符号文本不仅仅是符号的集合,"如果没有这些伴随文本,球赛只是22人踢着玩而已"(赵毅衡,2012:153)。

第二,伴随文本是对互文概念的细化和拓展。伴随文本对互文的不同情况进行分类,同时强调符号文本产生过程和产生之后的互文关系,更将互文的

---

① 有学者认为,先文本可以看作一种特殊的前文本,或者说,对文本产生更大作用的前文本,参见李玮、蒋晓丽(2012:254)。

应用范围从文学、语言领域扩展到文化研究领域,将伴随文本应用于各种文化符号的解释,如广告、电影、艺术等。

第三,伴随文本为微观和宏观两种研究视角提供了可能。微观上,伴随文本详细的分类使之具备具体文本分析的可操作性;宏观上,伴随文本"有助于揭示出文化符号域是如何施加影响于单个的符号文本,以及单个的符号文本及其伴随文本是如何共同构成文化符号域的"(李玮,2015:32)。

另外,虽然赵毅衡在伴随文本理论中所举的主要是文学、文化生活和文化产业领域中的例子,但该理论在人文和社会科学研究中具有普适性,对于本研究在新闻传播背景下进行的记者会口译研究也有极大的启示。宏观上,伴随文本是口译活动这个符号文本与新闻传播这个大文本背景相联系的桥梁,新闻传播对口译活动施加影响,而口译活动及其伴随文本又作用于整个新闻传播过程。微观上,口译活动在新闻传播过程中的参与,伴随着口译服务机构、口译员信息、翻译设备等副文本,交替传译或同声传译等型文本,固定表达、词语搭配、译员规范和守则等前文本,其他记者会口译活动等链文本,媒体对口译活动以及口译员的报道、采访等评论文本。

本研究考察新闻媒体对记者会口译活动的报道,以赵毅衡的符号学互文观,尤其是评论文本、副文本和链文本概念为理论基础,在符号学观照下探讨口译活动作为一个符号文本,其与新闻传播这个宏观背景之间的互动关系,以及口译活动及其符号解读在新闻传播过程中的影响和作用。具体的文本分析包括媒体对译员群体及其所在组织机构的报道;对口译内容的报道;以及新闻报道本身作为一个符号文本,其副文本和链文本如何影响受众对报道中口译活动的解释等。

第五节　小　结

互文理论的提出主要是以文学批评为背景,克里斯蒂娃对互文理论的阐释也主要是基于小说等文学作品,但互文理论具有深厚的哲学、语言学、符号学基础,直击人类交往活动的核心,即对话,因而从一开始就不局限于文学批评领域,而是具有一定的普适性、强大的包容性和解释力。克里斯蒂娃之后互文理论发展的两个方向,即狭义/微观互文和广义/宏观互文实际上代表了互文理论在两个极端的文本概念上的应用,一个是在具体的文字文本层面作为文学作品和语篇分析的工具,建构意义;另一个是在广义的社会、历史、文化文本层面作为文化批评的工具，解构意义。然而，这两个方向不是对立而是互补的，两者的共性是都承认文本的系统性、历史性、异质性和生产性，都将外部的社会历史语境纳入研究视野；区别在于对文本概念的定义，一个是狭义，一个是广义。有学者认为如能在这两个方向之间找到平衡，将拓展互文研究的深度（如李小坤、庞继贤，2009），在这个意义上，互文理论为微观的语篇分析和宏观的社会结构、文化批评搭建起对话的桥梁。

　　本研究从微观和宏观两个角度分析记者会口译跨媒介互文，具体着眼于源语文本从口语到书面语，从记者会现场讲话到新闻话语的跨媒介话语类型转换，探究口译译语与源语互文、口译话语与新闻转述话语互文以及口译活动与新闻评论话语互文，分别由互文理论在翻译研究、批评话语分析和符号学研究三个领域的发展为理论视角，如图 2-2。

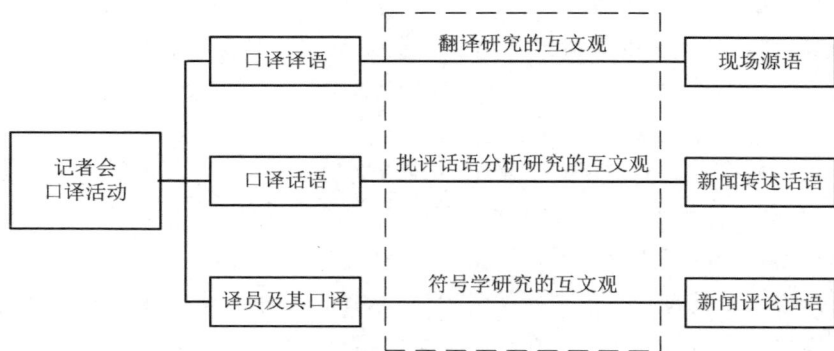

图 2-2　记者会口译跨媒介互文的三维理论视角

　　口译译语与现场源语的互文分析，基于哈提姆和梅森的互文观，主要是两人关于互文指涉的概念及分类，对源语和译语进行对比分析，讨论互文指涉从源语到译语的传递、在译语中的重构及传播效果；口译话语与新闻转述话语的互文分析，基于费尔克劳的互文观，主要是其关于话语表征的概念及分类，分析译语在新闻报道中的转述和接受情况，讨论现场口译措辞表达在国际新闻翻译中的影响作用；口译活动与新闻评论话语的互文分析，基于赵毅衡的伴随文本概念，分析新闻媒体对口译活动的评论及报道方式，讨论口译活动作为记者会活动的一部分，在媒体报道中的关注度以及对记者会新闻传播的影响。

　　可以看出，从源语文本发送，到译语传递，再到英文新闻报道中的转述是一个较为完整的传播链，包括记者会源语的现场传播和以新闻媒体为受众的传播，而中文媒体对口译活动的报道则体现了记者会活动副产品在新闻传播中的表意和影响。以互文理论为核心的三个理论视角分别从微观的语言和口译文本分析、由微观的语言表层分析透视对话语秩序构建的社会影响，以及宏观的文化批评三个方面支持三个研究问题的讨论，形成了一条以记者会口译为中心，从语言文本发送到受众接收，从记者会话语到新闻话语的跨媒介互文影响链。

需要说明的是，第一，本研究的理论视角是以文本（包括狭义的文字文本和广义的社会文化文本）的互文关系为切入点对政治传播进行分析和讨论。互文理论的提出，从一开始就与社会、历史和文化相连，"文本是无数社会行为交织而成的网络……文本之间的相互联系就是社会交往互动的缩影"（Sakellariou,2015:45）。换句话说，文本的互文关系在一定程度上是对社会互动关系的反映和解释。本研究所讨论的从源语到译语再到新闻报道的互文传播过程中，经历了三种类型的"再语境化"，即源语中互文指涉在译语重构中的再语境化；译语在新闻报道转述中的再语境化；以及译员及其口译活动在媒体评论中的再语境化。本研究正是以译语建构和传播过程的这三次"再语境化"为剖面，通过考察三对文本的互文关系来回答口译活动在记者会新闻传播中起作用的问题。具体而言，口译活动在从源语到译语的传播过程中是主动参与互文建构，而在新闻报道中则主要是被动参与互文传播，通过被转述和被评论参与新闻媒体对记者会讲话和记者会活动的解读和建构。

第二，本研究的三维理论视角聚焦于互文关系，但分属三个不同的研究领域，即翻译研究、批评话语分析研究和符号学研究，这三个研究领域对互文关系定义的内涵和外延有所不同。费尔克劳的互文观主要在具体的篇章或体裁层面谈互文；哈提姆和梅森的互文观涉及具体的篇章互文也包括语篇对社会、文化、历史语境的指涉；而赵毅衡的互文观则完全将互文理解为一种文化现象，并将互文概念发展细化为文本与其文化语境相连的伴随文本。因此，本研究的理论框架是从互文的核心概念出发，汲取跨学科领域从不同角度和不同层面对互文概念的理解和发展为本研究提供多维度视角。

第三，本研究搭建的理论框架主要是为三对文本的互文关系提供描述、分析和解释的视角、总体框架和总的分类标准，涉及具体翻译策略和具体案例分析归类时还需要其他更为具体的理论和方法支撑，这些理论和方法将在各章的理论基础和研究方法部分加以说明。

接下来的第三、四、五章分别从口译译语和源语互文、译语和新闻转述话语互文，以及口译活动和新闻评论话语互文三个方面具体分析记者会译语建构及译语传播的跨媒介互文特征。

第三章 口译译语与现场源语的互文分析

本章以哈提姆和梅森的翻译互文观，尤其是其提出的互文指涉概念为基础，建构记者会口译互文指涉分析框架，通过对 6 场记者会源语和译语中互文指涉的对比分析，讨论记者会口译过程中的互文指涉识别、从源语到译语的转换、在译语中的建构，以及译语建构对记者会源语传播的影响。

第一节 从源语到译语：记者会口译的互文转换

源语和译语对比分析是记者会口译研究的主要话题之一。以口译为媒介的记者会现场，口译搭建了发言人与受众之间的桥梁，对于目的语受众而言，记者会源语是通过译员，以译语语篇的形式呈现的，换句话说，源语的现场传播一定程度上依赖于口译的质量。中国政府记者会口译研究关注口译语言特征、译员认知心理过程、口译策略、口译规范、译员的调控角色等（如詹成，2013；Hu & Meng，2017；Wang & Feng，2018；Gu，2019；Fu & Chen，2019等，参见第一章第一节），这些研究都涉及对源语和译语的对比分析。从双语对比分析的角度来看，这些研究中尚未引起足够重视的问题包括：

第一，重描述，轻归因。如王斌华（2013；2015；Wang，2012）依据增译、替换、省略、修正等翻译偏移（translation shifts）[①]类型对译语进行描述，但对译员做出不同类型偏移决策背后的原因不作深入探讨或仅限于交际情景语境的探讨，不涉及机构和社会语境对译员决策的影响；第二，重程序性信息和语用信息，轻语义信息。源语和译语对比的焦点以程序性信息（如逻辑关系标记、

[①] "翻译偏移"（translation shifts）指翻译过程中出现的偏离于源语的改动，如增译、减译、改译等（参见 Catford，1965：73），类似的说法还有"翻译变形"（如孙艺风，2003：6）、翻译"偏离"（如封一函，2006：130）等，笔者在本研究中不作区别。

句法、程式化表达等)和语用信息(如人称代词、语气加强词、口语赘词等)为主,较少对话语语义信息及意图意义的传递进行深入探讨。有学者认为政府记者会口译译语是"语义上中立但情感或语用意义上非中立"(孙婷婷,2013:180),但没有对"语义上中立"做详细探讨,值得进一步分析;第三,重描述性规范和译员主体性意识,轻记者会话语传播的效果性。就研究目的而言,已有研究或对口译规范进行描写(如胡开宝、陶庆,2012;王斌华,2015),或彰显译员的主体性和调控性(如 Liu,2010;詹成,2013),或描述和解释译语话语中的人际关系(Fu & Chen,2019),而记者会源语经过口译加工后的意义潜势和传播效果尚未有深入讨论。因此,以记者会话语传播为焦点讨论口译中源语和译语的关系,尤其是其中的机构因素、语义信息及其对记者会话语传播效果的影响,是一个值得继续挖掘的话题,这正是本章关注的焦点。

　　互文理论为记者会源语和译语关系的研究提供了良好的土壤。翻译本质上是一种互文性活动(Toury,1982;Neubert & Shreve,1992;秦文华,2006),如纽伯特和施里夫(Neubert & Shreve,1992:123)所说,"翻译是一种跨文化互文和跨语言互文活动,也是具有中介性质的互文活动",在翻译过程中,"源语与其他源语语言文本互文",译语与其他译语语言文本互文,而翻译则"调节着源语文本的互文性与译语文本的互文性"(Neubert & Shreve,1992:118),换句话说,翻译就是在目的语语境建立与源语文本互文的新的文本。一方面,翻译追求译语文本对源语意义最大限度的再现,另一方面,通过对源语文本的吸收、拆解、转化、阐释、重构甚至是重写,译者在适应目的语社会文化语境的网络中构建起一个新的文本,加入译者个人的互文体验。因此,源语和译语之间存在互文关系是显而易见的。

　　目前国内外从互文视角进行的翻译研究主要着眼于两个层面,一是理论层面,探讨互文理论对翻译研究领域的解释力,如解构原文的固定意义、重新定义原文和译文的相对关系、多个译本之间的互为阐释关系等(参见罗选民,2006;王洪涛,2010;Venuti,2009;Sakellariou,2015;Liu,2019);二是翻译实践和翻译批评层面,探讨互文理论对具体的翻译文本分析和语言转换的指导作用,重点关注译者如何在译语语篇中传递和再现源语的互文关系,也就是如何整合源语的互文线索,将其编织进译语的互文网络中,并在译语语篇表层显露出相应的"互文指涉"信号(Hatim & Mason,1990/2001:125)或"互文性痕迹"(秦文华,2006:247),从而启动目的语受众的互文搜索(参见 Hatim & Mason,1990/2001;Desmet,2001;顾毅、陈建生,2008;曹山柯,2012;高巍、高颖超,2018;武建国等,2019)。但现有文献的研究对象主要是书面翻译,且多为文学文本,鲜见口译文本的相关研究,且从研究内容上看多为翻译过程和翻译产品的本体研究,如原文和译文的地位、翻译策略、翻译质量评判等,尚未涉及翻译活动与其社会属性之间的互动关系,因而在互文理论应用于翻译研究的解释力上还有很大的可拓展空间。

鉴于此,本章以哈提姆和梅森的翻译互文观,尤其是其关于主动/文外互文和被动/文内互文的分类为基本框架对中国政府记者会口译中的源语和译语进行对比分析,具体提出以下两个研究问题:(1)口译译语如何呈现源语中的互文指涉,是完全保留互文指涉的形式和意义,还是呈现一定程度的变形?互文指涉变形的形式、程度和原因是怎样的?(2)互文指涉在口译译语中的保留或变形对记者会译语的互文建构有何影响?

第二节　记者会口译语料及互文指涉分析框架

一、记者会口译语料

中国中央政府最常见的记者会大致可分为三种类型,即国新办或国家部委举办的记者会、"两会"记者会和中外政府联合记者会(参见第一章第二节)。考虑记者会口译语料的历时性、丰富性、易得性和代表性,笔者在常见的三种记者会类型中各选取两场组成本章的研究语料,见表 3-1。

表 3-1　中国政府记者会口译语料

时间	场合	政府发言人	职务	口译员
1999-04-08[①]	中美联合记者会	朱镕基	时任国务院总理	朱彤
2003-05-30[②]	国新办记者会	高强	时任卫生部常务副部长	戴庆利
2006-12-28[③]	国新办记者会	蔡武	时任国新办主任	钱歆艺

---

①　视频文件分上下两集,下载地址:http://www.56.com/u38/v_NTMwMjAyOTE.html,http://www.56.com/u43/v_NTgwMzc5MzA.html,访问时间:2015-07-10.

②　下载地址:http://www.china.com.cn/zhibo/2003-05/30/content_8784519.htm,访问时间:2020-01-08.

③　下载地址:http://www.china.com.cn/zhibo/2006-12/28/content_8785104.htm,访问时间:2020-01-08.

续表

时间	场合	政府发言人	职务	口译员
2010-03-14①	总理记者会	温家宝	时任国务院总理	张璐
2013-06-07②	中美联合记者会	习近平	国家主席	孙宁
2015-03-02③	全国政协记者会	吕新华	时任政协新闻发言人	张蕾

首先,该语料有一定的历时性和丰富性。记者会口译语料时间跨度为1999 年至 2015 年,覆盖 3 届中央政府 6 位发言人,包括国家元首、总理、部委发言人等,担任现场口译工作的 6 位译员均为外交部翻译司译员。6 场口译视频语料均为公开发布,通过互联网下载后转写为文字。

其次,该口译语料有一定的代表性,覆盖国新办记者会的两种类型,即常规发布(中国政府新闻发布和新闻发言人制度建设情况)和危机发布("非典"工作进展情况)、"两会"记者会中较受瞩目的总理记者会和政协发言人记者会,以及笔者所能找到的资料中最早的一场和时间较近的中美联合记者会。

具体而言,国新办记者会主要是邀请各部委的发言人进行新闻发布,大致可分为五种类型:例行发布会、重要方针政策发布会、重大事件发布会、突发事件发布会、回击谣言发布会(郭卫民,2006:68-69)。就发布会的性质而言,这五种类型的记者会大致可分为两类,一是常规发布,如例行发布会、重要政策或事件发布会等,在这类发布会中政府对于要发布的内容通常有较充分的准备,发布会流程也较为固定;二是非常规或危机发布,如"非典"时期的新闻发布会、汶川地震新闻发布会、回击不实报道发布会等,这类发布会通常是政府对危机事件做出快速反应,因而准备时间较短,记者即兴提问的比例较大,不定因素较多,对口译员的应急和危机处理能力也有较高要求。如译员戴庆利(2004)④在谈及"非典"记者会口译工作时表示,她在记者会举行前一天才接到通知,且在"非典"疫情发生初期,全国对其病因、流行情况等都没有清晰的认识,因此了解"非典"背景、搜集相关词汇以及临场应对记者和发言人的即兴

---

① 下载地址:http://tv.sohu.com/20120223/n335683223.shtml,访问时间:2020-01-08.

② 下载地址:https://www.whitehouse.gov/photos-and-video/video/2013/06/07/president-obamas-bilateral-meeting-president-xi-jinping-china,访问时间:2015-07-10.

③ 下载地址:http://news.cntv.cn/2015/03/02/VIDE1425287706856792.shtml,访问时间:2020-01-08.

④ 在 2003 年"非典"期间,戴庆利承担了 5 场国新办新闻发布会口译任务,参见戴庆利(2004)。

问答等都是十分艰巨的任务。

　　"两会"记者会和中外政府联合记者会的主要发言人包括国家元首、总理、外交部部长及其他部委部长或发言人等，从性质上看，也属于"常规发布"范畴。"两会"总理记者会是总理一年一度的"亮相"，也是媒体一年一次与总理直接交流的机会，因而备受重视，"提问记者名单及提问大纲通常事先提交和确定"（Yi & Chang，2012：717）。"两会"其他记者会，如政协发言人记者会及其他部委记者会也有类似的流程设置，但组织严密程度不及总理记者会高。

　　中外政府联合记者会由于涉及两国元首或重要部门领导人，记者提问流程通常在双方会晤之前就通过外交途径协商确定，经常只允许双方各一至两名记者向双方领导人各提一个问题，有时甚至只允许记者向本国领导人提一个问题。但这并不意味着"两会"和中外政府联合记者会的所有问答都是事先设计好的，从现场来看，突发状况时有发生，如2015年政协发言人吕新华答记者问时提到的"大家都很任性"（参见苏妮，2015-03-06），以及2014年习近平主席和奥巴马总统举行联合记者会时美方记者临时增加的向习主席提问的问题（参见Sullivan，2014-11-12）等，都是对现场口译员的挑战。

　　需要说明的是，6场记者会的口译形式主要为交替传译，其中2003年、2010年、2014年、2015年记者会为全程交替传译，1999年记者会发言人开场白环节为同声传译，2006年记者会发言人开场白环节没有安排口译，本章仅将记者会的交替传译部分纳入语料范围。另外，本章的研究对象是中国政府记者会口译，因而在中美联合记者会口译语料中只考虑中国政府领导人话轮和由中方译员担任翻译的记者提问话轮。6场记者会口译视频总时长约为583分钟，符合研究需要的口译平行语料转写约为68525汉字/单词。

二、互文指涉分析框架

　　哈提姆和梅森的翻译互文观可以总结为以下三个方面。首先，哈提姆和梅森从语篇互文视角出发，认为翻译是一个识别互文指涉信号，追溯其前语篇信息和意图，进而在互文空间中拆解和转换其前语篇价值，在译语语篇中重新建构新的互文指涉的过程，显然，这一过程必然包含着对源语文本的解构和对译语文本的建构。或者说，翻译在本质上就是带着互文记忆或"互文包袱"（intertextual baggage）（Federici，2007：147）的书写，译文在对原文的理解、吸收、解构、阐释、变形、创造，甚至是重写的过程中与原文形成互文。其次，哈提姆和梅森关注的重点不在解构，而在建构，两人认为翻译的最终目的是追求符号的对等,但在对互文指涉进行解构和建构的过程中,不可避免地发生各种价值的变化,如信息性、意图性、体裁性等,这些变化同时也受到译者自身视野和文化素质等因素的影响。梅森表示他特别关注翻译中"不同寻常的案例"(un-usual cases)(任文,2007:26),即译者在翻译规范之外做出的各种协调和平衡意义的决策。因此从某种意义上说,解构与建构、对等与变形在互文指涉翻译中都是并存的矛盾关系。第三,更为重要的是,哈提姆和梅森强调隐藏在译者翻译决策背后的互文性与意图性的关系,即译者如何衡量源语语篇的意图性和译语语篇的意图性,如何决定保留或是舍弃互文指涉的语言形式、语义信息、体裁、意图性,甚至是符号性,如何通过翻译转换实现互文指涉的"在场"。

哈提姆和梅森将翻译过程中的互文性讨论聚焦于"互文指涉",即关于前语篇的暗指或联想,包括"互文手法、互文类型及社会—符号结构"(李珍,2008:53)等,以语篇中有形的要素,如词汇、短语、句子、篇章、体裁等"互文信号"(intertexual signals)(Hatim & Mason,1990/2001:133)为载体。具体来说,哈提姆和梅森区别主动/文外互文和被动/文内互文,主动/文外互文指语篇互文信号与其激活的前语篇知识和符号系统,以及其他相关的具体语篇联想之间的互文,被动/文内互文指语篇内部要素之间的互文,即语篇内部上下文话语形式、意义、观点、思想之间的互文。哈提姆和梅森论述"互文指涉"的识别、转换和重构的初衷是通过对翻译过程和译者决策的解读来指导具体的翻译实践,同时两人的理论也适用于源语文本和译语文本的对比分析和评价。

需要说明的是,本章具体关注互文指涉在译语中的保留或变形对源语在记者会现场传播的影响,因此未将哈提姆和梅森的理论用于讨论翻译策略和翻译过程,而是侧重于源语文本和译语文本中互文指涉的对比分析,尤其是译语文本中互文指涉的变形和偏移。另外,由于记者会口译活动发生在政府机构语境中,政府译员及其口译作为机构的一部分不可避免地受到机构权力、意识形态等的影响,因而在本章的分析过程中,笔者不仅考虑哈提姆和梅森主要讨论的情景语境,也考虑政府记者会所在的机构和社会语境。分析步骤为:(1)对记者会口译语料进行全文转写①;(2)根据哈提姆和梅森的分类框架对源语和译语中的互文指涉进行统计和归类;(3)对比源语和译语,分析互文指涉在译语中的保留、转换和变形;(4)讨论互文指涉在口译译语中保留或变形的原因,以及对源语在记者会现场传播的影响。主要使用源语和译语对比分析方法,分析的焦点是互文指涉的翻译,以定性分析为主,定量统计为辅。

---

① 转写规范见附录1。

第三节　记者会口译互文指涉
建构特征及讨论

以主动/文外互文和被动/文内互文为分类大框架,对 6 场政府记者会口译的源语和译语文本进行定性分析,共得到 99 个[①]与"互文指涉"有关的译例,根据具体译例的内容对分类框架进行细分,见表 3-2。

表 3-2　中国政府记者会口译中互文指涉的具体分类

类型	互文方式	具体内容	译例数量
主动/文外互文	具体互文	引用中国文化话语	8
		引用其他参与方话语	15
	非具体互文	事件背景指涉	46
		中国文化指涉	7
		语用指涉	6
被动/文内互文	意义链	事件背景指涉	14
		语用指涉	3

在这个具体分类中,主动/文外互文细分为具体互文和非具体互文。具体互文指另一文本的内容"切实地"(邓隽,2011:50)出现在文本中,如引用、套用、拼贴等,其中最典型的是引用,有时有引导语有时没有引导语,但在书面文本中一般会以引号注明。本章根据具体语料的内容讨论两类引用,引用中国文化话语信息,尤其是诗词古语,以及引用其他参与方话语信息。非具体互文指通过互文信号激活前语篇知识,但所激活的他文本并不具体出现在文本中,主要依赖受众的"心理联想"(邓隽,2011:47)。本章讨论三类非具体互文指涉,即事件背景指涉、中国文化指涉和语用指涉。被动/文内互文以意义链的方式存在于文本内部,在本章搜集的案例中主要涉及事件背景指涉和语用指涉。从译例数量的分布来看,99 个译例中与事件背景指涉有关的译例最多,约占 61%(46 例)。其中 98 个译例[②]在 6 场记者会中的分布如图 3-1。

---

①　其中与语用指涉互文链有关的统计,即记者提问与发言人回答的开头和结尾的礼节性用语,贯穿全部 6 场记者会,为一个系列互文链,笔者将其作为 1 个案例来统计。讨论详见本节第 4 点。

②　由于语用指涉互文链这一案例涉及 6 场记者会,故这里不作统计。

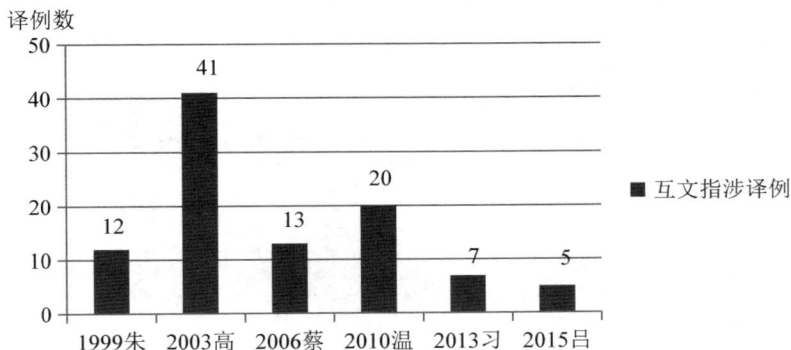

图 3-1　互文指涉译例的分布情况

　　由上图可知,从整体分布来看,2003 年国新办"非典"记者会涉及的互文指涉译例最多,其次是 2010 年温家宝记者会,最少的是 2015 年政协发言人吕新华的记者会。其中,77 个译例来自政府发言人的讲话或回答,21 个译例来自记者提问。本研究不考虑口译的方向性,即不区别源语为英语的提问和汉语提问。下文具体讨论不同类型的互文指涉在中国政府记者会口译过程中的转换情况。由于不同互文方式的分类中,具体互文内容的类型有重叠,因此下文依据四种具体的互文内容类型来汇报分析结果,即中国文化指涉、其他参与方话语指涉、事件背景指涉和语用指涉。

一、中国文化指涉

　　根据表 3-2,六场记者会中关于中国文化信息的互文指涉主要以主动/文外互文的方式出现,涉及具体互文,即关于诗词或古语古训的引用,以及非具体互文,即通过互文信号激活关于中国文化的前语篇知识。中国文化信息是具有较强文化异质性的互文指涉,通常在记者会发言人话语中起类比或隐喻作用,通过引经据典或某一文化形象来说明道理或论证观点。

　　引用他文本话语通常在引用内容之前有引导语,或称导入话语,如"中国有一句古训"、"某某诗人曾经说"等。引导语是他文本进入主文本的显著标记,尤其在口语表达无法像书面文本为引用话语添加引号的情况下,引导语成为将引用话语和主文本话语区别开来的重要标志。就诗词古语的引用而言,由于所引用的内容通常是文言体,与主文本的白话文体有显著区别,且很大一部分被引用的诗词古语是具有共同中国文化背景的中国受众耳熟能详的,因而讲话人有时省略引导词,也基本不影响受众对诗词古语引用的辨识。引用诗词古语的互文指涉在六场政府记者会中共出现 8 次,均为政府发言人引用,主要出现在 2010 年温家宝总理记者会上,见表 3-3。

表 3-3　中国政府记者会中诗词古语引用的口译情况

场次	引导语		引用内容口译策略
	源语引导语	译语引导语	
1999 朱镕基记者会	有	有	解释
2003 高强记者会	有	有	解释
2010 温家宝记者会	有	有	解释
	无	无	解释
	有	有	解释
	无	无	解释
	无	无	解释
	无	有	解释

由上表可知,在源语中出现的 8 次对诗词古语的引用中,4 次有引导语,在译语中均得以保留;4 次没有引导语,其中 3 次在译语中也没有出现引导语,1 次由译员增补引导语。换句话说,在 8 次引用诗词和古语的口译中,7 次忠实于源语中引导语的符号形式(如例 3-1),仅有 1 次增译引导语(如例 3-2)。

例 3-1

2010 温_温家宝:我知道商签协议(.)是一个复杂的过程,但是(.)正因为我们是兄弟,"兄弟虽有小忿,不废懿亲",(啊),问题总会可以解决的。

2010 温_张璐:I understand the negotiation may be a complex process. But "differences between brothers cannot sever their blood ties". And I believe that problems will eventually (.) be solved.

例 3-2

2010 温_温家宝:不畏浮云遮望眼,只缘身在最高层。我们应该从这样的高度来把握两国关系。

2010 温_张璐:As a Chinese poem reads,"We have no fear of the clouds that may block our sight,as we are already at the top of the height". It is from such a perspective that we should manage China-US relationship.

在例 3-1 中,温家宝总理在引用"兄弟虽有小忿,不废懿亲"这句出自《左传》的古语时没有使用引导语,在译语中同样是引导语空缺。在例 3-2 中,译员则对引导语做了增译处理,增加"As a Chinese poem reads"(正如一首中国古诗所写)的表述。

其次,对于所引诗词和古语的具体内容,8 处引语的口译译语均使用解释的方式,去除中国传统诗词或古语的语言形式,只将其内容和所要传达的意义和意图解释给目的语受众,如例 3-3。

例 3-3 ————————————————————————————————

2010 温_温家宝:我们必须密切(.)今年国内外经济形势的走向,因时而动,就是说,(啊),时动……"时进则进,时退则退,动静不失其时"。

2010 温_张璐:We must watch very closely the developments and trends in our domestic economy and in the global economy this year. Timing is essential in deciding when one should act and when one should stay put.

该例显示,温家宝总理引用《周易·艮卦·象传》中的古语"时进则进,时退则退,动静不失其时"来说明要根据经济形势的变化来灵活地调整政策,译员在处理古语的翻译时不考虑源语的语言表达形式和意义表达节奏,仅对古语所蕴含的整体意义进行总结和传递。

总的来说,对指涉中国文化信息的诗词和古语的口译体现了译员对中国文化符号及其背后意图意义的解构。经过互文空间的价值转换之后,译语基本保留了互文指涉的意图性和语义信息性,实现了源语意图意义的"在场",但同时也舍弃了话语的部分文化符号性和体裁性。

诗词和古语是具有强烈中国传统文化色彩的话语,在即时的口译转换中很难完全保留其文化内涵而必定有所流失,但从互文传播的角度看,存在两种弱化倾向:第一,在缺少引导语的 4 例引用中,仅有 1 例增译引导语,且对引用内容的处理均脱离源语的语言形式而译出其所要表达的意义,这一定程度上倾向于对源语互文指涉中他文本信息异质性和体裁异质性的弱化。如例 3-3 中关于古语的口译与主文本衔接流畅,缺少引导语的异质介入,在表述上也与主文本体裁一致,对于目的语受众而言很难辨识出是对他文本的引用,也很难产生互文联想。

第二,对引用内容的口译均以解释为主,舍弃源语的语言形式,一定程度上倾向于对互文指涉中文化异质性的弱化。施燕华(2007:60)在论及外交口译时提倡对带有中国文化色彩的诗词、成语采用意译加适当解释的策略,她强调的重点也是在解释，即传递讲话人引用诗词的意义和意图。

当然，在口译反应时间非常有限的情况下，将互文指涉的含义解释给目的语受众是为了帮助受众在短时间内理解异质文化所要传递的信息，这是口译的性质和特点所决定的。近来有学者指出，中国话语的对外传播倾向于尽量接近西方受众的文化和表达习惯，但外国媒体却对带有中国特色的异质文化的直译更为乐见（严文斌，2015：10）。本书第四章的研究也发现，记者会现场译员对领导人引用的典故进行去意象化处理，但对于一部分熟悉中国文化的外国媒体而言，他们更愿意得到带有异质性的中国文化信息，甚至在报道中补充被译员省略的文化信息（见第四章第三节）。

这两点也体现在非具体互文的口译中。对语料中指涉中国文化信息的互文信号进行统计，发现 7 处非具体互文指涉，同样均出现在发言人话语中，具体分布见表 3-4。

表 3-4　中国文化信息指涉在源语中的分布及口译策略

场次	互文指涉信号	口译策略
2003 高强记者会	铁板一块	去意象化
	炎黄子孙	去意象化
2010 温家宝记者会	华山	去意象化
	铮铮铁骨	去意象化
2013 习近平记者会	同舟共济	去意象化
2015 吕新华记者会	老虎	直译
	铁帽子王	去意象化

由上表可知，在源语语料的 7 处非具体互文指涉中，除 1 处采用直译不加解释的策略，即 2015 年吕新华在记者会上回答记者提问如何理解中国政府反腐中"更大的老虎"时，译员直译为"bigger tigers"，其余 6 处指涉的译语均采用去意象化策略，即去除互文指涉的文化形象，而将文化意象背后的信息意义传递给目的语受众。换句话说，大部分译例（约占 86％）中译语与源语保持意图信息和语义信息的对等，但丢弃互文指涉中的文化符号。这 6 处互文指涉大致可分为三类，一是汉语成语，如铁板一块、铮铮铁骨、同舟同济。这类互文指涉中文化符号的中国特色并不鲜明，去除文化意象的影响不大；二是虚指指涉，如 2003 年温家宝总理记者会中的"华山再高，顶有过路"。这是温家宝总理从俗语"自古华山一条道"中提炼和化用出的一个类比表达，笔者认为在温

总理的表述中"华山"已经成为一个虚指,并不指向华山这座山,而是泛指高山,因此现场译员去除"华山"这个文化符号,译为"no matter how high the mountain is",对互文传播的影响也不大;三是实指指涉,如炎黄子孙、铁帽子王。这类指涉中的文化意象有强烈的中国特色,去除文化符号会造成一定的文化缺损,如例 3-4。

例 3-4

2015 吕_吕新华:在反腐斗争中(啊),要发现一起查处一起,发现多少查处多少,绝不封顶设限,没有不受查处的"铁帽子王"。"铁帽子王"大家(.)在网络上见过这个词啊,铁帽子王。(笑)

2015 吕_张蕾:Over the past year(..)

2015 吕_吕新华:///这个翻译看她怎么翻啊,翻译……(笑)

2015 吕_张蕾:In fighting corruption, it is important(.)to deal with any and all corruption cases that is brought to our attention. There should be no limit or ceiling andno one has impunity.

该例显示,政协发言人吕新华在回答记者提出的关于反腐的问题时,抛出具有强烈互文指涉的词汇"铁帽子王",借古喻今,强调中国政府反腐的决心和魄力。铁帽子王的原意是指清朝政府封赏的享受世袭且不被降级的爵位、拥有优厚待遇和特殊权利的 12 位王爵,在反腐语境下指享有特权不受查处的官员。《人民日报》2015 年 1 月 15 日头版的评论员文章中称,"腐败没有'铁帽子王',反腐败绝不封顶设限"(《人民日报》评论员,2015-01-15),这是"铁帽子王"首次出现在中国官方媒体中,其中"铁帽子王"的说法源自习近平主席同年 1 月 13 日在中纪委会议上的讲话(马浩亮,2015-01-19)。有意思的是,从发言人和译员的话轮转换上看,发言人对"铁帽子王"这一互文指涉的翻译十分感兴趣,在译员已经开始口译的情况下,罕见地插入打断译员,直接针对译员追加评论"这个翻译看她怎么翻啊",这一评论引发全场笑声。现场译员将"铁帽子王"译为"no one has impunity"(没有人可以免受惩罚),显然,从互文传播的角度看,互文指涉中"铁帽子王"这一文化符号在译语中被完全舍弃,目的语受众从译语中很难产生相关的互文联想,发言人引用互文指涉来增强政府反腐决心的文化冲击力也被大大削弱。

值得注意的是,在《中国日报》(*China Daily*)第二天刊发的对吕新华记者会的报道中,对吕新华的发言采用间接引用的方式,对现场译员的口译版本进行了改译,"Lyu said that in fighting corruption it's important to deal with any and all of it. There will be no 'iron-cap princes' that have immunity, he said."（吕说在反腐问题上很重要的是要查处任何一个以及所有的腐败分子。没有不受惩罚的"铁帽贵族"）（Zhou，2015-03-03）。可以看出，《中国日报》报道对"铁帽子王"采用直译加适当解释的方法，保留其文化符号的语言形式。对文化符号进行直译，保留其文化意象，可能一开始在目的语受众听来不可接受，但从某种意义上说，中国特色新词的国际传播就是这样开始的，如"群众路线"的英译"mass line"已经在不少外国媒体的中国报道中出现（严文斌，2015：10）。这样看来，现场译员对"铁帽子王"的意译处理一定程度上使中国特色话语丧失了第一时间在外国媒体中流行的机会。

总之，对互文指涉中与中国文化有关的这类指涉进行分析发现，所有关于诗词和古语引用的口译译语，以及大部分非具体文化互文指涉（7 例中有 6 例，约占 86%）的口译译语都体现出保留互文指涉的意图性和语义信息性，但舍弃互文指涉的文化符号性、意象性或体裁性的特点，表现出一定的弱化互文指涉中文化符号的倾向。从互文指涉的传播效果来看，这样的倾向虽然能使目的语受众接收到较完整的意图信息和语义信息，却很难从译语中感知和辨识互文指涉或他文本的异质性，换句话说，文化符号的互文链在从源语传递到译语的过程中产生了断裂。译员通过互文空间中的价值转换使源语的意图意义"在场"，而舍弃文化符号形式的翻译决策某种程度上体现出对受众易接受性和易理解性的考虑。但相关研究表明，西方媒体或受众乐于接收带有中国特色文化符号的直译，甚至在报道中补充被译员省略的文化符号（参见第四章第三节），而中国话语对外传播中的一些"中国式英语"表达已经作为新词被西方媒体接受。因此，如何重新审视口译在中国文化输出中的作用，抓住现场口译在第一时间引导中国特色新词在国际舞台流行的机遇，是值得继续思考的问题。

二、其他参与方话语指涉

根据表 3-2，6 场记者会中关于其他参与方话语信息的指涉主要以主动/文外互文的方式，通过具体引用出现在主文本的文字中。引用其他参与方话语指在记者会发言人和提问记者的对话话轮中引用第三方，如其他相关活动参与者、其他媒体或记者等的话语内容，一般在引用内容之前有引导语，如"习近平主席说过"等，作为他文本进入主文本的标记，而最常见的引用方式有两种,即直接引用和间接引用①。在主文本中引用他文本话语,或是补充背景知识说明情况,或是借助官方权威话语或权威数据论证观点,或是引入反方观点加以驳斥等,无论是哪种情况,均被视为是明显的异质文本介入,作为互文指涉向受众发出明确的来自另一具体文本的前语篇知识信号。当然,很多情况下受众与讲话人并不共享同一组他文本话语的前语篇知识(如讲话人引用其出访过程中某位领导人与其交谈的话语,而现场记者对两位领导人的交谈并不知情),这时引用他文本话语之前的引导语和引用方式(直接引用或间接引用)就显得较为重要,一定程度上影响了互文指涉信息的清晰度和受众的易接受程度。

　　笔者主要关注译员对其他参与方话语引用中引导词和引用方式的处理(具体引用内容中的互文指涉与事件背景/政策信息和语用信息有重合之处,在"事件背景指涉"和"语用指涉"中讨论)。以引导语为互文指涉信号,在6场记者会中共找到15例对其他参与方话语的引用,其中12例为发言人引用,3例为提问记者引用(其中2例出现在2010年总理记者会上,1例出现在2003年国新办记者会上),整体分布情况见图3-2。

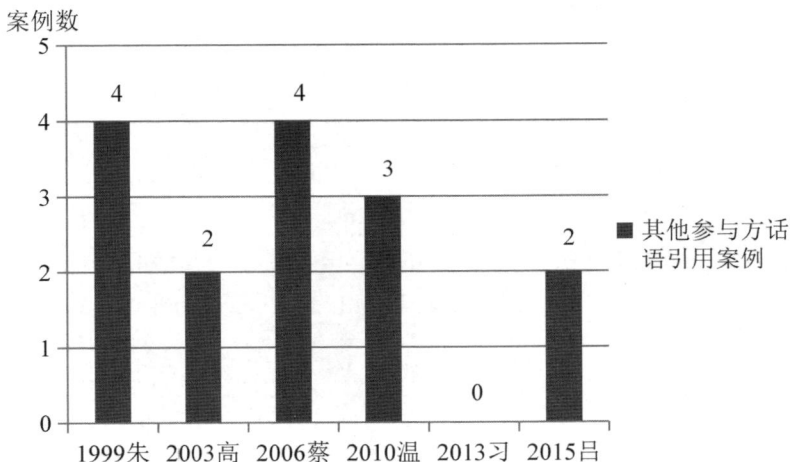

图3-2　引用其他参与方话语的案例分布情况

①　在利奇和肖特(Leech & Short,1981:318-334)和费尔克劳(Fairclough,2003:49)的分类中,共有四类引语,直接引语、间接引语、自由间接引语和言语行为的叙述(见第二章第三节)。前两种更为常见,且由于本章的例子均有引导语,不适用于后面两类,因此仅提及直接引语和间接引语。

由上图可知,6 场政府记者会中有 5 场出现对其他参与方话语的引用,总体数量不多但分布较为平均,其中 2 场有 4 例引用,2 场有 2 例引用,1 场有 3 例引用。这一定程度上说明在记者会中引用其他参与方话语是比较普遍的现象,但使用频率不高。

首先,对比源语和译语中 15 例引用的引导语,发现其中 10 例(约占 67%)在意图意义、信息意义和语言手段等方面基本得到较为忠实的传递和保留,而有 5 例(约占 33%)出现一定程度的意义偏移。这些意义偏移大致可分为三类,一是增添,二是更改,二是删除,见例 3-5、例 3-6、例 3-7、例 3-8、例 3-9。

例 3-5 ───────────────────────────────

2006 蔡_蔡武:小平同志讲说,如果未来的五十年,时间证明我们的"一国两制、港人治港"这样一个方针是正确的,那么五十年以后就更没有必要改变了。

2006 蔡_钱歆艺:I remember his answer was, if the(.) if after 50 years the practices have proven that such (er..) idea of 'one country two systems and Hong Kong people administering their own land' proves to be correct, it is not necessary to make changes even after 50 years.

例 3-6 ───────────────────────────────

2010 温_温家宝:就在这时,一位(.) 新兴大国的领导人主动约见我,说有紧急的事情要和我谈。

2010 温_张璐:It was at this moment thatthe leader of a big emerging country sent his staff to me, telling me this leader wanted to talk to me for an urgent matter.

例 3-7 ───────────────────────────────

2006 蔡_蔡武:据国际奥委会的(.)这个官员的评价,说这样一个规定(.)在奥运会历史上也是完全符合这个奥运会(.)对外国记者采访的这个(.)惯例,完全符合这个惯例的。

2006 蔡_钱歆艺:The officials from the International Olympics Committee have also told us that such a regulation is completely in line (.) with the (er..) the past practices and histories of Olympic Games, concerning the covering and interviews given by foreign media.

例 3-8

　　1999 朱_朱镕基:我在(.)洛杉矶的时候,市长夫人(.)请我吃饭的时候问我:你们今年准备怎么庆祝 50 周年的国庆呢?

　　1999 朱_朱彤:At a luncheon hosted by the mayor of Los Angeles,(er..) the wife of the mayor asked me, how are you going to (er..) celebrate the 50th anniversary of the founding of the People's Republic?

例 3-9

　　2003 高_日本《朝日新闻》记者:那时候,他(呃)同时指出 3 月上旬真实的情况,他说,卫生部找了(.)各个院的(.)领导去开会……

　　2003 高_戴庆利:And (er..) I learned that in the (er..) beginning of last March, the Ministry of Health organized a meeting for (.) all presidents of various hospitals (.) in Beijing to talk about this situation.

　　例 3-5、例 3-6 和例 3-7 都属于第一类意义偏移,即增添信息。在例 3-5 中,国新办发言人蔡武以邓小平关于"一国两制、港人治港"政策五十年不变,五十年之后更没有必要改变的论述作类比,回答关于外国记者在中国采访新规定的执行是否会改变的问题。源语中的引导语为"小平同志讲说",译语则增添"I remember"(我记得),译为"I remember his answer is"(我记得他的回答是),一定程度上增强了发言人的语气,甚至起到增加被引用话语的权威性和可信度的作用,使发言人对所引用话语内容的信心和主观上的认同更为凸显。例 3-6^① 中,温家宝总理谈到中国代表团在哥本哈根会议上遇到的问题时,引用另一位领导人的话来说明情况,译员在翻译引导语背景时作了增译,将"一位新兴大国的领导人主动约见我,说……"增译为"the leader of a big emerging country sent his staff to me, telling me this leader …"(一位新兴大国的领导人派人告诉我说这位领导人……),更为准确地说明所引用的话语内容是来使发出的,而非该领导人本人。这一增译清晰说明了互文指涉的语境背景,尤其是对话场景和对话双方,也一定程度上修补了源语的模糊之处。例 3-7 中,国新办发言人蔡武引用国际奥委会官员的观点来说明中国政府发布的外国记者采访新规符合国际标准,这是典型的引

　　① 关于这一例子所在的温家宝总理回答部分更多的分析见"事件背景指涉"中例 14 的讨论。

用权威话语。源语中的引导语"据国际奥委会的这个官员的评价"比较模糊，没有交代被引用话语接收对象的信息，译语则添加"have told us that"（告诉我们），补充说明国际奥委会官员的评价是在与中国的交流过程中作出的，这使被引用话语发出者和接受者的关系更加清晰，也一定程度上增加了被引用话语的可信度。可以看出，以上三个增译引导语信息的例子都表现出一定的强化互文引用指涉的倾向，使激发互文联想的语篇语境和意图性更加清晰和具体化，分别体现在讲话人语气、互文引用背景和被引用话语对象等方面。

例 3-8 属于第二类意义偏移，即更改信息。在这个例子中，朱镕基总理引用其与市长夫人的对话来强调中国的导弹武器是自己制造的，而不是从美国窃取的。在引导语中朱镕基介绍了两人对话发生的背景，即"市长夫人请我吃饭的时候问我"，译语则改译为"At a lunchon hosted by the mayor of Los Angeles, the wife of the mayor asked me"（在一次受洛杉矶市长邀请的午宴上，市长夫人问我）。可以看出，译语将"市长夫人请吃饭"修正为"市长请吃饭，市长夫人也出席"，修补源语中对所引对话发生场合表述的歧义性，从而消除了源语引导语可能引起疑惑的互文联想。

例 3-9 属于第三类意义偏移，即删除信息。与前四例不同的是，该例中的讲话人为现场提问记者。2003 年 5 月 30 日国新办"非典"记者会上日本《朝日新闻》记者引用蒋彦永医生的话向发言人提问，了解"非典"工作进展。汉语源语为"他同时指出 3 月上旬真实的情况，他说……"，明确所引述内容是来自"他"（指蒋彦永），译语为"And I learned that in the beginning of March …"（我了解到在 3 月开始的时候……），修改为模糊表述"I learned"（我了解到）。可以看出，译语去除了引导语中具有明显互文引用标记的来源信息"他指出""他说"，未提及记者从哪里以及如何得到该具体信息，换句话说，该指涉的互文引用性在译语中被模糊化和弱化了。删除互文引用信息，避免聚焦个人，使得译语表述更为客观中立，倾向于对某一事件情况进行总结或说明。

其次，就引用方式而言，根据费尔克劳（Fairclough, 2003: 49）的分类标准，区别直接引语和间接引语的主要标志是引号、人称、时态和所引内容的忠实程度。其中，所引内容的忠实程度是指讲话人引用内容与其原文的贴合程度，与本章关注的源语和译语的关系无关，引号的作用在本章的口译语料中也无法体现，因此，笔者主要通过引语中人称和时态的一致程度来区别直接引语和间接引语。15 例引用中,除 1 例为媒体记者用英语提问①之外,其余 14 例的源语均为汉语,为保证数据一致性,笔者仅分析这 14 例汉英口译案例。

从源语来看,由于汉语中时态表征的模糊性,主要考察人称的使用。14 例引用中,3 例倾向于直接引用(如 1999 年朱镕基在记者会上引用议员的话"你还是要去,我们欢迎你去"),2 例倾向于间接引用(如 1999 年朱镕基在记者会上引用尚慕杰大使的话"他比我先回美国"),其余 9 例使用第三人称,无法判断是直接引用还是间接引用(如例 3-7 蔡武引用国际奥委会官员的话"这样一个规定在奥运会历史上也是完全符合奥运会对外国记者采访的惯例的")。

从译语来看,结合人称和时态的变化,14 例引用中,8 例倾向于直接引用(如例 3-10、例 3-11),2 例倾向于间接引用(如例 3-12),其余 4 例由于引导语和引用内容均使用第三人称和现在时态,引用方式的倾向性不明显(如例 3-13)。

例 3-10

1999 朱_朱镕基:那么译员先生(.)都告诉我,你还是要去,我们欢迎你去,我们喜欢(.)你的 new face。

1999 朱_朱彤:And they told me that you should go, we welcome you, because the Americans like (.) your new face.

例 3-11

2006 蔡_蔡武:有记者就问,这个小平同志,说那么五十年之后(.)是不是要变呢?

2006 蔡_钱歆艺:Some journalist asked Mr. Deng Xiaoping, does it mean that changes will certainly take place after 50 years?

例 3-12

1999 朱_朱镕基:我的好朋友(.)Sasser 大使②,他告诉我,他比我要先回美国,到我(.)将要去的地方去介绍我,(啊),来宣传中国。

1999 朱_朱彤:My old friend, Ambassador Sasser(er..)(er..) told me (er..) he was going to (er..) go to the (er..) go back to the United States before me, and he was going to each and every place that I was going to visit, to introduce me to the local people, and also to promote my trip.

---

① 指 2010 年温家宝记者会上法新社记者的提问。

② 指美国驻华大使,中文名为尚慕杰。

例 3-13

2010 温_《人民日报》记者：就有评论指出说，贸易保护主义对当前的世界经济复苏产生了较大的影响。

2010 温_张璐：Some say that trade protectionism has affected，in a serious way，recovery in the global economy.

在例 3-10 和例 3-11 中，译语的引导语为过去时态，引用内容为现在时态，例 3-10 中引用内容的人称也并未与主句配合，因此倾向于直接引用，上文提及的例 3-5 和例 3-8 也属于此类。在例 3-12 的译语中，引用内容的人称和时态与主句相配合，倾向于间接引用，例 3-6 和例 3-9 也属于此类。在例 3-13 的译语中，引导语和引用内容均为现在时态，且使用第三人称，倾向性不明显，例 3-7 也属于同一情况。

对比源语和译语，我们发现，源语中大部分引语的引用方式无法判断出明显的倾向性（9 例，约占 64％），而译语中大部分引语倾向于使用直接引语（8 例，约占 57％）；译语中 8 个倾向于直接引语的例子中有 3 例是对源语直接引语的保留和延续，其余 5 例是将源语中倾向性不明显的引语显化为直接引语。可以看出，译语具有更明显的直接引语倾向，保留源语中引用内容与主文本引导语人称的不一致性，并显著增强译语中引用内容与主文本引导语人称和时态的不一致性。因此，从某种程度上说，其他参与方话语引用这一互文指涉在引用方式上的异质性在译语中基本得以保留，甚至得到了一定的强化。

总之，对其他参与方话语引用，尤其是话语引导语和引用方式的口译进行分析发现，第一，大部分引导语（约 67％）的口译保留了源语互文指涉的信息性和意图性，但约 33％的译语出现了意义偏移，具体表现在增添信息、更改信息和删除信息三个方面，从而使指涉的互文联想发生了一定的变化。其中增添信息主要体现为对政府发言人语气的增强、对互文指涉背景的清晰化和具体化；更改信息主要体现为对记者会发言人话语歧义的修正和修补；而删除信息主要体现为对记者提问信息的客观化表述。第二，互文引用方式的异质性在译语中基本得到保留，甚至在一定程度上得以强化，具体表现为相对于源语，译语中具有直接引语倾向的引语明显增多（约占 57％），这些引语的引导语和引用内容具有显著的人称和时态的不一致性。

三、事件背景指涉

根据表 3-2，主动/文外互文和被动/文内互文两个类别都涉及事件背景指涉,其中主动/文外互文主要是以非具体互文的方式激活关于事件背景的前语篇联想,被动/文内互文主要以意义链的方式连贯语篇上下文的事件背景指涉意义。笔者将与事件有关的事实性或政策性互文指涉归类为事件背景信息,包括时间信息如"过去的一年"、地点信息如"Henan province"(河南省)、人物信息如"台湾人民"、事件信息如"疫情"等。上文讨论中国文化指涉和其他参与方话语引用,这两类互文指涉的指涉内容和标记比较清晰,或是与某一历史文化典故、古诗古语有关,或是有明显的他文本进入主文本的引导语标记,因此较容易识别,这里讨论的事件背景指涉的建构和识别则因人而异,受到语篇作者和不同解读者前语篇知识和社会经验的影响。哈提姆曾区分过两类互文指涉对象,一是与"社会－文化"(socio-cultural)有关,二是与"社会－语篇"(social-textual)(Hatim,1997:34)有关,本研究讨论的事件背景指涉显然属于第二种,这类互文指涉的建构很大程度上是基于作者的前语篇知识,而在译语中是否体现和如何体现则依赖于译者的"前语篇经验、社会－文化或社会－语篇实践经验"(Hatim,1997:35),以及译者做出的决策和"协调"(negotiated by the translator)(任文,2007:26),如例3-14。

例 3-14

2010 温_温家宝:去年 12 月 17 号,也就是(.)在哥本哈根领导人大会前一天晚上,丹麦女王为各国领导人举行宴会,就在那次宴会上,我从一位欧洲领导人那里(.)知道当天晚上有一个少数国家参加的会议,他给我(.)拿出了一个单子,上面赫然有中国的名字。但我感到震惊,我没有接到任何通知。就在这时,一位(.)新兴大国的领导人主动约见我,说有紧急的事情要和我谈。他告诉我,他从一位欧洲领导人那里得到通知,说今天晚上有一个会议。我对他讲,我说我没有得到通知。

2010 温_张璐:On the evening of the 17th of December last year, that was the evening before the high-level segment of Copenhagen Conference opened. Danish Queen hosted a banquet (.) for the participating leaders of the Copenhagen Conference. At the banquet, I (.) learned from the leader of a European country that there would be a small group (.) leader's meeting after the banquet (.) that night. I was shown a list of the invited countries and the list has (.) the name China on it. I felt shocked because (.) I had received no notification of China being invited to this meeting. It was at this moment that the leader of a big emerging country sent his staff to me, telling me this leader wanted to talk to me for an urgent matter. The leader told me that he just received the notice of this small group leaders' meeting after the banquet from the leader of a European country. And I told him(.) that I had not received any notification.

例 3-14 是温家宝总理对记者关于中国代表团在哥本哈根会议上没有参加一个小范围会议提问的回答,其中"一位欧洲领导人——他——一位欧洲领导人""一位新兴大国的领导人——他"分别形成意义互文链,指涉参与哥本哈根事件的两位重要领导人及其话语活动,但温家宝总理没有指明具体是哪两位领导人,甚至没有明确两次出现的"一位欧洲领导人"是否是同一人。译员保留了这一意义链,忠实于源语的模糊性表述。张璐在一次讲座中谈到对这个译例的处理(参见刘娜,2010-04-22),称她当时随总理参加哥本哈根会议,知道这两位领导人是谁,但为了忠实于源语模糊指涉的意图,她在译语中没有明确说出该领导人的名字,而是使用代词"the leader"(这位领导人)、"he/him"(他)和被动语态"I was shown"(给我看)来表述。这是译员利用其前语篇知识和经验,保留源语互文指涉意义链的例子。

应该说,在高级别记者会场合对源语意义进行保留和忠实传递是常态,但从译语偏移中更能发现源语互文指涉的意图、译员的协调以及对互文指涉传递的影响。下文主要通过源语和译语互文指涉信号的对比来识别事件背景指涉,讨论互文指涉在译语中的传递,尤其是偏移。就非具体互文而言,笔者通过对比分析发现 46 例事件背景指涉在译语中出现偏移,具体分布如图 3-3。

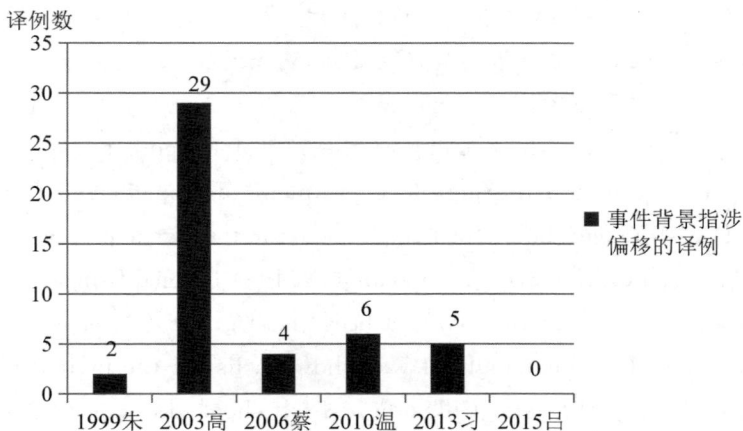

图 3-3　事件背景指涉偏移的译例分布情况

由上图可知,6 场记者会口译中有 5 场出现事件背景指涉的偏移,其中最少的是 1999 年总理记者会,为 2 例,最多的是 2003 年国新办"非典"记者会,为 29 例,约占 63%(具体分析见下文)。另外,在 46 例偏移中,38 例源语为政府发言人讲话,8 例为记者提问。对 46 例译语偏移的类型进行分类,见图 3-4。

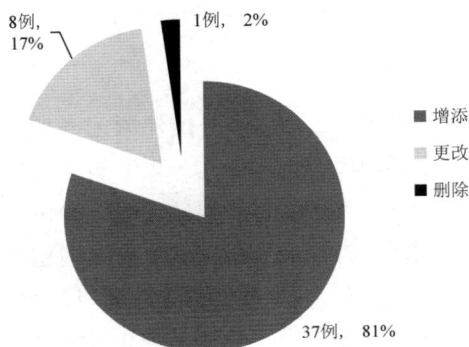

图 3-4　事件背景指涉译例的偏移类型分布情况

首先,译语偏移的类型中占最大比例的是增添(37 例,约占 81%),即增加补充互文指涉的背景信息。根据增添的具体内容大致可以分为三类,一是互文指涉的具体化,二是互文指涉的主题化,三是互文指涉的政策化。

第一,互文指涉的具体化,10 例,约占增添类别总数的 27%,如例 3-15、例 3-16、例 3-17。

例 3-15

2003 高_外国记者:... And the second rumor is about some AIDS patients who have been affected also by SARS, and related to this, I would like to ask(XXX)the stages of the AIDS people in China, particularly in Henan province.

2003 高_戴庆利:……还有一种传言呢,说有的艾滋病患者也得上非典了,(嗯)您能不能证实一下这种情况?还有一个问题呢,就是您能不能谈一下现在在河南艾滋病村的情况到底如何?

例 3-16

2006 蔡_蔡武:在过去一年中间,我们主要做了两方面的工作……

2006 蔡_钱歆艺:We have done (.) a lot of work in two perspectives in the up going year of 06 ...

例 3-17

2013 习_习近平：第三个呢，中美之间有 90 多个机制，（啊），我们建立了机制的保障。

2013 习_孙宁：Thirdly, between China and the United States, there are over 90 intergovernmental mechanisms which provide the institutional underpinning for our efforts.

例 3-15 为 2003 年"非典"记者会中一位外国记者的提问，记者希望政府发言人高强澄清几个传言，其中一个是关于艾滋病患者感染非典的情况，尤其关心"Henan province"（河南省）。从源语来看，"Henan province"这一互文指涉比较模糊，对于未能与说话人共享河南艾滋病感染情况的受众而言，河南省与艾滋病患者和非典疫情的关系并不清晰，译语增译为"河南艾滋病村"，使互文指涉信号变得清晰具体，直接指向河南上蔡县文楼村等与艾滋病有关的前语篇信息。例 3-16 中，译员将源语中的"过去一年中间"译为"in the up going year of 06"（在将要过去的 06 年中），使源语中互文指涉的时间具体化。例 3-17，习近平在谈及中美建立新型大国关系的基础时，提到中美之间有"90 多个机制"，这个互文信号究竟指涉哪些机制也是不清晰的，需要受众付出相当大的努力调动前语篇知识进行推理，译语译为"over 90 intergovernmental mechanisms"（90 多个政府间机制），明确了互文指涉的对象和内容。

第二，互文指涉的主题化，24 例，约占增添类别总数的 65%。值得注意的是，这 24 例全是对 2003 年"非典"记者会源语的偏移，这也使得这场记者会的偏移总数在 5 场记者会中居首。这 24 例指涉的源语互文信号中，出现次数最多的是"疫情"，12 例，占 50%，如例 3-18；其次是与医院和患者有关的表述，如"定点医院""患者""带菌"等，8 例，约占 33%，如例 3-19；还有与防治非典斗争有关的表述，如"防治工作""群防群控""村自为战""救治"等，4 例，约占 17%，如例 3-20。

例 3-18

2003 高_高强：当前，我国的疫情出现了缓…缓解的势头，大家都为之高兴。

2003 高_戴庆利：At present, the SARS situation has been easing in China, and all of us feel happy about this.

例 3-19

2003 高_高强：现在(.)目前仍在医院住院的患者,华北五省区占总数的96.5%

2003 高_戴庆利：And also at present, for thosepatients,(.)SARS sufferers who are now hospitalized for treatment, these five provinces and cities in Northern China have about 96.5% of them.

例 3-20

2003 高_高强：各级地方政府都把防治工作作为当前最主要的任务……

2003 高_戴庆利：Local governments at all levels have taken SARS control as their top priority …

以这三处偏移为例,笔者发现 24 个案例都在译语的互文指涉表述上增添了"SARS",如将"疫情"译为"the SARS situation"(SARS 疫情),"患者"译为"patients,SARS sufferers"(病人,SARS 患者),"防治工作"译为"SARS control"(SARS 防治)等,整体上增强了政府记者会的非典主题。尤其是"疫情"这一指涉,在整场记者会中共出现 42 次,其中增强 SARS 主题的偏移有 15 例,约占 36%,换句话说,超过三分之一的"疫情"指涉出现了主题化偏移。

第三,互文指涉的政策化,3 例,约占总数的 8%,如例 3-21、3-22、3-23。

例 3-21

2003 高_高强：截至 5 月 29 日,全国累计报告(.)诊断病例 5325 例。

2003 高_戴庆利：And of the 29th of May, a accumulative total of 5325 probable cases were reported on the Chinese mainland.

例 3-22

2006 蔡_蔡武：十六大以来,以胡锦涛(.)为总书记的新一届中央领导集体,提出了许多,(啊),重大的战略思想,(啊),比如说像(.)这个(.)全面建设小康社会、构建(.)科学发展观…用科学发展观统领经济社会发展的全局,以及这个(.)构建和谐社会和推动(.)建设一个和谐世界。

2006 蔡_钱歆艺：At the 16th party congress, the new (.) leadership of China (er..) with President Hu at the core, has (.) proposed a number of very important strategic thinkings, including building a moderately well off society in a comprehensive manner, the scientific development (.) concept, building a harmonious society and … and also the newly proposed idea to build a harmonious (.) world.

例 3-23 ————————————————————————

2010 温_温家宝：我希望(.)两幅画什么时间能合成一幅画……

2010 温_张璐：I hope thatone day soon the two pieces of the painting can be (.) whole again …

例 3-21 中，译员增加关于"大陆"的信息，将"全国"译为"the Chinese mainland"（中国大陆），为记者会发言人报告的诊断病例数据提供更准确的互文指涉前提，即该数据是中国大陆的病例数据，不包括香港地区、澳门地区和台湾地区。这充分体现出政府译员高度的政治敏感，在媒体和公众对政府公布数据的及时性、准确性和透明度高度关注的疫情危机时期，起到了重要的信息发布把关人作用。例 3-22 中，译员增添"the newly proposed idea"（新提出的思想），将源语"建设一个和谐世界"这一互文指涉中隐含的政治背景前景化，指向 2005 年胡锦涛主席首次提出建立和谐世界的新理念，并在 05 年和 06 年的多次会议和讲话中加以强调和推动等前语篇信息。这一增译将中国政府的新理念与大家已经熟知的其他理念区分开来，激活关于中国政府新政策、新理念、新动向的互文联想。例 3-23 中，温家宝总理用黄公望的《富春山居图》一半存放在杭州，一半在台湾的故事来表示两岸统一的期盼，译员将源语中的"什么时间"译为"one day soon"（早日有一天），增加关于时间的互文指涉，即台湾回归早日实现，将源语中隐含的话语意图和政策导向显化和清晰化。

其次，46 例对源语的偏移中，有 8 例是对源语互文指涉的更改，大致可以分为两类，一是修补互文指涉中不够准确的地方，如例 3-24、例 3-25；二是将互文指涉具体化，如例 3-26、例 3-27。

例 3-24 ————————————————————————

1999 朱_朱镕基：就在我访问美国以前……前两天，我会见了(.)2 个美国的议员代表团，一个是 Mr. Thomas，一个是 Mr. Rose，他们所率领的，一共有 20 个参议员和众议员。

1999 朱_朱彤：Two days before (.) my departure from China for the United States，I received 2 congressional delegations from the United States，one headed by Mr. Thomas，the other by Mr. Rose. Altogether more than 20 senators and congressmen were at the meetings.

例 3-25

2010 温_法新社记者：Your Foreign Minister saida couple of weeks ago that the U.S. has to take credible steps in order to get the relationship back on track.

2010 温_张璐：大概一周以前，中国外长表示美方应切实行动，使中美关系回到正常发展的轨道。

例 3-26

2006 蔡_中央电视台记者：在 2005 年年底的时候(呀)，蔡部长曾经公布了一批这个名单，像卫生部(啊)、教育部、公安部这个(.)定时定点发布。

2006 蔡_钱歆艺：At the (.) last conference at the end of the year 2005, Mr. Cai declared that the Ministry of Education, Public Security and Health will have spokesperson system and (.) press conferences at a regular time and venue.

例 3-27

2013 习_习近平：我也邀请(.)奥巴马总统适时地，(呃)到中国去进行我们新一轮的会晤，(啊)，并且我们展开正式的互访。

2013 习_孙宁：And I invited President Obama to come to China at an appropriate time for a similar meeting like this. And we look forward to (er..) visiting each other country.

例 3-24 中，译员将"一共有 20 个"改译为"altogether more than 20"(总共有超过 20 个)，修改了会见场景指涉中参会代表团总人数的互文联想，显然在很大程度上是基于译员关于会见事件的前语篇知识经验。例 3-25 中，源语的"a couple of weeks ago"(两三周以前)是一个不确切的时间，或者说，是一个虚指，大概两三周的样子，译语的互文指涉信号则比较明确，为"大概一周以前"。可以推断出译员对自己的前语篇知识是较有把握，明确指出中国外长说这番话的更为准确的时间。例 3-26 中，译员将源语的"2005 年年底"具体化为"at the last conference at the end of the year 2005"(在 2005 年底的最后一场记者会上)，互文指涉的地点和场合更加清晰。例 3-27 出自 2013 年习近平对美国进行非正式访问期间与奥巴马在美国安纳伯格庄园举行的联合记者会。习近平在回答记者提问时邀请奥巴马总统访问中国，进行"新一轮的会晤"，译员译为"a similar meeting like this"（与这次会面类似的会晤），显然，译员根据前语篇知识将"新一轮的会晤"解读为新一轮非正式会晤，这也与后文谈及的期待双方也开展正式互访取得逻辑一致性。译员对互文指涉语篇信号的修改使之更加直接地激活此次两人罕见的不打领带会晤，庄园散步等互文联想，并透露出中方对这种新的会晤方式的赞赏和期待。这些互文联想是源语互文信号所不能激活的，是译员"协调"的结果，很大程度上加入了译员的个人理解，也显示了译员作为说话人的主体性角色和政府机构代言人角色。

再次，关于事件背景指涉的译语偏移中，有 1 例是对互文指涉的删除，见例 3-28。

例 4-28

2010 温_香港《星岛日报》记者：您去年曾说过要更好地解决香港的一些深层次问题。

2010 温_张璐：You once remarked that greater efforts should be made to address the underlying problems in the（.）economic development in Hong Kong.

例 3-28 中，译员删除记者提问中关于温家宝总理谈论解决香港深层次问题的具体时间"去年"，将其模糊为"once remarked"（曾经说过）。这一信息的删除使得引发具体时间联想的互文信号缺失，其原因可能是译员遗漏信息，也可能是译员基于其前语篇知识认为记者关于"去年"的说法不够准确，而有意省略。在事件背景指涉的译语偏移中，删除互文指涉的情况非常少，一定程度上印证了政府译员在高级别口译活动中对信息传递的忠实度高，少遗漏信息的普遍认识。另外，在增添事件背景指涉互文信息的 37 个案例中，笔者也发现 3 处增加具体互文指涉时间，以及 2 处更改互文指涉时间表述使之更加具体的例子。如不考虑口译错误原因，译语中出现的互文指涉时间的增添或删除进一步说明译员在互文指涉传递过程中的协调作用。

总的来说，事件背景指涉在译语中的偏移大致可分为增添、更改和删除三种类型，其中以增添为主。就偏移的内容而言，主要表现为互文指涉在译语中的具体化、清晰化、主题化和政策化，换句话说，译语中事件背景指涉的内容和对象更加清晰，其与前语篇信息的连接更加直接和具体。另外，译语偏移体现出明显的译员协调作用，尤其是译员利用其前语篇知识对源语互文指涉进行解读和对译语产出进行重构的主体性作用。

就意义链而言，笔者分析发现 14 例与事件背景指涉有关的意义链在译语中出现偏移，具体分布如图 3-5。

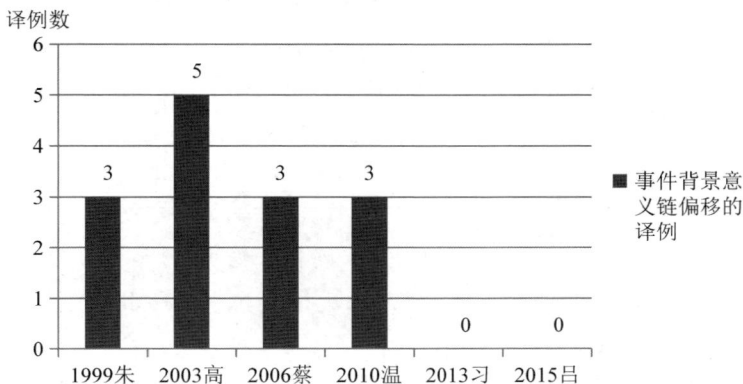

图 3-5　事件背景意义链偏移的译例分布情况

由上图可知,6 场记者会中有 4 场出现与事件背景有关的意义链偏移,分布较为平均,其中 1 场出现 5 例偏移,3 场出现 3 例偏移。14 例偏移中,8 例出现在记者会发言人讲话中,6 例出现在记者提问中。对这 14 例偏移的类型进行分类,发现其中 12 例为增添信息,2 例为更改信息。

首先,12 例对事件指涉意义链的增译主要表现为译语语篇意义链的构建和对源语互文链的显化,如例 3-29、例 3-30、例 3-31。

例 3-29 ————————————————————————

1999 朱_朱镕基:至于在什么(.)(嗯)什么人权问题上面,在什么达赖喇嘛问题上面,刚才总统先生所讲的,我们还有时间来争论,不在这里争了。

1999 朱_朱彤:As for some other issues(er..)such as human rights and Dalai Lama,President Clinton(er..)mentioned all these issues in his(er..)opening remarks. I think we have enough time to argue over these questions,so I don't want to blow on these questions long here.

例 3-30 ————————————————————————

1999 朱_朱镕基:我也不相信,在美国的(.)安全保卫工作这么严密、技术设备这么先进,当然这个麦克风好像这个技术不是太先进。在这种情况底下,中国能够在美国,(.)能够有效地盗窃什么机密吗,我看是不可能的。

1999 朱_朱彤:And I don't think(.)(er..)(.)there(.)there have(.)there can be such problem(.)given the tight security measures in the United States and advanced technology. Although it seems that the technology with regard to this microphone is not that advanced. I think it's entirely (.) impossible for China to … to have any effective or to … to steal … or to steal any nuclear technology or military secrets from the United States effectively under such condition，such tight security measures.

例 3-31

2003 高_高强：第二个阶段是四月份，疫情开始向(.)其他多数省份扩散，并逐步集中向北京、山西、内蒙古、河北和天津市集中……其中华北五省市区和广东省一共有 3368 例，占 97.3%。

2003 高_戴庆利：The second stage was in April. In April，SARS began to spread to most other provinces，and gradually the cases were building up in Beijing，Shanxi province，Inner Mongolia，Hebei province and Tianjin municipality … Out of these，3368 cases，or 97.3% of the total，were found in the above mentioned five cities and provinces in Northern China and Guangdong.

例 3-29 中，译员将"刚才总统先生所讲的"增译为"President Clinton mentioned all these issues in his opening remarks"（克林顿总统在他的开场白中提到的所有的这些问题），从而构建了"人权问题""达赖喇嘛问题"与总统开场白之间的互文关系，将源语中的模糊表述"刚才"显化为具体的所指，呼应上文内容。事实上，朱镕基总理这段话是在双方领导人开场白之后回答记者所提的第一个问题时所说，换句话说，在这段话之前克林顿总统只做了开场白讲话，因此对于现场受众而言，搭建"刚才总统先生所讲的"与总统开场白之间互文链，或是引发互文联想并不困难，译员的增译一定程度上显示出对构建清晰的译语语义关系和逻辑关系的重视。

例 3-30 中，朱镕基回应记者关于中国窃取美国核技术传言的提问时，表示在美国严密的安全保护环境下中国不可能窃取任何机密。译员将"在这种情况底下"增译为"under such condition，such tight security measures"（在这种情况下，这种严密的安保措施下），这就将源语中"安全保卫工作这么严密、技术设备这么先进——在这种情况底下"的互文链进一步显化为"安保工作严密——在安保工作严密的情况下"的互文链，逻辑衔接更加清晰，所需推理努力更小。

例 3-31 中，译员增译"the above mentioned"（之前提及的），使得"华北五省市区"与上文提及的"北京、山西、内蒙古、河北和天津市"之间的互文链关系得以明确和显化,译语上下文的语义也更加连贯。

其次,2 例与事件指涉意义链相关的更改都出现在记者会记者的提问中,见例 3-32、例 3-33。

例 3-32

2010 温_《人民日报》记者:我的问题是这样的。刚才总理在回答问题的时候提到了,国家与国家之间应实行自由贸易。

2010 温_张璐:Just now you said China stands for free trade.

例 3-33

2006 蔡_美国 CNN 记者:(er..) We do appreciate all the (er..) the efforts that you've been making these years to institutionalize the (.) spoke person system. (er..) I wonderwhat do you tell these ministries (er..) in … to convince them tc come out and … and hold press conferences like this. And also I wonder why (.) the Ministry of Defense is still not coming out. (er..) Can you convince them that (er..) it's also a good idea to … to face the press? Thank you.

2006 蔡_钱歆艺:我非常赞赏在过去的几年(.)以来,国新办在将中国各级政府新闻发言人机制化方面所做出的努力。那么我想问的是,您是如何说服这些部门,告…您跟他们说了一些什么才说服了他们来举办这些定点的新闻发布会,来面对媒体?我的另外一个问题就是,我想问国防部是否有这种打算来(,)召开新闻发布会,回答媒体的问题。您打算怎么说服国防部?

例 3-32 中,记者以温家宝总理在记者会中所说的话语内容为背景进行提问,显然其问题与温总理早些时候的话语形成意义链。我们发现,温总理是在回答《金融时报》记者提问时谈到自由贸易的,其原话是"我们主张自由贸易"。《人民日报》记者在提问中模糊表述为"国家与国家之间应实行自由贸易",译员修改为"China stands for free trade"(中国主张自由贸易),清晰明确地回指温总理的原话,语篇上下文意义链衔接更为紧密。

例 3-33 则是一个更改意义链的例子。2006 年关于中国政府新闻发言人制度建设的记者会上,美国记者提了两个问题,一是国新办如何说服政府各部门召开记者会,二是国防部为何没有设立发言人,两个问题的意义链分别为

"what do you tell——convince"（说了些什么——说服）和"why not coming out——can you convince"（为什么没有——你们能说服吗），在译语中第二个意义链被修改为"是否打算召开—如何说服"。这一修改使意义链的指涉内容发生了改变，从指涉国防部为何没有设立发言人的原因修改为国防部是否有设立发言人的意愿，从指涉国新办是否能够说服国防部更改为国新办将如何说服，这实际上将记者提问中的质疑转变为询问，消解了记者提问的尖锐语气，给记者会发言人的回答提供了更大的空间。

总之，对事件背景指涉的口译偏移进行分析发现，在非具体互文指涉和意义链两方面，大部分偏移（分别占各自偏移总数的81％和86％）均体现为互文指涉信息的增添，其余偏移体现为信息的更改或删除；从互文传播效果上看，对事件背景指涉或互文链的偏移主要使事件指涉的背景信息、指涉内容和对象得以具体化、清晰化和政策化，强化记者会主题，以及增强语义连贯性等。换句话说，大部分偏移增强了互文指涉事件和政策的信息性和意图性，也有部分译例是对讲话人话语的修补或修正（包括对发言人话语的修正，如例3-24，以及对提问记者话语的修正，如例3-25）、或是对记者质疑语气的弱化和一定程度的转向（如例3-33）。另外，译语偏移体现出译员作为机构成员的高度政治敏感，译员具有的与机构一致的关于政府政策、相关事件背景的前语篇知识对其翻译偏移决策有重要影响，政府译员的前语篇知识优势在互文指涉传递过程中起到关键的协调作用。

四、语用指涉

话语的语用含义指话语在语境中的意义，语用含义关注在特定的交际语境中说话人如何通过语言表达意图信息，实现交际目的。如尤尔（Yule，1996:3）所说，语用学研究的是说话人意义、语境意义、所说话语的字面意义之外的交际中的意义，以及所说话语和未说出的隐含之意之间的距离问题。本研究在互文指涉框架下讨论语用含义，指语篇互文信号激活的关于特定语境中隐含意义的指涉。与事件背景指涉一样，语用指涉的识别是说话人和听话人推理和交际的结果，受到交际者前语篇知识和经验的影响。就翻译而言，从翻译偏移中更能发现语用指涉在从源语到译语传递过程中的意图解读和意义构建，因此本研究主要讨论语用指涉信号在译语中的偏移。

根据表3-2，非具体互文和意义链两个类别都涉及语用指涉。就非具体互文而言，笔者在语料中找到6例语用指涉信号的偏移，分布在5场记者会中,在偏移类型上大致可以分为三类:增添(如例 3-34、例 3-35)、更改(如例 3-36、例 3-37)、删除(如例 3-38、例 3-39)。

例 3-34

1999 朱_朱镕基:因为(.)你们要考虑到中国有几千年的封建的枷锁,人民的观念是很难改变的。

1999 朱_朱彤:As you may know, China has a (.) history of several thousand years of feudal system (.) feudal society, so people have very deep rooted concept (er..) affect (.) influenced by this (.) historical background, it is quite difficult to change such a mentality or concept (er..) overnight.

例 3-35

2013 习_习近平:我讲得太长了,谢谢。

2013 习_孙宁:I'm sorry for going too long. Thank you.

例 3-36

1999 朱_朱镕基:我承认我们的人权(.)的工作是有缺点的。

1999 朱 _ 朱彤:I conceive that there is (.) room for improvement in human rights (er..) conditions in China.

例 3-37

2015 吕_吕新华:你谈到我们的(.)工作当中的不足之处,(啊),开展批评和监督不够的问题(啊),确实,(啊),情况确实存在。

2015 吕_张蕾:You've touched upon an area where the CPPCC can do better. There is this issue of inadequate criticism making and supervision.

例 3-38

2006 蔡_路透社记者:Next year will be the (er..) 17th party congress, which is, we all know is a very important event. Are you planning to give foreign journalistsfree and open access to cover this event? Thank you.

2006 蔡_钱歆艺:我们知道明年会召开十七大,这是一个重要的事件,我想知道外国的记者是否会将会获得允许去采访这个事件?

例 3-39

2006 蔡_丹麦冰岛晨报记者：The regulations we are talking about now. (er..) You introduce them like they are now (..) permanent. But according to the regulation，they expire in October 2008，(..)if I remember right.(er..) I'm not sure whether you will answer my question now，but have you already decided that they do expire …

2006 蔡_钱歆艺：关于您刚才提到的这份新的条例,因为我(..)根据我的记忆这个条例呢并不是永久地执行下去,而是在 2008 年 10 月会失效。当然我不肯定您现在就会回答我这个问题,但我还是想问,你是否确定在 08 年的 10 月份这份条例一定会失效……

前 4 个例子均为记者会发言人话语,译员的语用指涉偏移体现了对源语语用意义的显化和修饰。其中,例 3-34、例 3-36 和例 3-37 与政府工作或政策有关。例 3-36 和例 3-34 是前后句关系,均为 1999 年朱镕基访美的联合记者会讲话。这是中国总理自 1984 年来首次访美,当时两国关系并不平静,朱镕基总理在回应记者关于中国人权问题的提问时承认中国的人权工作"是有缺点的",但是应该考虑中国几千年封建制度的影响,人民的观念是"很难改变的"。例 3-36 中,译员将"是有缺点的"更改为"there is room for improvement"(还有改善的空间);例 3-34 则增译"overnight"(一夜间),译为"it is quite difficult to change … overnight"(很难在一夜间改变……)。通读朱镕基总理的回答可以看出他强调了三点,第一是中国的人权工作已经取得了相当丰硕的成果,第二是人权问题的历史发展和中国的国情,第三是坦承中国人权工作尚有不足,表示在现有国情下要做到与发达国家接轨十分困难,因此希望对话而不是对抗。可以看出,朱总理回答的核心是,中国的历史和现实国情使得人权工作在现阶段不可能十分完善,但中国自古就注重人权问题,并将继续努力做得更好。从这一点上,译员的改译或增译是对朱总理话语语用意义的显化,将其语用含义更明确地体现在互文指涉信号中,即"是有缺点的"意在表达继续努力改善的意愿,"很难改变"是指很难在短时间内改变,但努力不减。这也是对朱总理话语意义的修补,更清晰地传递了中国政府努力改善人权问题的积极态度。

值得注意的是,例 3-34 和例 3-36 中译员所做的更改在西方英语新闻报道中被作为记者会发言人的原话进行引用,译员增译的"overnight"甚至被《今日美国》(USA Today)作为重要信息用引号加以强调(参见第四章第三节例 4-17），说明译员翻译偏移在记者会话语意图的新闻传播中确实产生了一定影响。

例 3-35 是中国领导人的自我评论。在 2013 年习近平主席和奥巴马总统联合记者会上，记着提问习主席关于两位元首会谈的主要内容时，习主席给出了长段回答，之后表示"我讲得太长了"，译员增译这一语用指涉信号，译为"I'm sorry for going too long"，将讲话人隐含的致歉之意显化于语言表层。例 3-37 是政协发言人吕新华针对记着提出的政协批评和监督工作"不足"的回答，发言人坦承政协批评和监督工作"不足"的情况属实，译员则将"不足"改译为"can do better"（能够做得更好）。从发言人吕新华回答的上下文可以看出，回答分三步走，第一，承认记者提出的不足确实存在；第二，政协章程规定政协要履行批评监督职责；第三，今年政协强化民主监督的计划。换句话说，发言人是先承认不足，再抛出今年改进不足的计划，态度诚恳且有具体的解决方案，让人信服。在这一点上，译员的改译也可看作是对语用含义的显化，在语用指涉信号中明确其言外之意。同时，译员对发言人话语意义的补充明确了政协改进不足的态度，传递了积极的政府形象。

例 3-38 和例 3-39 为记者提问话语，译员对其中的语用指涉信号均作删除处理，倾向于构建更加客观、准确、符合政策情况的语用指涉，减少语用指涉的冲突性。例 3-38 是路透社记者对国新办主任蔡武的提问，询问党的十七大召开期间，国新办是否会给外国记者"free and open access"（自由开放的许可）进行采访。现场译员删除"free and open"（自由开放），译为"获得允许"。自 20 世纪 80 年代中国的记者招待会正式开始制度化发展历程（刘小燕，2007：28），记者会成为沟通政府、媒体和公众的重要窗口，历届党代会均以开放的态度欢迎中外记者采访。发言人蔡武在回答中指出，大会将设立新闻中心接待中外记者采访大会，会议结束时还有一个媒体记者见面会，通过新闻发布等形式，将会议的重要情况与媒体进行沟通。译员删除记者提问中带有主观评价意义的修辞，使用客观的语用指涉表述来重构译语，确保语用指涉的正确性，避免听众对记者提问中的语用指涉信号产生不准确的联想。

例 3-39 是丹麦记者在同一场记者会中关于外国记者采访条例有效期的提问。译员删除源语"You introduce them like they are now permanent"（在您的介绍中好像这一规定是永久性的）中的"You introduce them like"（在您的介绍中好像），同时将"if I remember right"（如果我记得没错的话）提前填补空缺。换句话说，源语中记者质疑的论据是发言人话语，而在译语中被转换成记者自己的理解。从语用指涉角度来说，源语指涉的记者对发言人话语矛盾性或模糊性的质疑被删除了。从下文也可以看出，记者对自己的提问是否能收到回答缺乏信心，"I'm not sure whether you will answer my question now"（我不确定您现在是否会回答我的问题），这说明记者很清楚自己问题的尖锐性。译员删除语用指涉信号中具有语用冲突性的表述，整体上使提问的语气趋于平缓。

就意义链偏移而言，笔者在语料中发现 2 个与语用指涉有关的译例，均出现在 2003 年"非典"记者会中，具体见例 3-40、例 3-41。

例 3-40

2003 高_日本新闻社记者：I work for Kyodo News.（er..）I think many people appreciate the efforts the（er..）governments at local and national level have been（er..）making to stop the spread of SARS. But there has been some criticism that the（.）efforts have been in some way concentrated, more（er..）directed at being seen to be done（.）（er..）doing something, rather than being directed at small practical measures … and that seems to be（er..）（er..）something you've missed there. Ok，thank you.

2003 高_戴庆利：(呃)我是日本新闻社的一个记者。我想现在很多人都非常赞赏中国中央政府以及地方各级政府为了防治非典所做出的大…大量的这个工作和努力，但是呢，也有一些人呢也在批评，说中国政府呢，这个努力呢，可能工作没有到点子上去。而是说呢，在有很多实际的这个工作呢，当然有时候比较小，但是呢没有到位……像这些（.）小的和实际的地方是不是工作做得还有不够之处？

例 3-41

2003 高_高强：但是，从这次 SARS 疫情反映出来的情况看，中国的（.）公共卫生建设确实很薄弱。我们应对公共卫生突发事件的能力比较（.）弱，信息传递的信息不通畅，这个（..）疾病控制体系（..）预防控制的体系不健全，或者说我们（.）医疗机构的布局不合理，造成了在防治 SARS 初期的（.）一些被动。

2003 高_戴庆利：But this latest SARS outbreak has indeed exposed（er..）some problems with the public health system in this country. Our preparedness（er..）against public health emergency is not very strong. The information（er..）system, for the flow of information is not very（.）open or fluid. And we did not have a（er..）we did not have a sound system for（.）

prevention and control of infectious diseases. And our medical institutions are not distributed (er..) on a rational pattern. So these factors contributed (er..) to the awkward situation of China when (.) SARS was on its initial period of outbreak.

例 3-40 取自 2003 年"非典"记者会一位日本记者的提问。源语的意义链为"concentrated——being seen to be doing something——rather than——small practical measures——something you've missed"(集中——做能被看见的事情——而不是——小的实际的措施——工作中缺失之处)。从互文指涉信号来看,"concentrated"(集中)、"rather than"(而不是)、"miss"(缺失)指向记者对防疫工作中一些细节缺失的质疑。译语的语义链则是"没有到点子上——实际工作——当然有时候比较小——没有到位——做得还不够",显然,译语通过微调语篇指涉信号的表述,一定程度上弱化了尖锐的质疑语气,如将"miss"(缺失)弱化为"没有到位""做得不够",将"小的实际措施"弱化为"当然有时候比较小"(源语中的"small"更倾向于表达"具体"之意)等,修改和减弱了记者提问中的语用冲突性。同时,从某种意义上说,拥有新语义链的译语传递另一种更为积极语用指涉含义,即防疫工作细节值得继续改进。

例 3-41 是时任卫生部常务副部长高强关于公共卫生制度的回答。面对国外记者对中国公共卫生建设的质疑,发言人高强使用较为肯定的措辞坦承中国的公共卫生制度"很薄弱"。源语的意义链为"薄弱——比较弱——不通畅——不健全——不合理",译语的意义链则为"some problems——not very strong——not very open or fluid——did not have a sound system——not distributed on a rational pattern"(一些问题——不是非常健全——不是非常开放或通畅——没有健全的制度——没有被合理分配)。译语意义链整体上将源语关于"薄弱"的语用指涉修改为公共卫生制度存在"一些问题",同时,"不是非常"的表述使公共卫生制度听上去只是离完美有一些距离,而非源语所说的"比较弱""不通畅"。显然,译语的互文指涉偏移调整了互文指涉的极端语气,使意义链更倾向于商榷、改进等语用意义。但另一方面,译员对意义链的重构使得源语的互文指涉发生改变,源语中政府工作环节的薄弱性被重述为尚有提升空间的可改进之处,这一定程度上削弱了发言人高强对政府公共卫生制度薄弱的坦诚。

值得注意的是,这 2 例意义链偏移都发生在应对疫情危机的记者会中,例 3-40 是记者对危机应对措施细节的质疑,例 3-41 是记者会发言人应对危机,回应媒体质疑。从译语来看，两例偏移都调整了语用指涉的极端语气，使意义链更倾向于商榷、改进等语用意义。这一定程度上说明译员倾向于使用较为缓和的语气以协调记者会气氛，因而在对提问记者和发言人话语的口译中都出现将极端语气调节为商榷语气的案例。

　　除此之外，记者提问与发言人回答时开头和结尾的礼节性用语[①]，如"谢谢主持人""发言人您好""我是某某报的记者""谢谢"等，可以视为贯穿6场记者会语料的互文指涉意义链，其语用意义是发言人与记者面对面交流的对话性和礼貌性。记者提问时，一般要求自报所在的新闻机构，有时记者还会自报名字或直接称呼发言人/主持人，提问结束一般会礼貌性地加上"谢谢"。发言人回答完毕有时也会加上"谢谢"，表示回答结束，也是对记者提问中"谢谢"的礼貌性回应。6场记者会共有59轮记者提问和发言人回答，去除3个不是由中国政府译员翻译的提问[②]，1个没有进行翻译的提问[③]和1个礼节性用语部分无法听清的提问[④]，共有54轮记者提问和相应回答进入统计，分析结果如表3-5。

表 3-5　礼节性用语的口译情况

类型	记者提问					发言人回答
	自报新闻机构	自报名字	谢谢（开始）	您好	谢谢（结尾）	谢谢（结尾）
源语	52	7	31	27	50	20
译语	52	2	4	4	3	15

注：表格内的数字表示次数。

　　由上表可知，总体来看，源语中的礼节性用语在译语中大大减少。就记者提问部分而言，除自报新闻机构这一意义链得以忠实传递之外（2个未自报新闻机构的例子均是在主持人点名提问记者时已明确提及其所在机构），大部分礼节性用语均被省略，其中反差最大的是记者提问结束时的"谢谢"，在源语中约占93％（50次），在译语中仅占5％（3次）。就发言人回答而言，源语中发言人共说了20次"谢谢"，译语传递了15次，占75％，相对于记者提问而言，这

---

　　① 　由于这项统计贯穿6场记者会始终，本文将其视为1个案例，计入3.3统计结果概要的99个译例中。

　　② 　2场中美政府联合记者会中，英语提问由美方译员负责翻译。

　　③ 　2003年国新办"非典"记者会中日本财经新闻记者用汉语提问，现场对这段提问没有进行翻译。

　　④ 　指2003年国新办"非典"记者会中第一个外国记者的提问。

是一个较大的比例。其中 2006 年温家宝记者会中温总理说了 10 次"谢谢",10 次均在译语中得到传递。与之相关的一个有意思的现象是,2015 年译员孙宁为李克强总理"两会"记者会担任翻译,李克强总理回答了 11 个提问,其中 10 次回答以"谢谢"结束,译员翻译了 9 次,另有一个提问译员在翻译完毕时自己先补充了"Thank you"(谢谢),李克强总理接着说"你代我先说了 Thank you"(赵丹丹、刘伟伟,2013-06-13),一时成为媒体争相报道的花絮。但笔者也注意到,同场记者会记者提问的 11 个问题中有 10 个问题以"谢谢"结尾,译员均予以省略。当然,礼节性用语是否保留不影响主要信息内容的传递,如何处理这一用语与译员的个人风格有一定关系,但总体可以看出,译员倾向于保留和传递记者会发言人的礼节性互文链,同时倾向于省略和删除记者提问中的礼节性互文链。

　　总之,对语用互文指涉的口译进行分析发现,第一,语用指涉在译语中的偏移类型主要有增添、更改和删除;第二,偏移的影响主要有两点,一是通过偏移使源语的意图性在场,表现为对讲话人语用意义和态度的显化、清晰化,以及对讲话人话语意义的修补或补充,二是通过解构和重构源语的语用指涉,调节记者会气氛,如改用商榷性词汇使较为尖锐的记者质疑语气趋于平缓,将源语中的否定意义修改为可商榷可改进的语用含义(这一点尤其体现在政府应对公共危机的记者会场合)等;第三,礼节性用语的互文链在发言人回答部分得到一定程度的保留和传递,但在记者提问部分则产生比较严重的断裂,表现出一定的不平衡性;第四,语用指涉的译语偏移体现出语篇语境,以及译员关于政府政策和事务的前语篇知识的影响,是译员具有主体性意识的协调。

五、讨论

　　通过记者会现场口译源语和译语对比,统计分析了互文指涉在译语中的传递,尤其是其信息意义、意图意义、语用意义、文化符号等的保留或变形(主要手段有增添、更改和删除)。下文总结译语建构中这些意义保留或变形的特点,讨论口译活动对记者会源语传播的影响,并分析互文指涉传播过程中的译员决策及其原因。

　　首先,互文指涉在译语中的传递大致可以分为四种情况,即四种不同的译语建构方式。第一,互文指涉的保留。大部分互文指涉的传递属于这种情况,即忠实于源语的信息意义和符号意义。尤为值得值得一提的是,中国文化指涉中主要传递和保留的是其信息意义和意图性;其他参与方话语引用中约

67％（15 例中有 10 例）保留了引导语的指涉意义和形式；在语用意义链方面，主要保留的是记者会发言人的大部分礼节性用语（占 75％），如"谢谢"。

第二，互文指涉的显化。主要表现为通过译语偏移使互文指涉的意图/态度/语用意义在场，以及对讲话人话语进行修补或修正。如在引用其他参与方话语时增强和显化讲话人的语气、态度，使语境背景和话语对象具体化和清晰化，保留甚至强化引用内容的异质性等；通过增添和更改互文指涉信号使事件背景指涉具体化、主题化和政策化，加强上下文之间的连贯性，以及对讲话人话语进行修补；显化互文指涉的语用意义，或是显化讲话人的态度，或是对讲话人话语的语用意义进行修补。值得注意的是，互文指涉的偏移以显化为主，而显化又以增译方式为主，增译在译语偏移中所占比例最大（在引用其他参与方话语的引导语偏移中占 60％，非具体事件背景指涉及其意义链偏移中分别占 81％和 86％，语用指涉偏移中占 38％）。另外，从互文指涉显化的内容来看，显化的主要是与政府事务有关的事实性和政策性信息，也包括发言人和提问记者话语的语用意义。显化也使互文指涉的前语篇信息更加具体和清晰，逻辑性更强，减轻受众的推理负担。

第三，互文指涉的弱化。主要表现为文化异质性和语用对话性的减弱。如大部分中国文化指涉（所有具体指涉和 86％的非具体指涉）的形式发生改变，文化符号互文链在译语中产生断裂，主要保留和传递信息意义；记者提问中 80％以上的礼节性用语指涉链在译语中被删除，语用对话性受到一定程度的减弱。

第四，互文指涉的改变。主要表现为话语歧义性的消除和对话冲突性的消解。如对其他参与方话语的引用中，通过更改互文指涉来消除歧义或减弱互文指涉的主观性；在事件背景指涉中，将记者的质疑转变为询问，消解记者提问的尖锐语气；在语用指涉中，消除可能引起不当互文联想的互文指涉信号（如例 3-38），调整具有一定冲突性的意义链。可以看出，通过更改甚至删除互文指涉和意义链，译语重构了新的互文指涉，从某种程度上是通过述说一个新的故事来消解冲突，维护记者会发言人的面子，确保互文指涉的正确性和准确性。但在这一过程中，发言人应对话语冲突做出的对政府工作不足的坦承也在一定程度上受到了削弱（如例 3-41 译员将源语中政府工作环节的薄弱性表述为尚有提升空间的可改进之处）。

其次，通过以上对互文指涉在译语中传递和偏移的分析，可将口译活动对记者会源语传播的影响总结为三点：

第一，互文指涉的机构性增强，与机构活动和政策有关的背景信息/意图/

态度/语用意义等得以前景化、具体化、清晰化,以及被修补、修正和消除歧义,这一点是口译活动对记者会话语传播的主要影响;

第二,互文指涉的文化异质性、语用对话性减弱,文化符号链和记者提问中的礼节性语用链断裂甚至缺失;

第三,具有语用冲突性的互文指涉关系被修改,表现为新的带有商榷意义的互文关系的建构。换句话说,在有口译参与的记者会话语传播活动中,通过对源语的解构和译语建构,互文指涉的价值发生一定的强化、弱化或改变,总的来说突出机构性和信息性,弱化文化异质性和对话性。

再次,在记者会话语的传播过程中,译员显然具有一定的协调甚至是干预作用,并不总是忠实于源语,主要体现在两个方面:

第一,译员作为政府机构成员拥有关于政府事务、政府政策和运作程序、政治形势等的前语篇知识,同时具有高度的政治敏感,通过对记者会发言人和提问记者话语的保留、增译或改译,使讲话人的意图意义和语用意义得以延续、修补和显化。具体表现为译员对记者会发言人话语中互文指涉意义的调整,如保留发言人刻意的语义模糊性(如例 3-14)、修补发言人话语中不够准确之处(如例 3-6、例 3-17、例 3-21)、显化发言人话语的意图意义(如例 3-27、例 3-37)等;以及对提问记者话语意义的调整,如修正互文指涉中不够准确之处(如例 3-25)、使互文指涉具体化和清晰化(如例 3-15、3-26)等;

第二,译员表现出与政府机构的同盟关系,尤其是在修改互文指涉的语用意义、消解语用冲突方面偏向机构一方,如删除记者提问中的主观评价表述(如例 3-9、例 3-38)、构建新的互文指涉意义链从而弱化记者提问中的冲突性(如例 3-33、例 3-40)等,同时,保留大部分发言人的礼节性语用指涉链(约 75%),但删除大部分(80%以上)记者提问中的礼节性用语这一现象也体现出译员与机构的亲密关系。另一方面,译员更改记者会发言人关于政府工作欠缺之处的语用指涉及意义链(如例 3-36、例 3-37、例 3-41),是对政府积极进取、改善不足态度的显化和强化,同时也是对政府发言人承认不足态度的弱化,在这个过程中,译员为讲话人代言,译员的态度和立场极大地影响了记者会话语传播的出发点和立足点。

可以看出,译员的机构身份对其决策产生重要影响,也影响了记者会话语的传播效果。一方面,译员利用自身具备的关于政府机构的前语篇知识,调控互文指涉意义在译语中的传递效果,保证信息传递的准确性和互文指涉的正确性,这很大程度上增强了记者会话语意义的机构性和信息性,而对机构性和信息性的极大重视也一定程度上导致译员对文化符号和文化异质性传递的弱化;

另一方面,出现语用冲突时,译员与政府机构结成同盟,扮演记者会话语把关人,甚至是代言人的角色。译员决策影响记者会发言人和政府形象的塑造,译员偏向政府机构也一定程度上导致译语语用指涉机构性的增强和对话性的减弱。

值得注意的是,虽然译员在以上两个方面的决策都受到其作为政府机构同盟的前语篇知识和立场的影响,但译员的机构偏向在消解记者提问中的冲突性和礼节性用语的语用指涉上表现得更为显著,而在互文指涉信息的具体化、信息的语用和意图意义的显化等方面,译员并没有表现出明显的对于记者会发言人和提问记者的区别对待。换句话说,在互文指涉的信息传递方面,记者会译员主要发挥信息沟通、协调和桥梁作用,调动其前语篇知识最大限度地传递源语互文指涉含义,再现讲话人意图,促进对话双方交流和理解。当然,由于政府译员的机构性特点,译员对记者会发言人和提问记者互文指涉的信息传递也带有一定的机构性,旨在促进记者会话语的积极传播。

在前人研究基础上,本章聚焦源语在记者会现场的传播,主要通过互文指涉在译语中的传递和偏移,补充前人没有深入探讨的口译活动的影响问题,尤其是译语在记者会话语传播过程中的影响,研究结果对前人研究做如下四个方面的补充:

第一,为翻译互文观增添社会和机构维度的实证数据。哈提姆和梅森的翻译互文观是基于情景互动语境提出的,两人搭建的翻译实践操作模型虽然也强调翻译过程中不可避免的信息、意图、语言形式、体裁等价值变形,但核心始终是源语文本意义的追寻和再现,是翻译的"同一",用哈提姆的话来说是翻译的"符号对等"(Hatim,1997:31)。本研究在此基础上补充社会和机构维度,进一步证实在一定的机构因素的影响下,译员的决策是"有选择的忠实"(Kang,2014:475),与其社会、身份、地位、经历等前语篇知识相关联。

第二,为记者会译员角色研究增添沟通维度的实证数据。刘(Liu,2010)、王斌华(2013)、詹成(2013)、孙婷婷(2013)、郭(Guo,2018)、顾(Gu,2019)等学者讨论了译员在记者会现场表现出的调控角色以及与机构的同盟关系。本研究进一步发现,译员的机构偏向在消解语用冲突方面表现得比较突出,而在事件背景信息传递方面,译员虽然也受到机构性的影响,但更多地扮演沟通者角色,倾向于信息的补充、修补、修正、显化和清晰化表达。这是对前人关于记者会译员角色研究的证实和具体化补充。另外,哈提姆和梅森基于语篇语言学路径提出的互文指涉翻译模型在解释交际情景的信息传递方面有很强的适用价值,而文化学派关于意义解构和追求"差异"(方薇,2012:27)思想则在冲突语境下表现得尤为突出,由此,翻译研究语言学派和文化研究学派的联系和进一步互相借鉴之处值得进一步思考、深化和提炼。

第三,增补译语偏移描写研究的分类定义。王斌华(Wang,2012;王斌华,2013)的系列研究基于口译规范描写视角,将口译中的译语偏移分为增添、删减和修正三个类型,其中修正类型主要指译员对自己认为的源语中有误的地方进行修改。本研究发现,译语偏移类型中的修改除了改正源语不够准确或有误之处,还包括改变源语的语用意义,如运用前语篇知识显化源语隐含的互文指涉意义(如例3-27)、修改带有冲突性的互文指涉链(如例3-40、例3-41)等。这是对前人关于译语修改类型定义的补充。当然,本研究讨论的译语偏移不单是从口译规范描写角度出发,而是考虑到政府机构、译员身份、立场等社会和机构等因素影响,从某种程度上说属于口译伦理的讨论范围①。

第四,增补口译译语语义非中立的实证数据。孙婷婷(2013:180)从社会语言学和语用意义的角度考察中国政府记者会口译活动,认为口译译语是“语义上中立但情感或语用意义上非中立”。本研究发现,译语的非中立不仅体现在语用意义上,也体现在信息意义和意图意义上,如通过增补信息使源语的事件背景指涉具体化,增强记者会主办机构所要传播的主题等(如例3-18),因此记者会口译译语在语义和语用意义上都表现出非中立的倾向。

第四节　小　结

本章以哈提姆和梅森的翻译互文观,主要是两人提出的互文指涉概念和分析框架为理论来源,通过源语和译语对比分析,讨论互文指涉在译语中被保留、转换或变形的程度和原因,以及译语建构在记者会话语传播中的影响和作用。研究语料为6场中国政府记者会口译视频(1999—2015),涉及国新办记者会、“两会”记者会和中美政府联合记者会三种记者会类型,常规发布和危机发布两种发布类型,进入统计分析的语料均为交替传译,涉及汉英和英汉口译两个方向。以互文指涉为焦点共筛选出99个口译案例,根据具体互文指涉内容分为中国文化指涉、其他参与方话语指涉、事件背景指涉和语用指涉四类,并依据主动/文外互文和被动/文内互文的分类标准进行细分。

针对第一个研究问题,总的来说,在有口译参与的记者会话语传播中,互

---

① 关于“翻译规范”和“翻译伦理”这两个概念的定义和范围尚在讨论,如 Inghilleri (2012:26-51)、方薇(2013:70-75)。这不在本研究范围内,因而不作深究。

文指涉在译语中的传递可以分为保留、显化、弱化和更改四种类型，其中保留是互文指涉传递的常态，其他三种类型都属于翻译偏移。翻译偏移中占比最大的是互文指涉的显化，内容主要是与政府事务有关的事实性和政策性信息，也包括记者会发言人和提问记者话语的语用意义；互文指涉的弱化主要包括中国文化指涉中的文化符号和记者提问中的礼节性用语指涉链；互文指涉的改变主要表现为消除歧义及消解具有话语冲突的指涉，涉及记者较为尖锐的语气和发言人应对记者质疑时的反思等。

具体而言，研究发现，(1)中国文化指涉中所有的具体引用和86％的非具体引用都保留指涉的意图意义和信息意义，但舍弃其中的文化符号性、意向性和体裁性特点；(2)其他参与方话语引用中，33％的引导语出现译语偏移，表现为对讲话人语气的增强、对话语歧义的修正、对互文指涉背景的具体化、以及对记者提问信息的客观化表述。互文引用方式表现出较为明显的直接引语倾向；(3)事件背景指涉中，80％以上的偏移体现在对指涉信息的增添上，如强化信息性和意图性，修补或修正讲话人话语表述，以及消解记者提问中的质疑语气；(4)语用指涉方面，语用指涉的译语偏移显化或修补了讲话人的语用意义和态度，调节记者较为尖锐的语气和发言人的措辞。其中礼节性用语方面，记者提问的互文链80％以上断裂，发言人回答部分则有75％得到保留。

基于第一个研究问题对互文指涉价值的保留、强化、弱化或改变的分析可以看出，口译活动在记者会源语的现场传播中产生一定影响，口译活动的参与使得源语互文指涉的机构性和信息性在目的语传播语境中得以增强，而文化异质性和对话性被削弱。具体表现为：(1)互文指涉的机构性增强，与机构活动和政策有关的背景信息/意图/态度/语用意义等得以前景化、具体化、清晰化，以及被修补、修正和消除歧义，这一方面所占比例最大，是口译活动在记者会源语的现场传播中的主要影响；(2)互文指涉的文化异质性、语用对话性减弱，文化符号链和记者提问中的礼节性语用链断裂甚至缺失，但记者会发言人的大部分礼节性用语得以保留；(3)带有语用冲突性的互文指涉关系被修改，表现为新的带有商榷意义的互文关系的建构，因而从整体来看，译语的语用冲突性较弱，互文指涉的语用态度较为缓和。

另外，研究发现，译员在记者会话语的传播过程中扮演信息把关人、机构代言人和交际协调人角色，如利用其熟悉政府事务的前语篇知识对互文指涉进行解构和重构、补充信息、修正源语中不准确的地方、消解话语冲突等，译员与机构的同盟关系很大程度上影响口译决策成为"有选择的忠实"，而译员的态度和立场也影响了记者会话语传播中政府机构态度的传递和机构形象的塑造。

其中有两点值得注意,一是译员受自身机构身份以及与机构相关的前语篇知识影响,表现出对源语互文指涉信息、语用和意图意义的补充、修正、显化和具体化倾向,同时也表现出对记者会发言人一方的偏向,后者主要体现在语用冲突和语用指涉互文链的处理上。换句话说,译员在记者会中既表现出沟通对话双方交际的桥梁作用以及对源语互文指涉终极意义的追寻,同时也表现出有选择的立场偏移。因此,如何结合这两个方面,尤其是梅森在访谈中提到的在翻译研究的"语言学派与文化学派之间寻求联系、达成共谋而不是建立对立"(任文,2007:27),从而更加辩证地评价口译活动中的译语建构、分析新的译语互文网络对情景交际和社会发展的影响,以及更加全面地看待译员的角色,这些都是值得学界继续思考的话题;二是译员的决策是基于其对源语互文指涉的解读和重构,因而译语选择一方面显化和强化政府积极改善其工作不足,另一方面也在一定程度上弱化了发言人坦承其工作不足的态度。从这一点上看,口译的介入对于记者会话语传播的影响具有两面性,或者说,口译的影响是动态的。后续研究可以通过调查和访谈探讨受众对译语所塑造的记者会发言人形象的互文解读,从而进一步了解记者会源语的传播实效。

本章对口译译语与现场源语互文关系的研究主要探讨口译对记者会话语现场传播的影响,研究结果在一定程度上补充了前人在翻译活动的社会和机构维度、译语偏移分类、政府译员角色、译语意义的中立程度等方面的研究。第四章将焦点投向现场口译译语在国内外英语新闻报道中的转述和接受情况。值得注意的是,本章的一些译例,如例3-34和例3-36对源语互文指涉语用意义的显化,在第四章中得以继续讨论,进一步研究发现,这两个例子被作为记者会发言人的原话直接引用,说明译语偏移确实影响了记者会话语在新闻媒体中的传播。另外,第四章研究也发现外国媒体乐于接收带有中国文化特色的异质性信息(见第四章第三节),一定程度上说明记者会源语中文化异质性在现场口译译语中的弱化倾向值得反思。

第四章　口译译语与新闻
转述的互文分析

　　记者会相关新闻报道通过对记者会讲话的转述，与记者会话语形成互文关系。邀请中外记者共同参加的记者会中，口译是记者会发言人和外国记者沟通的桥梁，非汉语新闻报道很大程度上以现场译员的英译为前语篇，口译译语与英语新闻转述构成互文关系。本章基于费尔克劳的互文观及其话语表征概念框架，以 8 场中美联合记者会中方发言人话轮口译及其相关新闻转述报道为语料，讨论口译译语与新闻转述的互文关系。通过对新闻转述的表征方式、表征内容忠实度、表征来源等方面的分析，讨论口译译语在新闻转述中的表征特点和接受效果，以及译语转述与其他新闻话语的互动关系，进而分析口译活动在记者会新闻传播及国际新闻翻译中的参与作用。

第一节　从译语到转述话语：
记者会口译的互文链

　　记者会新闻传播是记者会话语通过不同文本类型进行传播和转换的过程，用费尔克劳的话来说，是一种话语实践，是话语的生产（在前文本基础上的话语建构）、传播（跨越不同的语类）和消费（话语的吸收和解读）（Fairclough，1992：4）。发言人在记者会现场的讲话，以全文或片段形式出现在政府官方网站上，被国内外新闻机构转载、引用和评论，出现在各种与政府机构活动有关的书籍、论坛、会议、博客，公众平台，甚至是普通大众的交谈或讨论中，经历着从口语到书面语、从一种语言到另一种语言、从全文到适应各种需要的节选、引用和改编的变化。关于记者会活动的新闻报道，通过对记者会事件和现场讲话的评述搭建起政府与公众之间的桥梁，成为记者会新闻传播的重要中介。受新闻机构因素制约，新闻文本对来源信息的语言、内容和结构进行增删、重写、合并、重组等实现信息的"再语境化"①,以符合媒体机构利益和诉求,但无论如何新闻报道文本总是基于其他文本而构建,是对已有信息的指涉、转述、引用或评论。显然,记者会新闻报道与其来源话语之间存在互文关系。

国际范围的记者会传播依赖翻译/口译,或者说,翻译/口译是记者会国际传播的组成部分,翻译/口译的参与使记者会新闻传播有了跨语言、跨文化以及跨意识形态的维度。可以说,正是翻译使得信息跨越国界到达更多的受众,而一个国家的公众对另一国家发表言论的反应实际上是对翻译了的信息的反应(Shäffner,2004b:120)。例如,在面向国内外受众的记者会及其新闻报道中,口译沟通了记者会发言人和外国记者在现场的交流;以目的语为语言的新闻稿很大程度上依赖于现场口译的录音或官方网站公布的口译脚本,如韩国驻北京记者车大运所说,虽然外国记者都懂中文,但还是会参考现场口译的译文,"以免出错"②;而新闻报道在全球各个国家或地区中的传播又涉及不同语言之间的多次翻译等。就现场口译而言,虽然我们很难确定一篇目的语新闻报道中引用的记者会话语是来源于新闻记者自己的翻译,是基于口译录音的转写,还是基于官方网站公布的讲话脚本,但目的语新闻报道中引用或转述的讲话内容总是现场口译译语的复制版或修订版,因此,现场口译译语与以目的语为语言的新闻报道之间也必然存在互文关系。

然而,口译译语与新闻报道的互文关系一直没有得到学界足够的重视。笔者找到的最早与二者关系有关的研究是斯特奇(Stage,2002)对美国前总统比尔·克林顿的哥本哈根演讲在不同的丹麦语文本中的比较,包括现场同声传译版、电视转播的字幕翻译版,以及四份丹麦报纸的新闻编译版。但斯特奇研究的目的是通过比较不同语类中翻译的差异性,评价翻译质量,以及探讨这些变形是由于文本类型的不同,还是由于译者翻译选择和决策的不同,因此他的研究实际上不涉及本研究讨论的互文关系。奇尔顿(Chilton,2004:xii)认为机构话语分析是"跨文化、跨语言,以及通过翻译"实现的,机构领导人在相关新闻报道中的形象某种程度上是由翻译活动建构和阐释的,但奇尔顿并没有对机构话语分析中的翻译展开分析,认为这是一个"我们不做讨论的话题"

① 再语境化(recontextualization),即话语在从一个社会实践语境到另一语境的流动过程中以某种方式被置换、重新表征和重构,以适应新的语境,参见 Fairclough(2003:32-33,222)。

② 关于车大运的评论,参见温如军、郭媛丹、陶韵西(2013-03-17)。

(Chilton,2004:211)。别尔萨和巴斯奈特关于国际新闻通讯社翻译的研究提及口译译语对新闻报道的影响，并评论道，如果新闻报道中包括讲话的内容，那么"口译员已经为新闻记者做了翻译……而记者则完全依赖口译员的技巧，只是在新闻稿写作时进行必要的编辑……如信息整合和删减"(Bielsa & Bassnett,2011:14)，但两位学者没有继续对此加以讨论。沙夫纳的系列研究通过对同一记者会话语在不同语类中的转换和变形，如对政府记者会/政府领导人访谈/政治家演讲的口译文本、官方网站脚本、联合公告文本和媒体新闻报道文本等的比较和分析，揭示翻译在记者会话语传播过程中的重要性，并呼吁重视翻译在话语分析中的作用(参见第一章第一节)。

　　记者会现场口译作为其中一个语类受到沙夫纳关注，两个主要研究发现为：(1)新闻报道依赖口译译语，在转述记者会源语时完全照搬译语表述，甚至包括口头语(hedging)、重新措辞(rephrasing)等(Shäffner,2010:266;2012b:79)；(2)新闻报道引用口译译语，但大部分并未注明出处，换句话说，译员和口译活动在新闻报道中大多是隐身的(Shäffner,2010:257;2012a:118)，只有极少数报道提及翻译行为，如"普京的讲话是译自俄语"(Shäffner,2010:257)。这两项发现揭示了口译译语与新闻报道之间存在互文关系。然而，虽然沙夫纳明确指出政府官方网站公布的记者会讲话脚本是对口译译语进行细微修正后的版本，如修正小的语法错误，润饰语言等(Shäffner,2012a:109)，但其研究中涉及口译译语的例子大都是取自官方网站发布的脚本，而并非基于现场口译的录音，因此从严格意义上来说，并不是完整的口译语料，如缺少停顿标记、赘语标记等。一些研究语料辅以现场口译视频，但因视频中听不到译员的声音而具有一定的局限性(Shäffner,2015:437)。另外，沙夫纳的研究主要是基于个案的对表层现象的描述性研究，尚未涉及系统的数据分析支持及更进一步的具体化讨论和阐释，因此其研究发现还有很大的继续挖掘的空间。比如，新闻报道中的转述是否都是照搬口译译语？在多大程度上与口译译语一致？是直接引语还是间接引语？是否修改？如何修改？口译对源语的偏移是否在新闻报道中被引用？口译活动在新闻报道中多大程度上是隐身的？在什么情况下可能显身？这些问题是本章研究的起点。

　　话语在跨语言和跨文化的传播中总是在不断的去语境化(decontextualized)和再语境化(recontextualized)，在这个过程中，话语的"价值、意义和功能被不断赋予新的内涵"(Kang,2014:474)，换句话说，跨语言和跨文化的话语传播总是伴随着权力问题(Kang,2007)。在这个意义上，费尔克劳的批评话语分析思想为本章提供了有力的理论框架支持。费尔克劳认为，社会实践构建的社会秩序体现为话语秩序,而话语秩序可以通过特定的互文关系联结来实现,反映在文本表层,就是话语表征。新闻报道中存在大量引用和转述话语,以增添报道的客观性和真实感,涉及两种以上语言转换的记者会新闻转述则一定程度上依赖于现场口译译语作为前语篇。口译译语与新闻报道的互文关系主要体现为话语表征,从某种意义上说,口译活动通过话语表征被动地参与记者会话语在新闻报道中的传播。

　　本章在费尔克劳的理论框架下,以费尔克劳对话语表征方式、来源和表征内容的分类为标准展开讨论,研究问题为:(1)口译译语与新闻转述话语的互文关系呈现何种特点?口译译语以什么方式在新闻报道中被表征?哪些内容被表征?口译活动作为话语表征的来源是被明示还是被隐藏?口译译语与新闻语篇中其他话语的互动关系是怎样的?(2)口译译语在主流英文新闻报道中的转述和接受效果如何?口译活动如何参与国际新闻翻译?对记者会新闻传播有何影响?本章先对研究对象的量化数据进行统计和描述,然后针对有突出特征的案例进行分类解释和阐释。

第二节　新闻转述语料及话语表征互文分析框架

一、记者会口译的新闻转述语料

　　联合记者会指代表两方(或两方以上)政府、机构或团体利益的发言人共同出镜的记者会形式,如 2013 年 6 月 7 日中国主席习近平和美国总统奥巴马在安纳伯格庄园举行的联合记者会、2014 年 10 月 22 日 APEC 成员的财政部部长在北京举行的联合记者会、2015 年 1 月 29 日卓能集团与中原地产在香港举行的联合记者会①,公布地产项目的进展等。其中,两国政府联合记者会一般由两国政府中职位相当的发言人共同出席,有固定的方案和流程,如先由双方进行简短的讲话,告知公众两国领导人或政府代表会谈的成果,"通常是会谈很成功,双方都很有收获",宣布两国"在重大国际政治问题上的统一战

---

　　① 相关新闻稿参见 http://hk.centanet.com/home/ArticleTemplate5.aspx? id＝60111&lang＝sc,访问日期:2020-02-28.

线"(Bhatia,2006:175-176)等,接着政府领导人就两国记者关心的两国和国际重大问题回答提问。两国政府联合记者会是一个国际政治外交事件,也是一个国际媒体事件,通过大众媒体的直播或转播,以及国内外新闻媒体的报道到达国内外受众,引起世界范围内从政治家到普罗大众的广泛关注。本章选择中美政府联合记者会中方译员汉英口译及其英语新闻报道作为语料,中美政府联合记者会由于涉及中美两个大国,受到中国、美国媒体以及其他国际媒体的高度关注,可供筛选的语料比较丰富。

中美政府联合记者会口译语料的来源为互联网上公开的视频资料,选择标准为:(1)由中美政府组织,政府代表出席,如国家元首、总理、国务卿、外交部部长、国防部部长等。筛除中美其他的官方联合记者会,如 2011 年 5 月 18日中国人民解放军总参谋长陈炳德与美军参谋长联合会议主席麦克·马伦(Mike Mullen)在五角大楼举行的联合记者会;(2)语料性质为记者会,包括政府代表与记者的问答互动。筛除中美政府代表的共同致辞、共同讲话,以及不设提问环节的记者会讲话,如 2011 年 1 月 19 日中美两国元首在白宫举行的欢迎胡锦涛主席访美仪式上的联合讲话、2009 年 11 月 17 日胡锦涛主席和奥巴马总统共同会见记者时的讲话;(3)口译形式为交替传译,以方便收集双语音频。筛除采用同声传译的记者会,如 2015 年 9 月 25 日习近平主席与奥巴马总统在白宫玫瑰园举行的联合记者会,以及部分记者会的同声传译部分,如 2011 年 1 月 19 日胡锦涛与奥巴马在白宫举行的联合记者会中胡锦涛主席回答记者提问之前简短讲话的同声传译部分。经过筛选,共搜集到8 场中美政府联合记者会口译语料,时间范围为 1999—2014 年。其中 1999年朱镕基总理和克林顿总统的联合记者会是可找到的资料中最早的中美政府联合记者会,2015 年及以后的中美联合记者会主要使用同声传译。具体信息见表 4-1。

表 4-1 中美政府联合记者会口译语料

时间	地点	中国政府发言人	中方职务	美国政府发言人[①]	中方译员
1999-04-08[②]	白宫	朱镕基	国务院总理	比尔·克林顿	朱彤
2009-02-21[③]	钓鱼台国宾馆	杨洁篪	外交部部长	希拉里·克林顿	译员 A
2011-01-19[④]	白宫	胡锦涛	国家主席	奥巴马	费胜潮
2012-05-07[⑤]	五角大楼	梁光烈	国防部部长	帕内塔	译员 B
2012-09-05[⑥]	人民大会堂	杨洁篪	外交部部长	希拉里·克林顿	译员 C
2013-06-07[⑦]	安纳伯格庄园	习近平	国家主席	奥巴马	孙宁
2013-08-19[⑧]	五角大楼	常万全	国防部部长	哈格尔	译员 D
2014-11-02[⑨]	人民大会堂	习近平	国家主席	奥巴马	孙宁

8 场中美政府联合记者会口译视频总时长约 453 分钟。需要说明的是，本章关注中国政府记者会新闻传播活动，因此仅选取中方发言人话轮以及由中方译员担任翻译的记者提问话轮进行研究，口译方向为汉英口译，口译内容包括中方讲话人开场白、答问、以及中文提问等。其次，本章关注新闻报道中出现的与口译译语及口译活动有关的内容，通过互联网下载记者会的完整视频后，对照新闻媒体的具体报道，进行按需转写[⑩]。

---

① 美国政府发言人的英语人名及职务对照如下：比尔·克林顿（Bill Clinton），美国前总统；希拉里·克林顿（Hillary Diane Rodham Clinton），美国前国务卿；奥巴马（Barack Hussein Obama），美国总统；帕内塔（Leon Panetta），美国前国防部长；哈格尔（Chuck Hagel），美国前国防部部长。

② 视频文件分上下两集，下载地址：http://www.56.com/u38/v_NTMwMjAyOTE.html，http://www.56.com/u43/v_NTgwMzc5MzA.html，访问日期：2015-07-25.

③ 下载地址：http://www.kouyi.org/press/539.html，访问日期：2015-07-25.

④ 下载地址：http://www.kouyi.org/club/thread-387-1-1.html，访问日期：2015-07-25.

⑤ 下载地址：http://www.dvidshub.net/video/154579/panetta-liang-joint-press-briefing#.U5Q-3bKBSu，访问日期：2015-07-25.

⑥ 下载地址：http://www.kouyi.org/press/1850.html，访问日期：2015-07-25.

⑦ 下载地址：https://www.whitehouse.gov/photos-and-video/video/2013/06/07/president-obamas-bilateral-meeting-president-xi-jinping-china，访问日期：2015-07-25.

⑧ 下载地址：http://www.dvidshub.net/video/299112/joint-press-conference#.U5Q9jbKBSuo，访问日期：2015-07-25.

⑨ 下载地址：http://v.ifeng.com/news/world/201411/0116114e-964b-46e1-b1fd-77372747fccd.shtml，访问日期：2015-07-25.

⑩ 与第三章重复的 2 场联合记者会语料为全文转写，转写规范见附录 1。

记者会英语新闻报道语料主要通过两个数据库获得，一是"世界各国报纸全文库"（Access World News），"该库提供超过 8 000 种世界各国国家和地区最受欢迎和普遍阅读的报纸电子版全文，并收录全球主要通讯社、电视台的相关报道"①；二是"ProQuest 报纸数据库"，包括《纽约时报》（*The New York Times*）、《今日美国》（*USA Today*）和《华尔街日报》（*Wall Street Journal*）三种报纸的电子版全文。除此之外，笔者通过中国日报官方网站②和国家图书馆纸质报纸资料库获得了部分语料。选择标准为：（1）国内外主流国际媒体（包括通讯社、报纸、电视、广播等）以及发行量大的地方性报纸；（2）语种为英语；（3）报道内容是关于记者会中方发言人的讲话或回答，或记者会现场的口译活动。数据库和官方网站的筛选方法为：先根据关键词，如"Xi Jinping news conference"（习近平记者会）以及具体的记者会时间确定新闻报道范围，再逐一阅读内容，剔除不相关的报道③。经过筛选，本文建立中美联合记者会英语新闻报道语料库，包括英语新闻报道 85 篇，容量约为 10 万词。具体信息如下：

表 4-2　中美政府联合记者会英语新闻报道语料

类型	来源	新闻源	新闻源缩写	国家/地区
报纸（包括网络版）	数据库	《纽约时报》*The New York Times*, *Late Edition*（East Coast）	NYT（east）	美国
	纸质	《纽约时报》*The New York Times*	NYT（paper）	美国
	数据库	《今日美国》*USA Today*（Mclean, Va）	USAT	美国
	数据库	《华尔街日报》*Wall Street Journal*, eastern edition	WSJ（eastern）	美国
	数据库	《华尔街日报》*Wall Street Journal*（online）	WSJ（online）	美国
	纸质	《华盛顿邮报》*The Washington Post*	WP（paper）	美国

① 参见中国国家图书馆数据库介绍，http://dportal.nlc.gov.cn:8332/zylb/zylb_azlist.htm? page＝lata，访问日期：2015-07-20.
② 参见中国日报官方网站，http://www.chinadaily.com.cn，访问日期：2015-07-20.
③ 由于中美政府联合记者会通常在领导人互访，或国际会议期间举行，因此媒体关注的焦点不限于记者会，还包括领导人的其他言论，如致辞、讲话或会谈，这类报道不进入本研究语料。其次，通讯社是各大报纸的新闻来源，其新闻稿转载率高，为避免重复，剔除报纸中转载通讯社报道的文章。再次，本研究关注交替传译，因而仅涉及记者会同声传译部分的报道不进入本研究语料。

续表

类型	来源	新闻源	新闻源缩写	国家/地区
报纸（包括网络版）	数据库	《纽约每日新闻》*New York Daily News*	NYD	美国
	数据库	《洛杉矶时报》*Los Angeles Times*	LAT	美国
	数据库	《华盛顿时报》*The Washington Times*	WT	美国
	数据库	《西雅图时报》*The Seattle Times*	ST	美国
	数据库	《金融时报》*Financial Times*	FT	英国
	数据库	《卫报》*The Guardian*	TG	英国
	数据库	《卫报》*The Guardian*（Web Edition Articles）	TG（web）	英国
	数据库	《泰晤士报》*The Times*	TT	英国
	数据库	《每日电讯报》*The Daily Telegraph / The Sunday Telegraph*：Web Edition Articles（London）	DT（web，London）	英国
	数据库	《独立报》*The Independent / The Independent on Sunday*：Web Edition Articles	TI（web）	英国
	数据库	《每日电讯报》*Daily Telegraph*（Sydney）	DT（Sydney）	澳大利亚
	数据库	《澳大利亚人报》*The Australian*	TA	澳大利亚
	数据库	《南华早报》*South China Morning Post*	SCMP	中国香港
	数据库	《海峡时报》*The Straits Times*	TST	新加坡
	官网	《中国日报》*China Daily*	CD（web）	中国
	官网	《中国日报》*China Daily*（USA）	CD（USA）	中国
通讯社	数据库	美联社 *The Associated Press* News Service	AP	美国
	数据库	美联社 *The Associated Press*，Financial News	AP（financial）	美国
	数据库	合众社 *United Public International News Track*	UPI	美国
	数据库	美国有线新闻网 Cable News Network	CNN（wire）	美国
	数据库	新华社 Xinhua News Agency	XHA	中国
	数据库	新华社 Xinhua News Agency Economic News	XHA（economic）	中国

续表

类型	来源	新闻源	新闻源缩写	国家/地区
脚本	数据库	美国国家公共电台 National Public Radio(show)	NPR(show)	美国
	数据库	美国有线新闻网 Cable News Network(newsroom)	CNN(newsroom)	美国
博客	数据库	美国国家公共电台 National Public Radio(blog)	NPR(blog)	美国
总计		31	31	6

表 4-3　英语新闻媒体对中美政府联合记者会的报道情况

新闻源缩写	1999 朱	2009 杨	2011 胡	2012 梁	2012 杨	2013 习	2013 常	2014 习	总计
NYT(east)	3	1	2		1	1			8
NYT(paper)					1			1	2
USAT	2		1						3
WSJ(eastern)	2		1	1					4
WSJ(online)						1	1	2	4
WP(paper)					1				1
NYD	1		1						2
LAT		1							1
WT	1								1
ST	1								1
FT	2	1	1	1					5
TG			1						1
TG(web)		1						1	2
TT	1		1						2
DT(web，London)				1				1	2
TI(web)								1	1
DT(Sydney)	1								1
TA				1					1
SCMP				2					2

续表

新闻源缩写	1999 朱	2009 杨	2011 胡	2012 梁	2012 杨	2013 习	2013 常	2014 习	总计
TST					1				1
CD(web)					1				1
CD(USA)							1	1	2
AP	2	2	4	1	2			1	12
AP(financial)						1	1		2
UPI			1			1			2
CNN(wire)			2		1			1	4
XHA	1	1	2		3		1		8
XHA(economic)			1			1			2
NPR(show)	1		1						2
CNN(newsroom)			1			1		1	3
NPR(blog)			1					1	2
总计	18	7	21	2	14	8	4	11	85

注：表格中的数字表示新闻报道的篇数。

根据表 4-2，本研究建立的英语新闻报道微型语料库覆盖 5 个国家（中国、美国、英国、澳大利亚、新加坡）23 个新闻媒体机构的 31 种新闻源（区分同一新闻机构不同的发布渠道），其中 21 种新闻源为报纸（包括纸质报纸、电子版和网络新闻①），6 种为通讯社新闻稿，3 种为电视或广播直播节目的文字脚本，1 种为新闻博客。根据表 4-3，国际新闻媒体对记者会中方发言人讲话及相关口译活动的 85 篇报道中，2011 年胡锦涛与奥巴马记者会报道的篇数最多，为 21 篇，其次是 1999 年朱镕基和克林顿记者会报道，为 18 篇，2012 年梁光烈与帕内塔记者会报道的篇数最少，为 2 篇；新闻媒体中，美联社的报道总数最多，为 14 篇（包括美联社经济新闻），其次是《纽约时报》（包括东海岸版和纸质版）和新华社（包括新华社经济新闻），均为 10 篇；对单场记者会报道篇数最多的是美联社，为 4 篇，其次是《纽约时报（东海岸版）》和新华社，均为 3 篇②。

---

① 电子版一般为纸质报纸的电子化形式，网络新闻一般为通过网络形式传播的文章，与该报纸纸质版的内容不完全相同。

② 具体的新闻报道篇目信息（文章名称、作者、发布时间、版面等）见附录 3。

本研究主要关注新闻报道对记者会口译的互文转述，因此对照自建新闻语料库中对记者会口译内容的转述情况，对现场口译视频进行转写，最终得到125 个口译译语语段和相应的 279 段①新闻报道转述，如表 4-4 所示。除此之外，口译活动作为记者会活动的副产品，也在部分新闻报道中得以呈现，在不涉及具体记者会话语内容的新闻报道中共有 6 处对口译活动的指涉或评论，如表 4-5 所示。

表 4-4　口译译语与相关新闻报道的转述情况

类别	1999 朱	2009 杨	2011 胡	2012 梁	2012 杨	2013 习	2013 常	2014 习	总计
口译译语	30	5	17	5	21	15	19	13	125
新闻报道	67	13	57	5	48	27	24	38	279

注：表格中的数字表示口译译语语段和新闻转述语段的数量。

表 4-5　口译活动(不涉及具体记者会话语内容转述)的报道情况

类别	1999 朱	2009 杨	2011 胡	2012 梁	2012 杨	2013 习	2013 常	2014 习	总计
对口译员/口译行为的指涉或评论	1	0	3	0	0	2	0	0	6

注：表格中的数字表示涉及口译活动指涉或评论的新闻报道语段数量。

在这 6 例对口译活动的指涉或转述中，3 例为明示口译来源（2011 胡，1例；2013 习，2 例），3 例为新闻报道对译员或口译行为的评论（1999 朱，1 例；2011 胡，2 例）。

下文引入费尔克劳的互文观，并结合语料的具体特点作适当修改，搭建本章分析框架。

二、话语表征互文分析框架

费尔克劳认为话语表征（discourse representation）是最常见的表层互文，是显性的"再语境化"，指对他文本的引用和转述，包括语言特征、内容、话语组

①　本章的新闻报道语段是根据对口译译语的转述来划分的，将一处与口译译语有关的转述作为一个语段。因此，本章的新闻报道转述语段包括大于句子的段落，也包括小于句子的成分。

织方式、话语环境、语气等。话语表征是深层互文的外显形式,反映了话语对现实的建构,换句话说,引用什么以及如何引用体现了话语发出者的知识、经验,以及意识形态倾向。费尔克劳关于话语表征的互文分析框架主要回答两个问题,一是被表征话语与原话语之间的关系;二是被表征话语与转述语境之间的关系。这正好契合了本研究考察记者会口译在新闻报道中的转述情况,以及被转述的译语与新闻报道其他话语之间关系的目的。因此,本研究在费尔克劳的理论框架下,通过对话语表征方式、内容以及来源的分类分析,讨论口译译语作为话语表征在新闻报道对记者会话语建构过程中的参与作用。

在费尔克劳看来,话语表征体现出不同声音的交织,而不同话语表征类型最重要的区别是互文界限的清晰度和互文介入程度,即是否忠实地引用原文,是否明确说明是对原文话语的重现,是否将他人话语与作者自己的话语明确地区分开来等。费尔克劳主要以是否有引号、引述分句和话语内容区别直接引语、间接引语、自由间接引语和言语行为的叙述这四种类型的话语表征方式,另外,话语表征的具体分析要点还包括表征内容的选择和剔除、表征内容与作者话语的关系以及表征内容之间的关系等(Fairclough,2003:192)。但费尔克劳的论述主要是针对单语文本,笔者在其基础上做修改,以适合对记者会口译及其在新闻报道中转述情况的分析,服务于本章的研究内容和研究目的。本章的话语表征分析框架见表 4-6。

表 4-6　口译译语在新闻报道中的话语表征分析框架

分类标准	类别	说明
表征方式	直接引语	有引号,一般有引述分句,也包括没有引述分句的自由直接引语
	间接引语	无引号,一般有引述分句,也包括没有引述分句的自由间接引语
	部分引语	特殊的直接引语,所引话语不是完整的句子,且通常以间接引语或言语叙述作为铺垫和背景
表征内容	完全引用	与译语完全对应(不考虑口译中的"嗯""啊"等口头表达中的赘语)
	修饰译语	改变主语或时态以满足语篇语法需要/细微的语法或词汇修饰,如 would—will, the—a, then—so
	修改译语	添加、删除、同义近义程度词替换/修改,但句式基本不变
	重组译语	改变句式,或综合两句以上的内容进行总结式叙述
表征来源	明示口译来源	明确说明该话语经过口译语言转换,如"通过译员"(through an interpreter)
	隐藏口译来源	不显示口译员对所引话语的贡献

　　本章考察口译译语与新闻转述的互文关系，通过对比新闻转述内容与口译译语的相似程度，分析口译译语在新闻报道中被转述、表征、再语境化的情况，并由此讨论口译译语在记者会话语新闻传播中的参与作用。因此，不同表征方式对记者会具体讲话内容的转述、表征话语对译语内容的忠实度、以及表征话语对口译来源的明示与隐藏是本章关注的焦点。其中，表征方式以引号和引述分句的使用为标记，表征内容通过译语和转述内容的对应程度来标识，表征来源以是否明确转述内容的翻译来源于现场译语为标记。

　　具体而言，首先，如表 4-6 所示，本章考察三种表征方式，直接引语、间接引语和部分引语。其中，笔者将费尔克劳分类中的自由间接引语并入间接引语类别，因为这两类引语的主要区别是自由间接引语没有引述分句，而引述分句是被引话语来源的标志，在本研究中指记者会源语的发出者来源，这不在本章的讨论范围内；同时，本研究认为直接引语类别包括自由直接引语；另外，本研究不考虑"言语行为的叙述"类别，因为这类叙述是对话语行为的总结归纳，不涉及具体的话语表征内容，这样无法判断所叙述的内容是否以口译作为互文来源，也就无法与口译译语作比较。

　　除此之外，"部分引语"类别是笔者在前人基础上提出的分类。费尔克劳在论及新闻报道时提到两种特殊的表征方式，一种是从间接引用或叙述"滑向"（slip into）直接引用，这种表征方式中引号内的部分通常大于词和词组，但不构成完整的句子，如"撒切尔夫人警告内阁她将'不会支持任何倒退'"（Mrs. Thatcher warned cabinet colleagues that she would 'not stand for any backsliding'）（Fairclough，1995：55）。叙述者在间接引用或叙述中嵌入直接引语，一方面预设语境，通过叙述者声音和他文本声音的混合交响，模糊直接引语的边界，引导甚至操纵读者对引语内容的理解和阅读体验，另一方面通过引号的使用突出了叙述者想要强调的内容。但不可否认，"直接引语的嵌入使得间接引述中强烈的叙述者声音受到削弱，叙述过程呈现出一定的客观性"（Vološinov，1973：134）。这类引语被沃洛西诺夫称为"预置直接引语"（preset direct discourse）（Vološinov，1973：134），在费尔克劳的研究中则被认为是一种特殊的直接引语（a sub-type of DD，Fairclough，1995：55）。

第二种为"警示引语"（scare quotes）（Fairclough,1992:119）[①]，如"公司负责人表示对这一情况'不清楚'"，这类引语同样出现在叙述过程中，但通常只是在某个词、短语或词组上加引号。一般认为，警示引语的使用带有明显的感情色彩和意图，或意在与所引内容保持距离，说明所引内容来自他文本，不代表叙述者的立场；或意在表明所引词组或短语不是常规用法而是带有新的含义；或暗示叙述者持有一定的讽刺、怀疑或惊讶态度，表明叙述者观点与所引内容不一致（Fairclough,1992:119-120；张立英、徐勇,2013:33）。由于警示引语引用的是单个词或短语，因而在叙述中所起的强调作用非常突出。本章搜集的新闻转述报道语料中，预置直接引语和警示引语这两种表征方式均有出现，笔者将这两种方式统一于"部分引语"类别下，认为"部分引语"是特殊的直接引语，所引用的话语不是完整的句子，而是词、词组或是句子中大于词组的部分，且这类引语通常以间接引语或言语叙述作为背景。这样分类的原因有二，其一，预置直接引语和警示引语存在相通之处，即二者都在间接引述或叙述中出现，且所引用的部分都不是完整的句子；其二，本章语料中部分引语出现的位置多样，包括句首、句中、句末等情况，而费尔克劳和沃洛西诺夫所说的"预置直接引语"主要出现在句末，"警示引语"的定义则不限制其出现的位置，换句话说，"部分引语"类别的涵盖面更广。当然，在总体分类的基础上，笔者将在具体案例讨论时根据需要对预置直接引语和警示引语进行区别分析。

需要说明的是，由于部分引语是以间接引语或言语叙述为铺垫或背景的特殊的直接引语，因此部分引语所在的语段通常为混合表征语段，即间接引语和部分引语混合，或言语叙述和部分引语混合。笔者在统计这类语段的表征方式和表征内容时将计算 2 次，分别统计间接引语的数量和内容忠实度，以及部分引语的数量和内容忠实度（言语叙述则不纳入考虑范围）。这种计算方式参考费尔克劳（Fairclough,1995:56）将语段中的间接引语和预置直接引语分别统计的做法，也参考辛斌（2005:118）将警示引语所在语段统计为间接引语的做法。

其次，表征内容上，如表 4-6 所示，笔者根据新闻报道对口译译语内容转

[①]　"scare quotes"的汉译尚无定论，主要有"部分投射"（裴燕萍,2007:32）、"异常引述"（王振华,2009:37）、"警示引语"（辛斌,2013:49；高小丽,2013:65）、"悖义引用"（张立英、徐勇,2013:33）等。笔者认为"scare quotes"带有较强烈的意图色彩，拥有较多功能，如保持距离、着重强调、警示或是悖义等，这些功能的共同之处是突出被引内容，吸引读者对引号内话语的注意力，"警示"这一译法较为妥帖。另外，"投射"的表述与"quote"的外延不完全对应（关于"投射"的措辞讨论，见王振华,2009:38）。故本文借鉴辛斌和高小丽的译法，译为"警示引语"。

述的忠实和贴合程度，从高到低划分"完全引用""修饰""修改""重组"四个类别①。"完全引用"是逐字逐词的引用，贴合度最高；修饰只是对译语作细微的语法修改，大体上忠实于译语，接近于完全引用；修改类别表现出明显的记者和编辑介入的声音，是混合交响；而重组类别只忠实于记者会话语的意义，通过重新措辞、调整句式结构等方式重组话语表达，所以互文介入的程度最高，甚至已经分辨不清被引话语是来自译语，是新闻记者自己的翻译，还是来自其他渠道。可以说，表征内容从"完全引用"到"重组"反映了新闻报道与现场口译译语的互文关系由强转弱。虽然费尔克劳认为表征内容的"忠实"程度是直接引述和间接引述之间最大的区别（Fairclough，2003：49），但他也指出新闻报道中这种"忠实"的情况十分复杂，因为新闻报道常常修改原话但仍然加上引号，或是引用原话但不加引号（参见 Fairclough，1995：56-57；辛斌，2005：121）。正是由于新闻报道中直接引语加引号而不忠实，间接引语不加引号却完全忠实于原话的这种复杂性，本研究将分别考察直接引语、间接引语和部分引语这三种表征方式中表征内容的忠实度，以全面了解口译译语在不同表征方式中的转述情况。

再次，表征来源上，本研究不考虑记者会源语的发出者来源，如"President Hu said"（胡锦涛主席说），主要分析新闻报道对口译来源的表征情况，如"as transalted by an interpreter"（如一位译员所翻译的）（Stout，1999-04-09），并划分"明示"和"隐藏"两个类别。

表 4-7　新闻报道对口译活动（除译语转述之外）的指涉和评论分析框架

分类标准	类别	说明
内容	口译员	对口译员的指涉和评论
	口译行为	对口译行为的指涉和评论
来源	明示口译来源	明确说明该话语通过译员说出

除对记者会口译的内容进行互文转述外，如表 4-7 所示，一些新闻报道中出现了对口译活动这一记者会副产品的指涉或评论，具体可从内容和来源两

---

① 这里需要说明两点。第一，这四个类别的归类遵循"就低"的原则，即如果出现句式变化，就归入"重组"类别，不考虑同一句中其他的修饰或修改，如果既有修饰部分，也有修改部分，归入"修改"类别。第二，为取得一致性，归入"修改译语"类别的译语语段中如出现修饰性的改动，如改变主语以满足语篇语法需求或更替定冠词和不定冠词等，不计入其"添加、删除和替换/修改"的统计。

个方面进行分析。本研究将基于以上语料和分析框架进行具体的分类讨论。

第三节　记者会口译的新闻话语表征特征及讨论

一、总体特征

根据"口译译语在新闻报道中的话语表征分析框架"（见表 4-6），笔者从译语表征方式、译语表征内容和译语表征来源三个方面对 279 段新闻报道的互文表征情况进行统计。

首先，就译语表征方式而言，由于部分引语所在的 66 个语段中有 56 个语段为间接引语和部分引语的混合表征，这部分语段被统计了 2 次，而其余 10 个言语叙述和部分引语的混合表征语段仅统计 1 次，即统计部分引语的数量（关于部分引语的概念，详细讨论见第四章第二节），最终有 335 例话语表征纳入分析范围。具体分布情况见图 4-1。

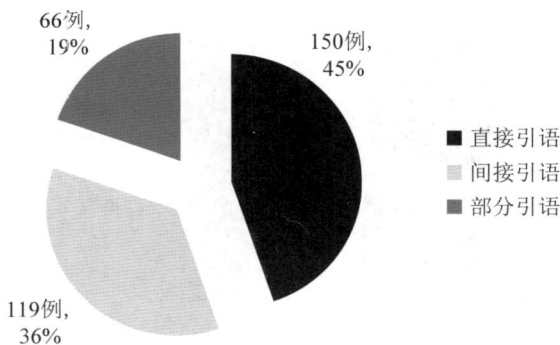

图 4-1　新闻报道中译语表征方式的分布情况

由图 4-1 可知，新闻转述语料库 335 例话语表征方式中，直接引语占据比例最大（约 45%），间接引语次之（约 36%），部分引语所占比例最小（约 19%）。如果将直接引语和部分引语合并统计，则语料中有引号引语的比例超过半数，这说明本章语料库新闻报道中大部分转述都声称是对原话语的原样照搬，大量口译译语被作为忠实的原话嵌入新闻报道者的话语和语境中，或是展现出清晰的两种声音，或是在新闻话语叙述的背景渲染中出场。间接引语所占比例约为三分之一,略少于直接引语的比例,说明相当一部分引语中新闻语篇作者的声音与原话语声音混合在一起,新闻机构通过重新编织话语形式和内容向受众呈现其所理解的原话语,使二者的界限难以分辨。

前人对新闻转述研究的发现不尽相同,如费尔克劳关于英国新闻媒体对本国下议院一份药物滥用报告的研究显示,直接引语(加上预置直接引语)的比例和间接引语总体上基本相当(Fairclough,1995:56);辛斌关于以色列特工刺杀"哈马斯"领导人的英语新闻报道研究显示,新闻报道呈现出明显的"间接引语的倾向"(辛斌,2005:119);王晨燕(2014)关于《纽约时报》涉华报道的研究显示,总体而言间接引语使用最多,但关于政治外交话题的报道却是直接引语占比最大。笔者认为,这几项研究结果的不完全一致可能与所选取语料的不同类型、不同范围有关,同时,前人的几项研究均未考虑新闻报道中的翻译因素,如费尔克劳的研究针对的是单语传播,辛斌和王晨燕的研究则涉及口译或新闻翻译活动,但均没有明确说明,这也一定程度上影响了对比分析研究的进一步深入。

其次,就译语表征内容而言,335 例话语表征中转述话语对口译译语的忠实度情况见图 4-2。

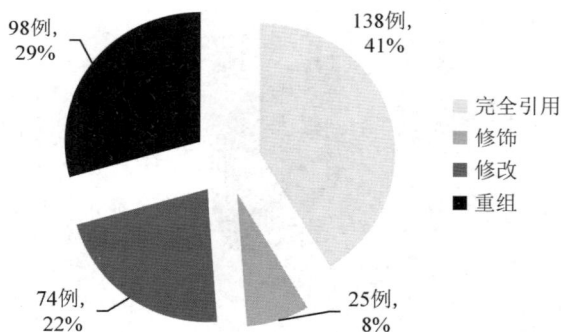

图 4-2　新闻报道中译语表征内容忠实度的分布情况

根据图 4-2,新闻报道对记者会话语的转述中,完全引用现场口译译语占比最大(约 41%),如果加上仅对现场译语作细微修饰的转述,则新闻报道中接近半数的话语表征案例基本忠实于口译译语。这与沙夫纳关于新闻报道依赖口译译语,甚至对一些口语赘词也完全照搬的发现基本一致,且通过量化数据细化了沙夫纳的研究,说明口译译语对新闻报道确有一定影响,新闻报道的话语表征在涉及语言转换时几乎有一半是逐字逐句地引用口译译语的表述。

比沙夫纳更进一步,新闻报道话语表征中对译语的修改和重组共占总数的 51％,其中重组的比例略高于修改,换句话说,新闻报道中记者和新闻编辑声音的介入,或者说新闻机构对记者会话语表述的操控非常强势,这也符合我们对新闻报道的一般认识。在此基础上,口译译语在新闻报道的互文转述中何时、如何被修改和重写,以及新闻机构对口译译语的忠实引用或重写对记者会话语在新闻报道中的传播产生什么样的影响,值得继续深入分析。另外,即使在译语的完全引用中也存在着新闻机构的互文介入,如新闻报道引用译语中的哪些内容,又如当口译译语与记者会源语不一致时,新闻报道是遵循译语的表述和措辞,还是记者会发言人的原话等,这些问题将在下文详细讨论。

再次,由于表征来源在每个转述语段中只出现 1 次,笔者以新闻转述语段为单位,统计新闻报道中译语表征来源的分布情况,见图 4-3。

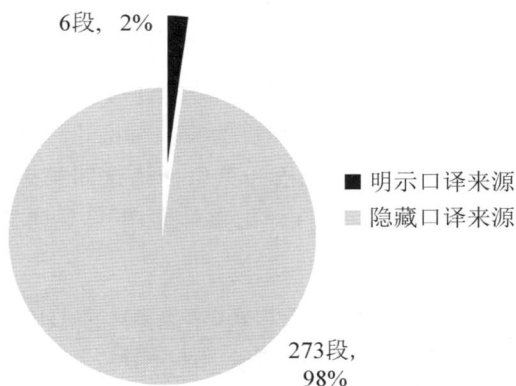

图 4-3　新闻报道中译语表征来源的分布情况

图 4-3 统计显示,279 个转述语段中仅有 2％明确表明话语来源是通过口译(有的报道称翻译)。这一发现与沙夫纳一致,即虽然新闻报道大量引用口译译语,却很少注明出处,译员和口译活动在大部分情况下是隐身的。

总体来说,口译译语与新闻转述报道存在着显著的互文关系,新闻报道的话语表征案例中接近半数是对记者会口译的忠实引用。但同时,新闻报道中存在着相当复杂的新闻机构的互文介入,其表现之一是对口译译语的再语境化处理,如修改、重组、重述译语、为直接引用译语预设语境等。从来源上看,口译活动在这个互文转换过程中基本处于隐身状态。

下文将从不同表征方式、不同媒体机构、译员自我修正、口译译语偏离、新闻报道中口译活动的指涉和评论五个方面进行分类讨论。

二、译语忠实度在不同表征方式中的互文分析

对新闻语篇中话语表征的研究表明，直接引语不一定都完全忠实于原话，间接引语也可能是对原话的忠实转述（参见 Fairclough，1995:56-57；辛斌，2005:121）。新闻媒体在这一点上有很大的决定权，正如盖斯（Geis，1987:10）所说，"也许新闻媒体最大的权力就是它能够决定什么时候哪些问题更重要，以及在哪些问题上听见谁的声音"。因此，为了更好地分析记者会口译译语在355 例新闻报道话语表征中的互文情况，我们有必要对不同表征方式中译语内容的引用和忠实度情况进行比较（见表 4-8、图 4-4）。需要说明的是，就忠实度而言，完全引用的忠实度最高，译语修饰次之，译语修改夹杂着明显的新闻记者和编辑介入的声音，而译语重组的忠实度非常低，已经分辨不清被引话语是来自译语，是新闻记者自己的翻译，还是来自其他渠道。

表 4-8 以案例数量为单位，以忠实度为分类标准，显示不同表征方式中分别符合完全引用、修饰译语、修改译语和重组译语这四类忠实度的案例数量，图 4-4 则以同一组数据为来源，以百分比为单位，更直观地显示四类忠实度在不同话语表征案例中的占比情况。

表 4-8　新闻报道不同表征方式中译语忠实度的分布情况

表征方式	完全引用	修饰译语	修改译语	重组译语	总计
直接引语	75	15	46	14	150
间接引语	10	6	20	83	119
部分引语	53	4	8	1	66
总计	138	25	74	98	335

注：表格内的数字表示新闻报道话语表征的案例数量。

由图 4-4 可知：第一，记者会口译在新闻报道的直接引用和部分引用中，译语和转述内容的对应程度较高，而间接引用中，二者的对应程度较低。比如，直接引语和部分引语中比例最高的均是完全引用；间接引语中译语重组的比例最高，完全引用和修饰译语的比例较低，分别占 8％和 5％。换句话说，本章语料库中的新闻报道在对口译译语进行转述时，大部分带引号的转述都与译语完全对应，互文忠实度高，互文介入程度低，而不加引号的转述则倾向于对转述内容进行词汇和句式上较大的改动，互文忠实度低，互文介入程度高。这一定程度上反映了新闻媒体对现场口译译语内容和措辞的重视，对完全忠实的转述大多加上引号，而对修改内容和措辞的转述则大多不加引号。

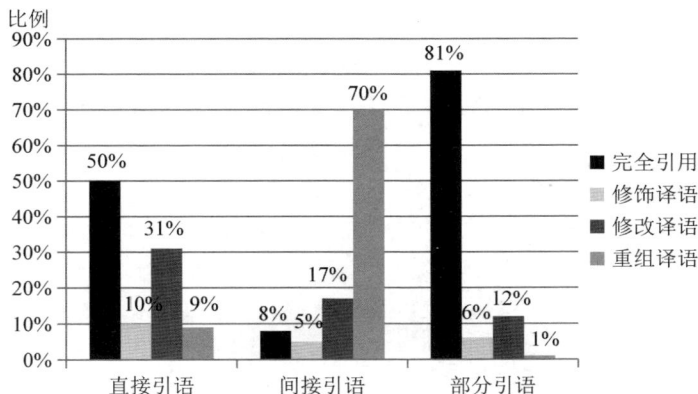

图 4-4　新闻报道不同表征方式中译语忠实度的比例分布

第二,部分引用中的译语忠实度高于直接引语。主要表现为直接引语中完全引用占比 50%,而部分引语中,完全引用则高达 81%,且部分引语中译语重组的比重仅为 1%,说明新闻媒体在间接或叙述话语的语境预设中进行直接引用时,更倾向于在引号内忠实于口译译语。

例 4-1

2011 胡_源语:我们将继续提高人民的生活水平,推进民主法治建设。

2011 胡_译语:We will continue our effort to improve the life of Chinese people, and we will continue our efforts to promote democracy and the rule of law in our country.

2011 胡_UPI:Hu said, "China will pursue efforts to improve the lives of its people and to promote democracy and the rule of law".

2011 胡_NPR:"We will continue our effort to improve the life of Chinese people" and to encourage democracy.

该例为中国国家主席胡锦涛在 2011 年中美联合记者会上的发言,对比美国合众国际社(UPI)和美国国家公共电台(NPR)的新闻报道,前者的直接引语在现场译语的基础上进行了修改,后者的部分引语则在引号内完全忠实于现场译语。相较于直接引语,部分引语的忠实度更高。

第三,三种表征方式中,修改译语均居于次位,而修饰译语的比例为最低或接近最低,说明新闻转述话语对现场口译的忠实程度大致呈现两极分化状态,要么以忠实引用为主,要么以词句重组为主,居中的是对译语进行一定程度的修改,但少有进行细微修饰的译语转述。

为进一步分析口译在新闻转述中被修改的程度和具体方式,对"修改译语"类别进行细化,包括添加、删除和替换三种类型。统计三种手段出现的频次,见图 4-5。

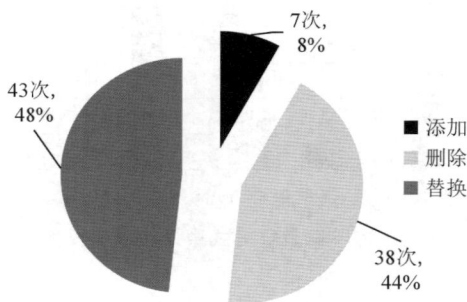

图 4-5　三种修改手段出现频次的比例分布

由上图可知,译语修改的三种手段在新闻转述中共出现 88 次,出现频次大于话语表征中对译语进行修改的案例数量(74 例,见图 4-2),说明某些修改译语的案例使用了两种或两种以上的修改手段。其中,替换和删除手段占绝大多数,替换手段约占 48%,删除手段略少于替换,约占 44%,而添加的比例最小,仅占 7%。

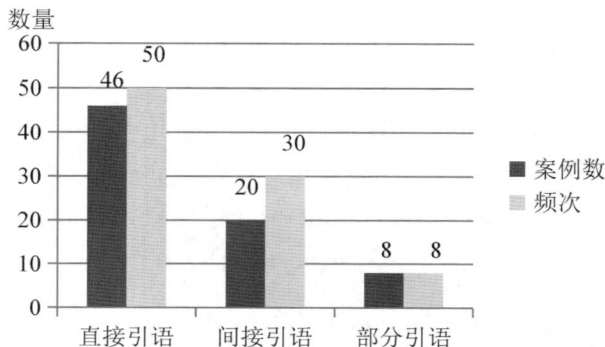

图 4-6　不同表征方式中译语修改案例与译语修改频次的对比

将三种表征方式中译语修改的案例分布情况与译语修改出现的频次进行对比(见图 4-6)则可以发现,间接引语类别的差异最大(20 个话语表征例子中出现 30 次修改),而其他两种表征方式中译语修改案例数与修改频次的差别较小或没有差别,这说明新闻报道在对口译译语进行间接引用时,使用的修改手段最多也最复杂。统计三种修改手段在不同话语表征方式中出现的频次分布,结果见图 4-7。

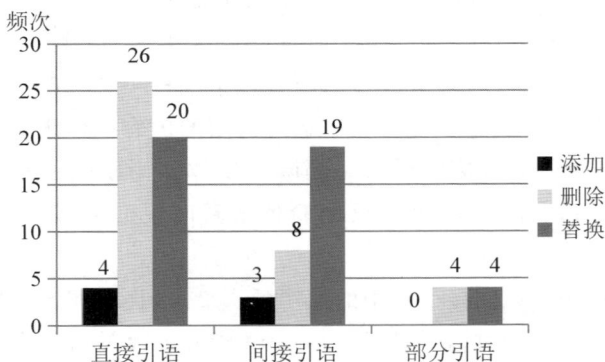

图 4-7　三种修改手段在不同话语表征方式中出现频次的分布情况

根据图 4-7 可知:第一,在三种不同表征方式的分布中,添加手段所占比重均为最小,出现的总频次也为最低(见图 4-5),这说明新闻媒体在对现场口译译语进行修改时,不轻易增加词汇或信息,而更倾向于选择同义/近义词替换,以及使用删除手段来施加媒体对话语表述的介入性影响,强调媒体所要表达的内容。删除手段在直接引语中的使用频率最高(超过 50%),换句话说,媒体在直接引用现场译语时,即使是对译语进行修改,也较少更改措辞,主要通过删除译语内容来整合信息。

例 4-2

2014 习_源语:中国人权事业取得巨大的成就,这是有目共睹的事实。在人权问题上没有完成时,只有进行时。

2014 习_译语:China has made enormous progress in its human rights. That is a fact recognized by all the people in the world. On the question of human rights, we should never consider our work to be mission accomplished. It's always work in progress.

2014 习_CNN:"China has made enormous progress and that's a fact," Xi said. "On the question of human rights, we should never consider our work to be mission accomplished."

例 4-2 是中国国家主席习近平 2014 年在中美联合记者会上的发言。美国有线电视新闻网(CNN)的直接引语删除了两处解释性内容——"in its human rights"（人权事业）和"recognized by all the people in the world"（有目共睹），将两句话合并为一句话。可以看出，删除后的直接引语没有改变原话语的核心意思，基本不影响读者理解。根据别尔萨和巴斯奈特的研究（Bielsa & Bassnett,2011:64），删除信息的原因很多，或由于该信息是目标受众已知的；或由于该信息所涉及的内容过于细枝末节；或出于篇幅需要而缩短引用的词数；或是为了突出媒体想要引用的内容。但无论如何，超过一半的涉及修改译语的直接引语只是删除了媒体认为多余的信息或词汇，其余部分仍然沿用译语措辞，这从反面验证了新闻报道中直接引用忠实度高的发现。

第二，替换手段在间接引语中的使用频次最高，且显著高于其他两种手段的使用，说明间接引用时，新闻媒体对口译的修改更倾向于更换措辞，通过词汇意义的改动来介入和影响话语表述。

例 4-3

2011 胡_源语：中国始终致力于保护和促进人权。

2011 胡_译语：China is always committed to the protection and promotion of human rights.

2011 胡_Financial Times：China is always concerned about promotion and protection of human rights，Hu said.

例 4-3 显示，《金融时报》（*Financial Times*）在对译语的间接引用中，交换了"promotion"（推进）和"protection"（保护）的位置，将 "committed to"（致力于）替换为"concerned about"（关注），这一替换一定程度上弱化了说话人坚定致力于人权事业的决心和意图。替换手段的高频使用呼应了新闻报道中间接引用忠实度低的发现，从某种程度上说，间接引用中的译语修改更接近译语重组。

除此之外，新闻报道语料中有两处对修改/修饰译语进行了显性化处理，两处都在直接引语中出现，具体见例 4-4，例 4-5：

例 4-4

2012 梁_源语：我(.)谈的时候(.)这个(.)帕内塔部长(.)他也讲到，不同意有些说法，是美国的网络攻击是中国人干的。

2012 梁_译语：And during the meetings, Secretary Panetta also agreed on my point that we cannot attribute all of the security (er..) cyber attacks to United States to China.

2012 梁 _ AP：Gen. Liang Guanglie，China's minister of national defense，offered a vigorous defense of his country，saying through an interpreter that，"… We cannot attribute all of the cyber attacks（against the）United States to China".

例 4-5

2013 常_源语：任何搬弄是非、蓄意挑衅，或者（.）为一己之力，肆意妄为，使局势复杂化、扩大化的行为都是不负责任的，也不会有好的结果。

2013 常 _ 译语：Any action that leads to trouble or provocation，any action（er..）un … unwanted action out of the（er..）self-interest or（er..）further complicates or manifies the situation would be highly irresponsible（er..）and will not lead to a favorable result.

2013 常 _ AP（financial）："Any action that leads to trouble or provocation，any unwanted action out of self-interest or（that）further complicates or magnifies the situation would be highly irresponsible and will not lead to a favorable result."

例 4-4 美联社对梁光烈讲话的直接引用中，先是接受了现场口译员对译语的修正（关于译员自我修正的分析，参见本节第四点），然后将译语中的"to"修改为"against the"，并加上括号，明确表明此处修改是新闻作者的行为。例4-5 美联社（经济新闻）对常万全讲话的直接引用中，也接受了现场译员的自我修正，接着出于语法考虑添加"that"并用括号明确表示[①]。新闻报道对来源话语进行修改和重写是非常普遍的现象（Bielsa & Bassnett，2011：63），不同来源的话语常常被混合在一起，或被切割、打乱顺序，整理编辑成符合报道需求的语篇，对这一过程一般不作说明。但上文的两个例子表明，新闻报道中存在对来源话语所做修改进行明示的现象，且这两个例子中明示的修改/修饰都不是实词，而是具有衔接功能的介词或关系代词，更突显出新闻报道对现场口译措辞的重视。虽然这两个例子不足以总结规律，也无法量化归因，但从一个侧面再次印证了新闻报道在直接引用时很大程度上依赖于现场口译译语，并

---

① 这里需要说明，例 4-2 的新闻引述语段，由于同句中出现对译语的删除，根据本文拟定的"就低"原则（见第四章第二节），归入"译语修改"类别，因此语段中对译语进行的添加"that"的修饰处理不计入"译语修饰"类别的统计。

尊重现场译员的措辞表达。

总之,通过对口译译语忠实度在不同表征方式中的分析,笔者发现:(1)总体而言,新闻报道引用口译译语的忠实度大致呈现忠实和重组两极分化的趋势:直接引语和部分引语多完全忠实的引用(其中部分引语的忠实度高于直接引语),间接引语多对译语进行重组,译语修饰在新闻报道话语表征中较少使用;(2)就译语修改而言,间接引语使用的修改手段最多;直接引语中的译语修改主要体现为删除内容,但仍沿用译语的措辞,因此总体上趋向忠实引用,而间接引语中的修改多使用替换手段,总体上趋向译语重组;添加手段在三种话语表征方式中均较少使用,说明新闻报道对于添加词汇或信息相当谨慎;(3)口译译语引用的忠实度显示出新闻报道对现场口译译语表述和措辞的重视、依赖和尊重:对完全忠实的引用加引号,对改动较大的引用不加引号;在带引号的直接引用中还出现两处对修改部分添加括号的例子,明示与原话语(译语)的措辞有所区别。

这两项发现进一步印证了对口译译语和新闻转述互文关系总体特征的描述,也进一步细化了沙夫纳对于新闻报道高度依赖口译译语的论断,证明新闻报道中的直接引语和部分引语不仅是表面上"声称"忠实于原话,而且实际上确实以完全忠实的引用为主,即使存在修改的现象,也趋向于忠实。另外,新闻媒体对口译译语的依赖主要体现在对译语进行带引号的引用,而不加引号的间接引语中则多种声音并存,互文界限模糊。

三、话语表征在不同新闻机构中的互文分析

分析口译在不同新闻机构中被引用、转述和接受的情况,关注地域和机构异同,有助于更进一步描绘记者会口译在新闻话语转述中的传播轨迹。本章新闻转述语料库涉及5个国家23个新闻媒体机构的31种新闻源,但国家和机构的新闻源分布非常不平均(见表4-3),因此笔者选取最有代表性,同时也是单机构新闻报道总数最多、数量最接近的三个机构作比较,分别为《纽约时报》(包括两个新闻源,东海岸版和纸质版)、美联社(包括两个新闻源,美联社新闻和美联社经济新闻)和新华社(包括两个新闻源,新华社新闻和新华社经济新闻)。从地域上看,这三个机构涉及中国和美国,覆盖国内媒体和国外媒体;从机构性质上看,三个机构包括通讯社和报社这两大机构类型;从典型性上看,美联社和新华社分别是美国和中国最大的通讯社,而《纽约时报》是美国发行量最大的报纸之一。三个新闻机构相关新闻报道的语料信息见表4-9。

表 4-9 《纽约时报》、美联社和新华社新闻转述语料信息

机构名称	报道篇数	转述语段	话语表征案例
纽约时报（NYT）	10	29	33
美联社（AP）	14	35	39
新华社（XHA）	10	43	46
总计	34	107	118

如上表所示，三个新闻机构共有 107 个转述语段，118 例话语表征进入数据统计。其中，对话语表征方式和译语忠实度的分析以 118 例话语表征案例为数据范围，对话语表征是否明示口译来源的分析以 107 个引述语段为数据范围（该统计标准与本节对语料总体特征的统计一致）。

首先，比较这三个新闻机构报道中的 118 例话语表征方式，结果见图 4-8。

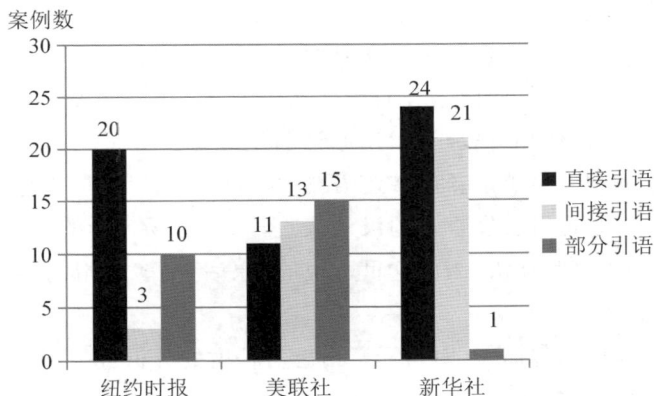

图 4-8 三个新闻机构报道的话语表征方式比较

可以看出，《纽约时报》和新华社报道均最多使用直接引语；《纽约时报》报道较少使用间接引语，新华社报道则极少使用部分引语；美联社新闻报道中，直接引语、间接引语和部分引语这三种表征方式的案例数基本相当，大致呈平均分布状态。如果将直接引语和部分引语合并计为有引号转述，而将间接引语计为无引号转述，比较二者则可以发现三个机构报道都以有引号转述为多：《纽约时报》和美联社报道中主要使用有引号转述，新华社报道中有引号转述占比仅略高于无引号转述。

具体来说，《纽约时报》报道中有引号引语（约 91%）是无引号引语（约 9%）的 10 倍，美联社报道中有引号引语（约 67%）是无引号引语（约 33%）的 2 倍，而新华社报道中有引号引语（约 54%）和无引号引语（约 46%）比重相

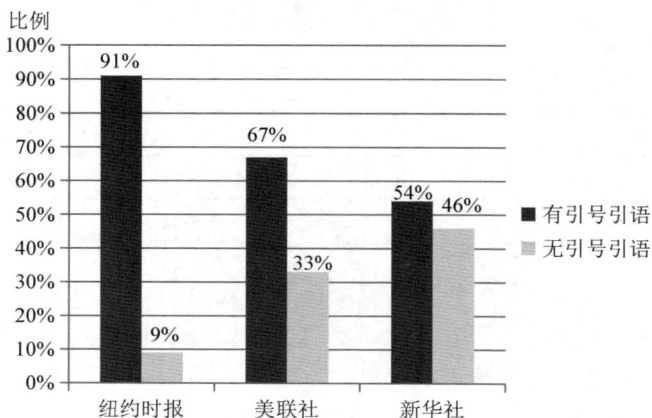

图 4-9　三个新闻机构报道中有引号与无引号引语的比较

当，大致各占总数的一半。如果说新闻转述中引号的主要作用之一是宣称对原话的客观引用，那么从这三个媒体机构对引号的使用上看，《纽约时报》和美联社报道在更多情况下倾向于表明所引话语的客观性，而新华社报道中宣称客观引用原话的比例相对较小，引用原话与主观重述分量相当。需要注意的是，本章搜集的记者会英语新闻转述语料中，所谓"原话"实际上包含两种语言形式的表达，一是记者会发言人的汉语表达，二是现场口译的英语表达，而新闻报道使用的语言为英语，因此这里所说的"原话"更多地指向经过口译语言转换的英语表述。

其次，就表征内容而言，对口译译语忠实程度的分析进一步补充了上文对新闻机构话语表征方式倾向性的发现。

如图 4-10 所示，《纽约时报》和美联社报道中完全引用口译译语的案例均占多数，分别为 20 例（约占 61％）和 18 例（约占 46％），《纽约时报》报道中完全引用和修饰译语的案例数远远多于修改和重组译语的案例数，美联社报道中完全引用和修饰译语的案例数略多于修改和重组译语的案例数，而新华社报道中完全引用口译译语的案例仅有 8 例（约占 17％），修改和重组译语的案例则高达 34 例（约占 74％），远多于完全引用和修饰译语的案例数之和。互文忠实度从高到低所对应的译语内容引述为完全引用——修饰译语——修改译语——重组译语，也就是说，《纽约时报》和美联社报道的互文忠实度相对较高，在转述记者会话语时更倾向于参考口译译语的表述和措辞，而新华社报道的互文介入程度较高，新闻记者和编辑介入的杂音较大，其新闻转述以修改译语或重译记者会发言人话语为主。

案例数

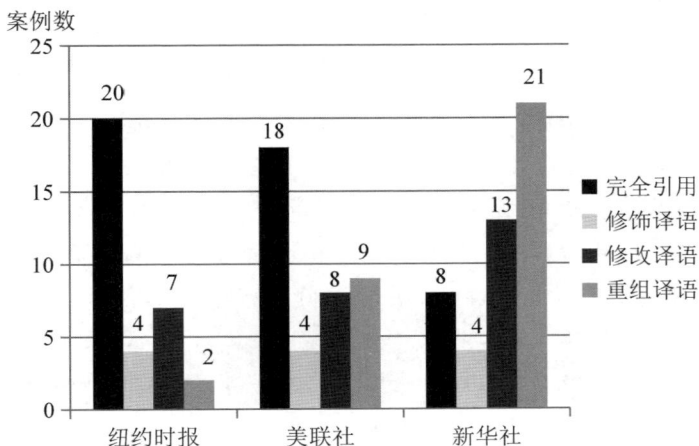

图 4-10　三个新闻机构报道的译语忠实度比较

案例数

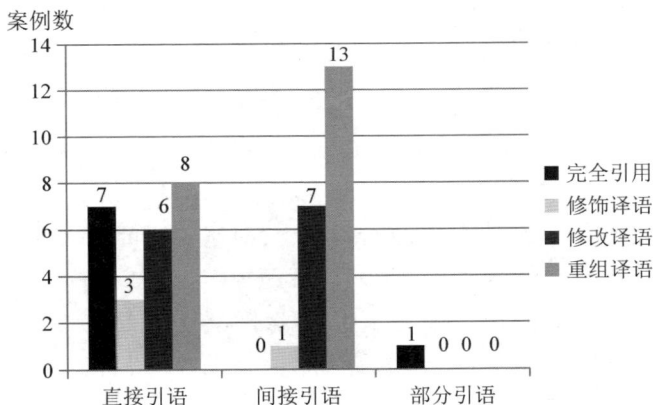

图 4-11　新华社报道不同话语表征方式中的译语忠实度情况

　　进一步统计新华社报道不同话语表征方式中的译语忠实度情况（见图 4-11），结果显示，新华社报道的直接引语中，完全引用的案例为 7 例，约占 29％，而直接引语中修改和重组译语的案例共 14 例，约占 58％，超过直接引语中完全引用和修饰译语的案例之和，换句话说，新华社报道的直接引语中，实际上超过半数存在修改、编辑和重写的痕迹。修改和重组译语的比例在新华社报道的间接引语中更高达 95％（共 20 例）。这更加说明新华社转述报道中口译译语的互文忠实度很低，在直接引语和间接引语中均存在大量对译语的重述和重写，很大一部分新闻转述的英语表述以记者会发言人的原话作为参照,与口译译语的关系并不紧密。

例 4-6

2012 杨_源语:(呃),对于美国的(.)亚太政策,我们也一直表示希望美方能够审时度势啊,(呃),这个(.),这个,美国的政策呢,能够顺应,(啊),时代潮流和地区国家谋和平、促发展、求和谐的根源。

2012 杨_译语:As for (.) the United States policy (.) towards the Asia Pacific region, we have always hoped that the United States would size up the situation and make sure that its policy (.) is (.) in conformity with the trends of our current era and the general wish of countries in the region (.) to seek peace, development and cooperation.

2012 杨_XHA2[①]:"We always hope that U.S. can correctly view the regional situation when making its Asia-Pacific policies so that they are in line with the times and the aspirations of the people for peace, cooperation and development," Yang said.

以例 4-6 新华社报道中的一处直接引用为例,可以看出,现场译员基本上是逐字逐句地翻译杨洁篪在联合记者会上的讲话,而新华社报道的直接引语在主要内容上与杨洁篪的原话基本相当,但与口译译语相比较,在句子结构、语序和措辞上有很大的调整。比如,源语中"对于美国的亚太政策"这一信息在口译译语中处理为介词短语引导新的话题内容,而在新华社报道中则处理为时间状语从句。又如,新华社报道将"地区国家"这一信息提前,同时根据句意增加"correctly"(正确的)这一程度副词,将"审时度势"表述为"correctly view the regional situation"(正确地判断地区形势)。可以说,新华社报道这一直接引语与口译译语的互文关系实际上非常微弱,更有可能是新闻作者抛开口译译语,对照源语文本的重译。类似的"译语重组"案例在新华社转述报道中大量存在,表明新华社报道在话语表征的忠实度上与口译译语的互文关系较弱。

再次,对三个新闻机构报道 107 个转述语段中的口译来源表征进行比较(见图 4-12),发现《纽约时报》和美联社报道中各有 2 个语段明示话语表征来源于现场译员,各占新闻报道语料库中"明示口译来源"语段总数的三分之一(明示口译来源的语段共 6 段,见图 4-3),而新华社报道语段均隐藏了话语表

---

① 由于该场记者会有不止一篇来自新华社的英语新闻报道,故使用阿拉伯数字进行标识和区别。下文类似情况同此做法。

语段数

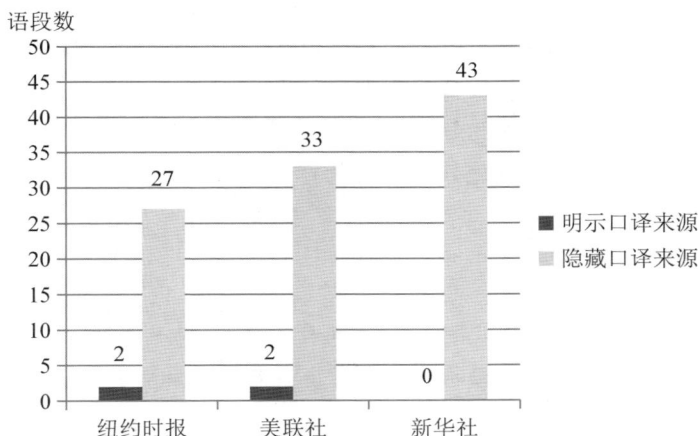

图 4-12 三个新闻机构报道中口译来源表征的比较

征来源。来源表征是口译译语与新闻转述互文关系的显性标志,因此,这一统计结果从另一个侧面佐证了上文的研究发现,即《纽约时报》和美联社报道与口译译语的互文关系强于新华社报道与口译译语的互文关系。

对于中美新闻机构在记者会口译转述和互文忠实度上的差异,笔者认为,首先,差异与中美新闻记者的母语语言使用有关。新华社记者和编辑大都以汉语为母语,他们是记者会中方发言人讲话的目标受众之一,在接收发言人话语信息时不需要经过口译媒介,在撰写新闻报道时,也可以完全抛开现场译语,直接根据中文讲话的脚本来进行翻译或重述,而美国新闻记者则需要通过口译媒介的语言转换来接收中方发言人讲话信息,因此美国新闻机构报道明显受到现场译语的互文影响。

其次,《纽约时报》和美联社报道对现场译语的重视和依赖程度高,说明口译在记者会话语的国际新闻传播中扮演着相当重要的角色。国际新闻机构都很重视当地分支机构的本地化,通常在各地驻有熟悉当地语言文化的新闻记者和编辑,以提高报道的时效性和准确性,例如《纽约时报》驻北京分社的记者大都拥有一定的中国求学、工作或居住经历,美联社在中国也有专门的办事处,有一批较为熟悉中国语言文化的记者长期报道中国(中国报道网,2014-09-02)。同时,越来越多外国媒体记者在中国政府记者会上直接用汉语提问,显示出较强的汉语水平。然而,外国新闻报道在转述中国发言人话语时仍然倾向于使用现场译语表述,如韩国驻北京记者车大运所说,虽然外国记者都懂中文,但还是会参考现场口译的译文,"以免出错"(温如军等,2013-03-07)。

125

再次，新华社报道的重译比例较高，反映出新华社对外新闻翻译表述和措辞的推敲。口译由于其即时性特点，一次成文，留有诸多翻译遗憾和可改进之处，而新华社作为政府对外传播的重要渠道和国内外其他媒体涉华报道的重要新闻源，其表述常常被作为领导人话语翻译的重要参考。进一步分析新华社报道转述内容的翻译，发现其对口译的修改和重组主要体现在选词和句式两个方面。

例 4-7

2009 杨_源语：我谈到我们在人权问题上有一些分歧，但是，中方认为双方应该在相互尊重，互不干涉内政的基础上进行积极的人权对话，共同来推进人权事业。

2009 杨_译语：I said that it is only natural that our two countries may have some different views on human rights. But I also said that it is the commitment of the Chinese government to continue to engage in human rights dialogues with the United States on the basis of equality and non-interference in each other's internal affairs, to work together to advance the cause of human rights.

2009 杨_Xinhua News："Although differences exist, China is willing to conduct the dialogues with the U.S. to push forward the human rights situation on the premise of mutual respect and noninterference in each other's internal affairs," Yang said.

例 4-7 是新华社对 2009 年外交部部长杨洁篪在中美联合记者会上讲话的报道，从表征内容上看，属于重组译语。选词上，新华社报道将"相互尊重"译为"mutual respect"，修正了现场译语中"equality"的不到位之处，更忠实于源语；将"人权事业"译为"the human rights situation"，改进了现场译语的机械直译"the cause of human rights"。句式上，现场译语受源语语序影响，出现两个不定式连用的情况，新华社报道则将"共同推进人权事业"这一小句提前，译文句式更流畅、简洁。新华社报道的改进版译文，有助于提升记者会话语传播的准确性和地道性，也进一步说明口译在新闻翻译中的接受程度受新闻机构影响，其参与作用是有限的。

总之，从话语表征方式、表征内容和表征来源三个方面对《纽约时报》、美联社和新华社报道中记者会话语的转述与相应口译译语的互文关系进行比较，研究发现：（1）从地域上看，中美新闻媒体在口译译语的使用上表现出显著差别,《纽约时报》和美联社这两家美国媒体报道与口译译语的互文关系相对较强,对口译译语的依赖和接受度较高,而新华社报道与口译译语的互文关系相对较弱,对口译译语的依赖程度较低。换句话说,在记者会话语的国际传播中,口译媒介对《纽约时报》和美联社这两家美国新闻机构的互文影响较强,而对新华社这一国内新闻机构的互文影响较弱。具体表现为:《纽约时报》和美联社报道中有引号引语的比例较大,完全引用的比例较大,明示口译来源的比例也较大,而新华社报道中带引号引语的比重相对较小,对译语进行修改、重组、重译的比例较大,且新华社报道在直接引语中也存在大量修改和重组译语的现象。新华社报道的选词和句式重组,反映出新华社对外新闻翻译中的措辞推敲,也说明口译在新闻翻译过程中的参与作用是有限的。(2)从机构类型来看,本研究涉及美国的一个报社和一个通讯社,两个机构在口译译语的话语表征上差别不是非常显著,口译译语对《纽约时报》报道的互文影响略大于对美联社的互文影响。具体表现为《纽约时报》报道中有引号引语的比重更大,完全引用和修饰译语案例数也更多,也就是说,《纽约时报》在表征方式和话语忠实度两方面都更倾向于引用现场口译的英语表述。

四、译员自我修正在新闻话语表征中的互文分析

译员自我修正(self-repair)是导致口译产出不流利的因素之一,也是译员进行自我监控、解决口译失误或问题,以更好地传递源语意义或获取更好的译语连贯性的方法和策略(Petite,2005:30;雷天放、陈菁,2006:113;詹成,2010:61;钱芳,2013:4)。一些研究将自我修正定义为说话人"意识到自己言语中的错误之后很快进行的一种自发的纠正错误的行为"(Postma,2000:98),一般经历"错误察觉、语流中断、自我修正"(Postma & Kolk,1993:474)三个阶段,也有学者认为自我修正的原因不限于纠错,而更多的是说话人为了解决某一问题以获得更好的话语产出效果而采取的策略(Levelt,1983:45)。由于自我修正常常伴有语流的中断,因此在很多情况下能够被听众感知,探究这种译语表达不流利现象在新闻报道中的接受效果,能进一步分析现场译语与新闻转述的互文关系,细化描述现场口译在记者会新闻传播中的参与作用,也有助于从受众角度重新审视译员自我监控和自我修正策略。以自我修正为切入点,统计分析译员自我修正在新闻报道话语表征中的接受情况,即译员自我修正的过程是被完整地呈现?还是在内容和措辞上有所删改?这些删改对记者会

话语的新闻传播产生了什么样的影响？

在主流英文新闻报道话语表征中人工搜索与译员自我修正有关的语段，得到 21 例话语表征涉及 11 处译员自我修正。分析显示，21 例新闻报道话语表征来自 11 个新闻源，分别为《纽约时报》(*The New York Times*，NYT)、《纽约时报（东海岸版）》[*The New York Times*，East Coast，NYT（east）]、《华尔街日报》(*Wall Street Journal*，WSJ)、《今日美国》(*USA Today*，USAT)、《华盛顿时报》(*The Washington Times*，WT)、《每日电讯报（悉尼）》[*Daily Telegraph*（Sydney），DT（Sydney）]、《泰晤士报》(*The Times*，TT)、美联社(*The Associated Press*，AP)、美联社（金融新闻）[*The Associated Press*，Financial News，AP（financial）]和新华社(Xinhua News Agency，XHA)，这 11 个新闻源覆盖中国、美国、英国和澳大利亚最主要的报社和通讯社，具有一定的代表性。这 11 处译员自我修正具体如下：

例 4-8

1999 朱_源语：在中国加入 WTO 方面，我认为实际上我们的差距已经是很小很小了，在我看来已经不算什么了。

1999 朱_译语：On the question of China's accession into the WTO，in my view，the gap between the two sides isreally (..) already（er..）not very significant.

例 4-9

1999 朱_源语：如果要我说老实话的话，……

1999 朱_译语：I you want to hearsome (.)（er..）my honest words …

例 4-10

1999 朱_源语：……问题不在于那个很大的差别，而在于现在的政治气氛。

1999 朱_译语：… then I should say that (..) now the problem (.) does not lie with the (.) big difference (..) or big gap，but lies with the political atmosphere.

例 4-11

1999 朱_源语：我想当年林肯总统为了保持美国的完整反对这个独立和

分离,不惜使用武力。

1999 朱_译语:Abraham Lincoln,in order to maintain unity of the United States, and oppose(er…) independence(.)(er..) of the southern part,(er..) he(er..) had resorted to the use of(..) force, and fought a warfor that(.) for maintaining the unity of the United States.

例 4-12

1999 朱_源语:我根本不知道有什么……

1999 朱_译语:I have no knowledge whatsoeverof any charge(..) of any allegation …

例 4-13

1999 朱_源语:……什么间谍偷窃了美国的军事机密。

1999 朱_译语:… of espionage or(.) the(.) theft of nuclear techonology.

例 4-14

1999 朱_源语:我也不相信,在美国的安全保卫工作这么严密,技术设备这么先进(当然,这个麦克风好像这个技术不是太先进)(.)。

1999 朱_译语:And I don't think(.)(er..)(.) there(.) there have(.) there can be suc h(sic) problem(.) given the tight security measures in the United States and advanced technology. Although it seems that the technology with regard to this microphone is not that advanced.

例 4-15

1999 朱_源语:请你们不要过(.)低地估计了你们自己的安全保密的能力,也请你们不要过低地估计了中国人民自己开发军事技术的能力

1999 朱_译语:I hope you don't underestimateyour own ability(.) your own security ability(.) or your own ability to keep secrets, and don't underestimate the capacity of the Chinese people to develop their own technology.

例 4-16

2011 胡_源语:我们也愿意继续同各国开展交流对话,相互借鉴有益的做法。

2011 胡_译语：At the same time, we are also willing to continue to have exchanges nd dialogue (.) with other countries in (.) terms of human rights, andwe are also going to (..) we are also willing (.) to learn from each other in terms of the good practices.

例 4-17

2012 梁_源语：我(.)谈的时候(.)这个(.)帕内塔部长(.)他也讲到，不同意有些说法，是(sic)美国的网络攻击是中国人干的。

2012 梁_译语：And during the meetings, Secretary Panetta also agreed on my point that we cannot attribute all of the security (er..) cyber attacks to United States to China.

例 4-18

2013 常_源语：任何搬弄是非、蓄意挑衅，或者(.)为一己之力，肆意妄为，使局势复杂化、扩大化的行为都是不负责任的，也不会有好的结果。

2013 常_译语：Any action that leads to trouble or provocation, any action (er..) un .. unwanted action out of the (er..) self-interest or (er..) further complicates or manifies the situation would be highly irresponsible (er..) and will not lead to a favorable result.

对这 11 处自我修正所使用的策略，以及这些修正在主流英文新闻报道中被转述和表征的情况进行统计，结果见表 4-10。

表 4-10　译员自我修正在新闻报道话语表征中的体现

序号	修正策略	新闻源	表征方式	表征内容
例 4-8	重译	1999 朱_XHA	直接引语	删除译语，忽略修正
例 4-9	重译	1999 朱_NTY1	直接引语	删除译语，忽略修正
例 4-10	补充	1999 朱_NTY1	直接引语	完全引用，保留修正过程
		1999 朱_WSJ1	直接引语	删除译语，接受修正
例 4-11	补充	1999 朱_USAT2	直接引语	完全引用，保留修正过程
		1999 朱_AP2	部分引语	删除译语，接受修正
		1999 朱_WT	直接引语	完全引用，保留修正过程

续表

序号	修正策略	新闻源	表征方式	表征内容
例 4-12	补充	1999 朱_NYT(east)2	直接引语	完全引用,保留修正过程
		1999 朱_DT(Sydney)	直接引语	删除译语,接受修正
		1999 朱_TT	直接引语	删除译语,接受修正
		1999 朱_WT	直接引语	完全引用,保留修正过程
例 4-13	补充	1999 朱_NYT(east)2	直接引语	完全引用,保留修正过程
		1999 朱_DT(Sydney)	直接引语	完全引用,保留修正过程
		1999 朱_TT	直接引语	删除译语,接受修正
		1999 朱_WT	直接引语	完全引用,保留修正过程
例 4-14	重译	1999 朱_NYT(east)2	直接引语	删除译语,接受修正
例 4-15	重译	1999 朱_NYT(east)2	直接引语	删除译语,接受修正
		1999 朱_TT	直接引语	删除译语,接受修正
例 4-16	重译	2011 胡_UPI	间接引语	完全引用,保留修正过程
例 4-17	重译	2012 梁_AP	直接引语	删除译语,接受修正
例 4-18	重译	2013 常_AP(financial)	直接引语	删除译语,接受修正

　　首先,从修正策略来看,11 处修正中有 7 处使用重译策略(约占 64%),4 处使用补充策略(约占 36%)。重译策略指放弃已经说出的译语,更正并重新表述;补充策略指继续顺着语流往下说,通过增补说明的方式弥补失误或解决出现的问题。相对而言,补充策略比较隐蔽,是高水平译员沉着应对、自圆其说,即时纠正错误或不妥之处的同时保持语流流畅性,让"听众听不出来"(詹成,2010:61)的重要能力之一,也是口译教学和培训中重要的技巧训练项目之一。重译策略则较为明显地暴露出译员在口译过程中"卡壳",因此过多的重译容易影响听众对整体口译质量的印象,在口译教学中常常建议"慎重使用"(雷天放、陈菁,2006:113)。在本章搜集的记者会语料中,译员自我修正使用重译策略的频率大大超过补充策略,一定程度上说明在这种非常正式的外交场合中,译员极其重视译语的表述和措辞,在意识到言语出错时即使冒着被听众发现自己卡壳的危险也更愿意选择重译来保证源语意义的准确传递。

　　其次,就表征方式而言,21 例话语表征中,19 例为直接引语,约占 90%,1 例为部分引语,1 例为间接引语。一般认为,直接引语是对原话的忠实引用,但费尔克劳(Fairclough,1995)、辛斌(2005)等学者均指出,新闻报道中直接引语的引号只是为了显示新闻报道的客观性,并非所有的直接引语都完全忠实于原话,而是否忠实,取决于新闻记者和编辑的理解及报道的目的。就表征内容而言,本研究英文新闻报道所表征的同一语言"原话"并非中国政府领导人的原话,而是现场译员的译语,且具有自我修正的不流利特点,因而分析新闻机构在直接引语中是否引用现场译语,以及是否保留译员不流利的自我修正痕迹,有助于进一步讨论新闻机构对现场口译的重视程度。

由图 4-13 可知,21 例新闻报道话语表征中,完全引用译语并保留译员自我修正过程的转述有 9 例,约占 43%,删除明显出错的译语部分并引用译员修正的转述有 10 例,约占 48%,而忽略译员修正的转述有 2 例,约占 9%。可见,除 2 例转述忽略译员修正,仍然使用修正前的译语之外,约 91% 的新闻转述都接受了译员修正,其中将近一半保留了修正过程,即在新闻转述话语中呈现不流利的修正痕迹。这与 Schäffner(2010)的研究结果相符,即新闻机构倾向于使用现场口译译语,即使译语存在不流利现象,也将不流利的表达作为原话进行引用,这进一步口译活动在记者会话语的新闻报道传播中具有一定的影响。

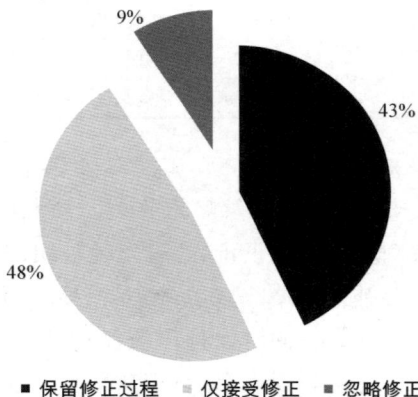

图 4-13 译员自我修正在新闻报道中的接受情况

由图 4-14 可知,与补充修正有关的 13 例新闻转述中,约 62%(8 例)为完全引用,约占完全引用表征总数的 89%,而删除译语修正的新闻转述(2 例)均为使用重译策略的译语。

例 4-19

1999 朱_源语:我根本不知道有什么间谍偷窃了美国的军事机密,我也完全不相信这一点。

1999 朱_译语:I have no knowledge whatsoever of any allegation of espionage, or the theft of nuclear technologies. And I don't believe such story.

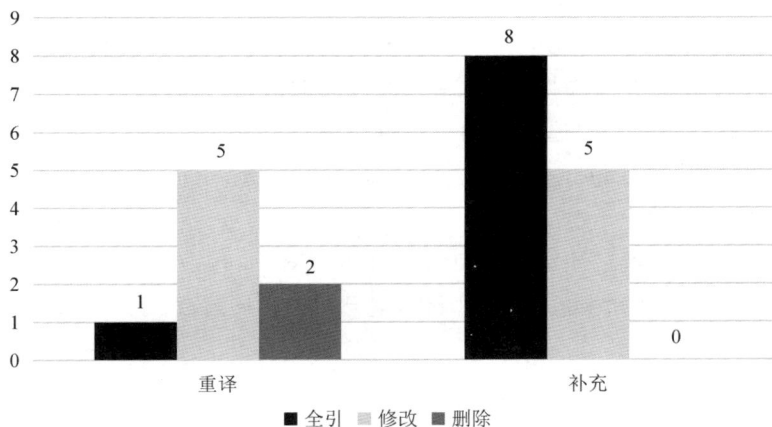

图 4-14　译员自我修正策略在新闻报道不同表征内容中的分布情况

1999 朱 _ NYT（east）2："I have no knowledge whatsoever of any allegation of espionage or the theft of nuclear technologies," Mr. Zhu declared. "And I don't believe such story."

例 4-20

1999 朱_源语：如果要我说老实话的话,……

1999 朱_译语：I you want to hear some, er, my honest words, then I should say that …

1999 朱_NYT1：The blunt-talking Chinese Prime Minister blamed what he termed an "anti-Chinese" mood in Washington, saying "If you want to hear some honest words, then I should say that …"

分别以两个补充修正和重译修正的译语为例。两个例子均来自朱镕基总理在联合记者会上的讲话。例 4-19 中,朱总理回答美国记者提问时强调中国没有窃取美国的军事机密,译员在将间谍偷窃活动译为"espionage"(间谍活动)后稍作停顿,添加"or the theft"(或者说是偷窃)补充修正自己的译语。使用"or"引导词汇增补是口译表达过程中一个常见的做法,也是一个较为隐蔽的修正策略,可以理解为是通过增加词汇来更为达意地传递信息,《纽约时报(东海岸版)》报道完全引用了译员的这一自我修正。例 4-20 中,译员在产出译语"some"(一些)之后出现短暂迟疑,继而重译为"my"(我的)。显然,"some"和"my"连用是不符合语法规则的,《纽约时报》报道忽略译员修正,仍然使用修正前的译语"some"。两则新闻报道对译员修正的不同表征,一定程度上与补充修正和重译修正的特点有关,补充修正相对隐蔽,不容易被听众感知,因而被新闻报道忠实引用的可能性较大,而重译修正让听众明显感受到译语产出的不流利,在新闻报道中被修改的可能性较大。当然,新闻媒体具有极大的自主权,可以通过"选择引用谁的话语和什么内容的话语"(辛斌,2005:116)来达到介入的目的,新闻报道对不流利译语的全引或删除也受到新闻机构因素、立场和意识形态的影响。

除此之外,笔者还注意到其中两个有趣的例子,例 4-21 和例 4-22 这两处译员自我修正在新闻报道中被明晰化,甚至是被拓展解读。

例 4-21

1999 朱_源语:我想当年林肯总统为了保持美国的完整反对这个独立和分离,不惜使用武力。

1999 朱_译语:Abraham Lincoln,in order to maintain unity of the United States,and oppose(er..)independence(.)(er..)of the southern part,(er..)he(er..)had resorted to the use of(..)force,and fought a warfor that(.)for maintaining the unity of the United States.

1999 朱_AP2:At a news conference in Washington,Zhu said Thursday China should take Lincoln as a model because the president who won the American Civil War "resorted to the use of force andfought a war … maintaining the unity of the United States."

1999 朱_WT:"Abraham Lincoln,in order to maintain the unity of the United States and oppose independence of the southern part,he had resorted to the use of force and fought a war for that — for maintaining the unity of the United States," he said.

这个例子中,译员采用顺句驱动方法,顺着源语的句法结构进行翻译,在结尾处修正"for that"(为了那个),重复"for"(为了)并补充说明林肯总统使用武力的原因"for maintain the unity of the United States"(为了保持美国的统一)。这个原因在译语的开始部分已经出现,因此译员的修正实际上强化了对这一原因的说明。美联社和《华盛顿邮报》报道都接受了译员的修正,其中,美联社报道使用部分引语,删除译员修正过程中的重复用词,但添加省略号,明确表明其引用与原话语相比有所省略;《华盛顿邮报》使用直接引语,对整句译语进行完整的引用,保留译员修正的过程,并在修正停顿之处添加破折号,在形式上明示了译员的补充解释。我们很难考证美联社删除行为的用意,但其添加省略号的做法显示出对来源话语,即现场口译译语的尊重,在新闻报道中留有明显的来自他文本的异质性声音。值得注意的是,这一异质性声音是由于译员口译过程中的自我修正而产生的,从某种程度上说是口译活动产生的噪音,而这一噪音在新闻报道中被接收并呈现了出来。《华盛顿邮报》报道添加破折号的做法则使得译员的补充修正变得自然而有理据,就阅读体验而言,甚至容易给读者造成句末的补充解释是讲话人,即朱镕基总理特意强调使用武力原因的印象。从这一点上说,口译员的自我修正被新闻报道忠实引用,可能会为记者会话语的新闻传播增添新的意义。这在《纽约时报》对例 4-22 的转述中表现得更为显著。《纽约时报》报道将译员修正内容作为原话进行评论,对原语意义的理解产生一定程度的偏移。

例 4-22

1999 朱_源语:……问题不在于那个很大的差别,而在于现在的政治气氛。

1999 朱_译语:… then I should say that (..) now the problem (.) does not lie with the (.) big difference (..) or big gap, but lies with the political atmosphere.

1999 朱_NYT(east)1:At a 90-minute news conference today, the blunt-talking Chinese Prime Minister blamed what he termed an "anti-Chinese" mood in Washington, saying, "If you want to hear some honest words, then I should say that now the problem does not lie with this big difference, or big gap" in negotiating positions, "but lies with the political atmosphere."

这个例子中,朱镕基总理回答美国记者提问,表示在中国加入 WTO 的问题上中美两国的分歧已经不大,问题在于紧张的政治气氛。译员先是将源语中"很大的差别"译为"the big difference"(大的不同),短暂停顿后又作补充,添加"or big gap"(或者说大的差距)。"gap"(差距)是"difference"(不同)的近义词,译员用"or"(或者)来连接这两个词,也表示二者是同义或近义替换,以更准确地传达源语的意思。然而《纽约时报》报道紧接着对这一修正作了简短的评论,认为作为补充的"or big gap"体现了一种商榷性的语气("in negotiating positions")。朱镕基总理的原话只有一个词"差别",导致媒体受众有这种理解的根源显然是译员的补充修正，而由于《纽约时报》报道没有提及任何关于口译的信息，在读者看来，这个补充修正是来自朱镕基总理。于是，讲话人话语的意义在讲话人——口译——新闻报道这个互文链的传递过程中，出现了偏移。

克里斯蒂娃互文理论的一个重要观点是意义的不确定性，认为文本的意义是在多重文本的对话和阅读者的阐释中建构起来的。译员的自我修正可能只是为了更准确地传递源语，但从互文的角度来说，译员的修正却在新闻记者的二次阅读中被重新理解、建构和阐释，被重新编织进新闻报道的互文引用中进而对新闻的读者产生潜在的影响，而文本的意义有可能在这一次次的互文建构中与其本意渐行渐远。可见，译员的自我修正需要非常慎重。另一方面，新闻机构常常对来源话语加以符合其需求的，甚至别有用意的解读，例 4-22 的译员自我修正一定程度上符合西方媒体对中国政府加以评论的需求，这或许是译员自我修正在《纽约时报》中得以忠实引用的原因之一。

总之，对译员口译过程中的 11 处自我修正，以及这些修正在新闻报道话语表征中的接受情况进行分析，发现：第一，超过 90％的新闻报道话语表征接受了译员的修正，其中近半数为完全引用，即保留译员不流利的自我修正痕迹。这说明译员力求译语准确的修正努力获得了良好的接受效果，主流英文新闻报道认可和重视现场口译译语表达。值得注意的是，本研究语料中的新闻报道话语表征大部分为直接引语，直接引语通常被认为是忠实于原话，也就是说，译员自我修正的不流利表达在很大程度上被视作记者会发言人原话而进入新闻报道的传播过程；

第二，对译员自我修正进行完全引用的新闻报道话语表征中，3 例表征显化了译员的自我修正，进一步凸显口译译语在新闻报道中的重要性，1 例表征对译员补充修正时添加内容加以评论，这一定程度上与媒体需求有关，也说明口译活动的噪音可能影响媒体对记者会发言人原话的理解；

第三，译员使用的修正策略主要有两种，其中重译策略的使用频率大大超过补充策略，这与口译教学普遍倡导"慎重使用"重译策略不符，一定程度上说明译员在政府高级别记者会这样正式的场合中非常重视口译表述和措辞，力求译语精准达意，也说明口译教学中的策略使用与其在真实口译实践中的应用可能存在不同。但同时，译员使用重译策略的自我修正能让听众明显感受到语言表达的不流利，容易在新闻报道话语表征中被删除。反观口译教学和培训，在口译教材编写和教学过程中可以对译员自我修正现象进行更多维度的指导，在强调译员自我修正尤其是补充修正的明显优势，如在语流进行过程中发现问题时能自圆其说,尽量保持语流流畅而不易被听众觉察,以及自我修正的劣势,如自我修正可能对译语的简洁程度和整体质量产生一定影响的同时,也可以真实口译语料及其接受情况为基础,增加有关译员自我修正接受效果的讨论,如译员自我修正可被新闻机构作为讲话人原话进行符合机构目的的延伸解读。

以上主要讨论口译译语与新闻转述的表层互文关系,关注新闻报道话语表征的方式、内容忠实度的整体特征、在不同新闻机构中的呈现特点,以及译员自我修正在新闻转述中的表征情况。下文将拓展口译译语与新闻转述互文关系的深度,通过分析新闻转述中的口译译语选择和评论,口译来源明示,以及口译活动评论,进一步讨论口译活动在以新闻报道为载体的记者会话语传播中的参与作用。

五、译语偏移在新闻转述中的表征分析

政府记者会一般被认为是较为正式的口译场合,译员的灵活度较低,但记者会译员并非传统意义上的"传声筒",而是具有主体性和能动性,通过措辞选择积极搭建双方交流与沟通的桥梁。例如作为机构代言人,译员要按"谈话精神来译,不是一句一句直译",要能够对一些不够恰当的源语进行自动纠错,"还承担对外解释的任务"(施燕华,2007:57-59),相关实证研究也表明译员在一定程度上对记者会交流起到调控作用(Liu,2010;詹成,2013;孙婷婷,2013)。考察译员发挥主观能动性对源语的修补、修改等偏移,以及翻译错误在新闻报道中如何被转述和表征、再语境化,如何与新闻报道的其他评论性话语共同构成新的语篇,有助于更进一步描述口译活动在记者会新闻传播中的影响和作用。

译语偏移在本研究中指口译译语相对于源语的意义偏离,包括策略性偏移(如增加背景信息,省略冗余信息,修正不准确信息以及重构语用信息),以及翻译错误(如将"他"译为"他们"),但不包括双语转换过程中的形式改变(如源语中的名词结构"insistence of"在译语中改为动词机构"insist to")。在本章语料库的 125 个口译译语语段及其相应的新闻报道中,笔者共找到 6 例措辞或意义偏离于源语,且在新闻报道中被转述或评论的译语案例。对这 6 个案例的偏移类型,以及这 6 例偏移在新闻报道中的话语表征和评论情况作简单统计,见表 4-11。

表 4-11　译语偏移在新闻转述中的表征和评论

序号	偏离类型	新闻源	表征方式	表征内容	其他
例 4-23	同义替换	1999 朱_NYT(east)2	直接引语	完全引用，接受偏移	无
		1999 朱_USAT1	直接引语	完全引用，接受偏移	无
例 4-24	更改	1999 朱_FT1	间接引语	修饰译语，接受偏移	无
		1999 朱_NPR(show)	间接引语	完全引用，接受偏移	无
例 4-25	补充解释	1999 朱_USAT1	间接引语	重组译语	接受偏移 无
			部分引语	完全引用	
		1999 朱_FT1	直接引语	完全引用，接受偏移	无
例 4-26	补充解释	2011 胡_WSJ	无	无，接受偏移	评论
		2011 胡_CNN(newsroom)	无	无，接受偏移	评论
		2011 胡_TG	直接引语	完全引用，接受偏移	无
		2011 胡_AP1	间接引语	重组译语	接受偏移 无
			部分引语	完全引用	
		2011 胡_AP2	间接引语	重组译语，接受偏移	无
例 4-27	误译	2011 胡_WSJ	直接引语	完全引用，接受偏移	评论
		2011 胡_AP4	直接引语	完全引用，接受偏移	无
		2011 胡_TT	间接引语	修改译语，接受偏移	评论
例 4-28	去意象化	2014 习_AP	直接引语	修改译语，接受偏移	无
		2014 习_NPR(blog)	直接引语	完全引用，接受偏移	无
		2014 习_TG(web)	直接引语	完全引用，接受偏离	无
		2014 习_CNN(newsroom)	直接引语	修饰译语，接受偏离	评论
		2014 习_DT(web, London)	直接引语	完全引用，接受偏离	无
		2014 习_NYT(paper)	直接引语	完全引用，接受偏离	评论

　　根据表 4-11，共有 20 个新闻报道语段对这 6 处译语偏移进行表征或评论，涉及 10 家国外媒体机构，包括《纽约时报》(The New York Times, NYT)、《今日美国》(USA Today, USAT)、《华尔街日报》(Wall Street Journal, WSJ)、《华盛顿时报》(The Washington Times, WT)、《金融时报》(Financial Times, FT)、《卫报》(The Guardian, TG)、《泰晤士报》(The Times, TT)、美联社(Associated Press News Service, AP)、美国国家公共电台(National Public Radio, NPR)、美国有线电视新闻网(Cable News Network, CNN)；20 例话语表征的表征方式以直接引语为主(12 例)；表征内容以完全引用为主(13 例)；有 6 个新闻报道语段添加了与偏移的译语有关的评论内

容。值得注意的是,虽然这 20 个新闻报道语段的表征方式不同,内容忠实度也有所差异,但均接受偏移,即在新闻转述中呈现偏移后的话语意义。费尔克劳认为,引用内容和引用方式体现了话语发出者的知识、经验,以及意识形态倾向(Fairclough,2003:53)。当现场口译译语与源语不完全一致时,媒体受众选择引用口译译语的表述,一方面说明新闻记者或编辑在很多情况下是通过口译媒介来接收记者会讲话人话语的,另一方面也说明即使新闻记者能听懂汉语,仍然更倾向于以译语表述的意义为参照来理解中方讲话人的话语。

具体来说,这 6 处译语偏移类型不同,再语境化的方式不同,对记者会话语传播的影响和效果也不同。将 6 处译语偏移分为四种类型,一是修补,二是可能的误译,三是去意象化。

例 4-23、例 4-24、例 4-25 和例 4-26 是对源语的修补偏移。其中例 4-23 词汇修补偏移。

例 4-23 ————————————————————————————

1999 朱_源语:我说,我们将要举行一个盛大的阅兵式,在这个阅兵式上面(.)将要展(.)展览中国最先进的武器,而这个(.)这个武器呢都是中国自己开发的,不是从美国偷来的。市长夫人就建议,那你们应该在导弹武器上写上一个广告,It's made in China, not from USA。我非常欣赏她的幽默,我说,That's a good idea。

1999 朱_译语:I told her that (.) we plan to (.) hold a very grand military review, and (.) also the latest weaponry (.) will be on display. And I also (.) told her that all the (.) weaponry are developed by China itself, not stolen from the United States. Then the wife of the mayor gave me an advice. (.) She says maybe you should put a sign on (.) the weaponry, the missiles, thatthey're made in China, not from the United States. I appreciated her sense of humor very much, and I said, that's a good idea.

例 4-23 是朱镕基总理与克林顿总统记者会上,朱总理对美国记者关于偷窃军事技术问题的回应。朱总理举例证明中国具备自主研发武器的军事实力,接着在引用市长夫人建议时,直接用英语表达为"It's made in China, not from USA"(这是中国制造,不是美国制造),译员则译为"they're made in China, nor from the United States"。美国的国名全称是美利坚合众国(United States of America),有多个简称,如"United States""U.S.""USA""America"等,其中"United States"是比较正式的官方用语,如美国白宫官网对特朗普为美国第 45 任总统的介绍表述为"Donald J. Trump is the 45th President of the United States"[①]，而"USA"的使用频率相对较低，常在体育赛事中出现，作为国家的简写。不论译员是有意修补还是习惯性地使用"the United States"这个正式的官方表达，在客观上都形成了对源语措辞的修正，有意思的是，这个修正被《纽约时报》(1999 朱_NYT(east)2)和《今日美国》(1999 朱_USAT1)两家媒体直接引用。这一定程度上说明新闻媒体在转述记者会话语时，更依赖于现场口译的英文表述，即使讲话人已经使用英语，新闻报道依然引用了现场英译版本。

例 4-24、例 4-25 和例 4-2 的译语偏移是对源语的意义修补。

例 4-24

1999 朱_源语：我承认我们的人权(.)的工作是有缺点的。

1999 朱 _ 译 语：I conceive that there is (.) room for improvement in human rights (er..) conditions in China.

例 4-25

1999 朱_源语：因为(.)你们要考虑到中国有几千年的封建的枷锁，人民的观念是很难改变的。

1999 朱 _ 译 语：As you may know, China has a (.) history of several thousand years of feudal system (.) feudal society, so people have very deep rooted concept (er..) affect (.) influenced by this (.) historical background, it is quite difficult to change such a mentality or concept (er..) overnight.

例 4-26

2011 胡_源语：首先我要(.)给你解释的是，(呃)，我没有听到(.)那位先生向我提出要我回答人权的问题。因为他是在向总统先生提问。我想这一点我可以已经先澄清了。至于说你要提出这个问题啊，我完全可以回答你这个问题。

2011 胡_译语：First, I would like to clarify, because of the technical (.) translation and interpretation problem, I did not hear (.) the question about the human rights. What I know was that he was asking a question directed at President Obama. As you raise this question, and I heard the question prop-

---

① 参见美国白宫网站，https://www.whitehouse.gov/people/donald-j-trump/，访问日期：2020-3-28。

erly，certainly I'm in a position to answer that question.

　　例 4-24 和例 4-25 语料来自朱镕基总理在同一场记者会上的讲话。在回答美国记者关于中国的人权问题的提问时，朱总理坦承中国的人权问题虽然取得了很大进步，但仍需要继续努力，因为根深蒂固的思想很难在短时间内改变。例 4-24 中源语"是有缺点的"在译语中被修改为"there is room for improvement"（还有改善的空间），例 4-25 中源语"人民的观念是很难改变的"在译语中出现增译，译为"it is quite difficult to change such a mentality or concept overnight"（这种观念很难在一夜间改变）。从积极解决问题的角度出发，将目前的人权工作"有缺点"修改为"还有继续努力的空间"，通过增补状语将人民观念"很难改变"修改为更符合实际情况的很难"在一夜之间"改变，译员将朱总理话语的意图意义或语用意义译出，更清晰地传递了中国政府努力改善人权问题的积极态度、实际存在的困难，以及解决问题的决心（关于这两个例子的讨论，也见第三章第三节）。这两例修正在新闻报道中被完全引用（其中有一例为适应句型对主语做了修饰），口译译语对记者会发言人积极形象的强化在新闻报道中得以传递。

　　其中《今日美国》（1999 朱_USAT1）通过使用混合引语，强化了例 4-25 中的"overnight"（一夜之间）。具体报道为"Zhu conceded there is room for improvement in China，but he said the deeply rooted concepts of several thousand years of feudal society cannot be changed 'overnight'"（朱总理承认中国的工作还有进步空间，但他说几千年封建社会根深蒂固的观念无法在"一夜之间"改变）（Mathis，1999-04-09）。可以看出，根据上文对部分引语的定义（见本章第二节），部分引语包括预置直接引语和警示引语，《今日美国》对例 4-25 中"overnight"一词的引用属于典型的警示引语。在费尔克劳看来，警示引语（scare quotes）是对"某一个词语或一组短语"（Fairclough，1992：119）的强调和凸显，表明引号中的内容不是自己的观点，而是来自他文本，其功能或是划清自身观点与他文本的界限，或是引用权威，或是介绍一个新用法或新词汇。警示引语一般带有较为强烈的感情色彩，或讽刺、或怀疑、或惊讶、或强调。"overnight"一词由于加了引号，在平铺直叙的话语中显得尤为突出，也特别能够吸引读者的目光，无论该词背后隐藏着什么样的意图，都说明这一内容在新闻记者或编辑眼里是非常重要的信息。

　　这个例子中的警示引语使用，有两点值得注意。其一，"overnight"是现场译员添加的内容，而非朱镕基总理的原话。新闻报道模糊了译员的声音，将译语增添的内容当作讲话人的原话，甚至作为重要信息加以特别强调。这与沙夫纳（2012b:80）关于译员口误被作为讲话人原话而忠实照搬到新闻报道中这一研究发现相一致，说明口译在记者会话语新闻传播中能产生一定影响。其二，新闻报道选择强调"overnight"一词。这可能是因为这个词既简洁又能切中要害地回答记者提出的人权问题，同时新闻作者试图将自己与这个词表达的观点疏离开来，因而选择使用警示引语。但这位作者可能没有意识到他/她实际上引用的是现场译员的话语而非讲话人的原话。

例 4-26 是胡锦涛和奥巴马联合记者会上的一个小插曲。一位美国记者向奥巴马总统和胡锦涛主席各提了一个问题，向胡主席提的问题是关于人权的，但由于先回答提问的奥巴马总统以为现场是同声传译，没有给美方译员时间对记者的提问进行交替传译，紧接着对美国记者的提问做了一个非常长的回答。奥巴马总统回答完毕之后，美方译员只是对记者提问和奥巴马总统回答做了一个较为简单的综述性翻译，因此胡锦涛主席没有注意到美国记者问自己的问题，认为美国记者"是在向总统先生提问"。记者会进行了一段时间之后另一位美国记者提问，质疑胡主席没有回答关于人权问题提问的行为，胡主席的原话是"我没有听到那位先生向我提出要我回答人权的问题"，而中方译员作了一个补充，译为"because of the technical translation and interpretation problem，I did not hear the question about the human rights"（由于翻译和口译的技术问题，我没有听到关于人权问题的提问）。面对记者的质疑，胡主席回答"没有听到"，而译员则进一步补充"没有听到"的原因是由于翻译问题，这使"没有听到"具有了理据性和更高的可信度，一定程度上修补了源语话语意义和讲话人形象。

相关的 5 段新闻报道中有 2 段没有转述具体内容，而是以评论方式说明由于"technical glitch"（技术问题）导致胡主席没有听到第一个问题，其余 3 段新闻报道共出现 4 例话语表征，其中 2 例为完全引用，2 例为重组译语。无论这 5 段新闻报道是以什么样的方式进行话语表征，这些报道均在源语"没有听到"的基础上增补了具体的翻译/技术原因，可见译员的解释说明达到了一定效果，对记者会话语在新闻报道中的正面传播产生了一定的积极作用。另一方面，媒体受众表现出对这个小插曲的兴趣。美国有线电视新闻网报道特别提及胡主席未回答记者提问可能是由于翻译环节出错（Velshi & Henry，2011-01-19），美联社一篇题为"胡奥记者会上的翻译困惑"一文将现场口译出错状况作为报道的主要内容（相关讨论也见本节第六点）。现场口译将翻译出错状况显性化，为较为严肃的记者会报道增添了戏剧性新闻点，这可能是新闻媒体忠实引用现场口译的原因之一。

例 4-27 的译语偏移可能是对源语的误译。

例 4-27

2011 胡_源语：至于你刚才讲的，(啊)，有的议员先生不打算参加今晚的宴会，(啊)，是不是(.)参加，以及出于什么原因，我想你应该去问他。

2011 胡_译语：As for (.) the latter question about the attendance at the state dinner by some Congress people，as to who will attend and who will not attend，and for what reasons，I think President Obama is certainly in a better position to answer that question.

例 4-27 是胡锦涛主席对上一例提问记者提出的另一问题的回答。记者请胡主席对一些译员不出席当晚的晚宴做出评论，胡主席说其中的原因"我想你应该去问他"。中方译员将"他"理解为奥巴马总统，译为"I think President Obama is certainly in a better position to answer that question"（我想奥巴马总统当然更有立场回答这个问题）。这一翻译将人称代词"他"明晰化，但视频显示，译员翻译完毕，全场爆发出笑声，奥巴马总统笑着对提问的记者说"Is that the question you want to pose to me, Hans? You get (.) you get one."（这就是你要问我的问题吗，汉斯？你可以问一个问题）。事实上，将"他"理解为"议员"(the congressman)可能更符合英语语法的前指规则，但相关的 3 例新闻转述都使用了现场口译版本。其中 2 例为完全引用，1 例将"to answer that question"（回答这个问题）修改为"to comment"（评论）。值得注意的是，《华尔街日报》[2011 胡_WSJ(eastern)]和《泰晤士报》(2011 胡_TT)紧接着作了小段评论。《华尔街日报》在完全引用了译员的翻译后接着写道"he said in a rare moment of levity"（他以一种罕见的轻率语气说道）(Davis，2011-01-20)；《泰晤士报》则在间接引用译语后评论道"This was partly true. Messrs Boehner and McConnell were implicitly accusing Mr Obama of appeasing a Communist regime …"（这不完全正确。博纳和麦康奈尔先生暗地里指责奥巴马总统对一个共产主义政权让步……）(Whittell，2011-01-20)。显然，《华尔街日报》和《泰晤士报》都对胡锦涛主席的回答表示不解，认为这是"罕见的轻率"或"这不完全正确"，而事实上，胡锦涛主席的原意可能并非如此。

克里斯蒂娃互文观的一个重要观点是文本的生产性，认为互文是"历史（社会）被植入文本，而文本也被植入历史（社会）"(Kristeva，1986a：39)，换句话说，互文是对历史的吸收和转化，也是对历史的重塑，对文本的每一次阅读和阐释，都是一次"互文性的建构"（程锡麟，1996：77）。正是在这一点上，费尔克劳将话语表征与话语秩序和社会秩序联系在一起，认为互文是"通过对先前文本的转换和重构，创造新的话语规范和话语秩序"（Fairclough，1992：103）。在这个例子中，译员对人称代词可能的误译被作为权威的话语来源而引用、编织进新闻报道文本中。通过对译语内容的互文阅读和阐释，新闻媒体引导读者对讲话人话语意义和讲话人形象的理解，建构起符合其机构目的的话语秩序，进而引导国际舆论，建构社会秩序。在这个互文建构过程中，现场译员的翻译偏移参与其中，成为关键的一环，一定程度上成为西方媒体对记者会话语及讲话人形象传播的直接线索。当然，媒体机构因素无疑是《华尔街日报》和《泰晤士报》报道较为偏激的立场和措辞背后更深层次的原因，笔者不作深入讨论。

例 4-28 的译语偏移是对源语的去意象化。

例 4-28

2014 胡_源语：这个（.）一个车子，如果开到半截儿啊，抛锚了，我们都要下来检查一下哪里（.）出了毛病，（啊），如果我们把某一件事作为一个问题提出来了，这个，可能，这确实（.）是有某方面的原因。中国人讲，解铃还须系铃人哪。所以，我们都可以啊，找找原因。

2014 胡_译语：When a car breaks down on the road，perhaps we need to get off the car to see where （.） the problem lies. And when a certain issue is raised as a problem，there must be a reason. In Chinese，we have a saying： The party （.） which has created a problem should be the one to help resolve it. So perhaps we should look into the problem to see where the cause lies.

例 4-28 是习近平主席对记者关于美国新闻机构驻华记者被拒发签证问题的回答。习主席先是以车子出现问题要下车检查作类比，接着用一句中国人常说的俗语"解铃还需系铃人"来告诫美国记者要反思自己的言行。"解铃还须系铃人"出自宋朝惠洪《林间集》记载的一个故事，说的是一日禅师问众人，谁能解下老虎脖子上的铃铛，有一人回答，把铃铛系在老虎脖子上的那个人能解，众人佩服[①]。现场译员去除了这个俗语中的文化意象，直接呈现比喻

---

① 参见百度百科，http://baike.baidu.com/link? url=nl39xQYjlwbkiEf3bJKUIZdFy k2XD3VwqaHHPjxVOHUAqjDdoCMWFK8acIXUpJrphUp9-uSnmaHtV1cbwafa03tEw3Y FuE3yUx9prAfvAhq，访问日期：2020-03-15。

义,表述为"The party which has created a problem should be the one to help resolve it"(制造问题的那一方应该协助解决问题)。相关的 6 例新闻转述均直接引用这段话,其中 4 例是完全引用译语,1 例对从句的引导词做了修饰,还有 1 例对句中的两个动词做了替换修改。其中《纽约时报》(2014 习_NYT(paper))在引用的同时,作了小段评论:

The Chinese say,'let he who tied the bell on the tiger take it off,'" Mr. Xi added, in a somewhat enigmatic phrase that was not immediately translated into English. It is normally interpreted as "the party which has created the problem should be the one to help resolve it.

("中国人讲,'让那个把铃铛系在老虎身上的人把铃铛取下来',习主席补充说,但他的措辞有些令人费解,很难立即在英语中找到对应的表达。通常我们这样理解这个俗语:"制造问题的那一方应该协助解决问题"。)

(Landler,2014-11-13)

这段新闻评论的作者先是直译了这个俗语的字面意思,然后完整引用现场译员的译语作为对其比喻义的解释。显然,《纽约时报》没有接受译员去除俗语中的意象而直接译出比喻义的做法,而把译员没有直译俗语的原因归结为习主席的措辞有些让人难以理解。这样,译员的明晰化偏移在新闻报道的互文建构中被拆解、重新解读、阐释,甚至造成了媒体对讲话人使用"somewhat enigmatic phrase"(有些令人费解的措辞)的印象。

虽然这只是个案,也没有考虑新闻媒体的机构因素影响,但对于记者会话语传播的翻译策略仍然有一定的参考价值。在我国的对外宣传中,"外宣三贴近"①原则是广为认可的标准,其中有两点都涉及对国外受众需求的照顾,包括照顾信息需求和思维习惯的需求,可见我国的对外宣传很早就注意到受众意识。就记者会口译实践而言,多位资深高级翻译多次谈到,政治外交场合的口译注重传达讲话人话语的核心意义,要清晰易懂,照顾听众的文化差异和思维习惯,而不必拘泥于讲话人话语的形式或字面意义,不提倡死板的直译(过家鼎,1984;张援远,2004;施燕华,2007),尤其是在翻译带有中国文化特色话语时,建议适当添加解释,而对于一些可能引起国外受众反感的文化意象,如听起来"血淋淋"的"血肉关系"(施燕华,2007:60),可以去除文化意象,转而表

---

① 外宣"三贴近"原则由黄友义提出,具体指"贴近中国发展的实际、贴近国外受众对中国信息的需求、贴近国外受众的思维习惯",参见黄友义(2004:27)。

达和解释其中的含义。可见，记者会话语的对外传播中，对国外受众需求的照顾常常体现为偏向归化的去意象化翻译策略。这与口译的即时性有一定关系，口译的核心要义是意义的传递，是沟通和交流的顺畅，因此，清晰易懂被放在重要位置。但本研究的个案分析显示，记者会话语对外传播中的去意象化策略值得进一步思考和灵活使用，在中国受到越来越多国际关注的今天，国外媒体对中国文化有越来越多了解，因此不断更新对国外受众需求的定义及更新翻译策略，有助于记者会话语更加积极有效的对外传播。

值得注意的是，新华社负责对外传播的资深编辑严文斌也观察到了这一点，他在一篇文章中以李克强总理记者会上的"喊破嗓子不如甩开膀子"为例，说明一些西方媒体并未采纳现场译员的去意象化口译"Talking the talk is not as good as walking the walk"，而是倾向于直译，既保留记者会源语中的意象，同时也与英语习语相结合，如英国的《经济学人》（*The Economist*）将这句话表述为"'Screaming yourself hoarse' was not as good as 'rolling up your sleeves and getting to work'"（"把嗓子喊哑"不如"卷起袖子开始工作"）（严文斌，2015：10）。这为中国特色话语的翻译提供了思路，也说明在记者会话语的口译和翻译中需要有不断更新的受众意识。

总之，本研究将口译译语的 6 处偏移分为三类，即修补、可能的误译和去意象化，并分析这些偏移在新闻报道中被互文转述、表征，以及评论的情况，发现口译作为记者会话语传播的重要媒介，是国外新闻媒体信赖的话语来源，在源语和译语出现不一致的情况下国外媒体更倾向于引用译语的英文表述。显然，口译活动一定程度上参与了新闻报道话语的互文建构，影响了记者会话语在新闻报道中的传播。

具体表现为：第一，与 6 处译语偏移有关的 20 段新闻报道都接受了偏离于源语的译语意义，也就是说，译语偏移被当作讲话人的原话通过新闻报道进行传播，被引用和编织进新闻报道文本中。新闻报道的话语表征以直接引语和完全引用为主，较为典型的有 2 处转述，一处未采用记者会发言人原话中的英文表述，而使用不同于源语的译语版本，另一处为偏移的译语加上引号，将译员添加的信息作为重要信息加以凸显和强调；第二，媒体通过话语表征和对表征内容的评论来构建连贯的新闻语篇，建构话语秩序，在媒体的这种互文建构中，译员对记者会话语意义和发言人形象的修补得到积极的正面传播，但可能的误译及译语的去意象化处理可能一定程度上造成媒体对讲话人措辞的质疑和讲话人形象的负面传播；第三，译语的去意象化个案分析还表明，国外受众不一定愿意接受意译的中国文化意象，记者会话语对外传播在强调受众意识和受众需求的同时,也要考虑到常驻中国的外国媒体对中国文化有越来越多了解,越来越容易接受中国特色的文化信息,进而不断更新对受众需求的定义,制定更有利于话语传播的翻译策略。

六、新闻报道中口译活动的指涉和评论

通过对新闻报道的话语表征,以及记者会话语转述与新闻报道中其他话语,尤其是与相关评论的互动关系分析,说明口译活动一定程度上参与了新闻报道语篇的互文建构,进而参与了新闻报道话语秩序的建构。但这种参与基本上是隐身的。虽然大部分新闻报道的转述和评论是基于现场口译,对于读者而言,这些转述大都来自中方讲话人,几乎感受不到口译的存在。虽然如此,口译活动作为记者会副产品,仍然在某些情况下得以显身。下文根据表4-7提出的分析框架,从新闻报道对口译来源的明示与隐藏,以及新闻报道对口译行为的指涉和评论这两方面讨论口译活动在新闻报道中的显身性,以及口译活动在新闻报道互文建构中的参与作用。

首先,在笔者搜集的记者会新闻报道语料中,6个语段涉及中方讲话人话语内容,3个语段涉及讲话人言语行为的叙述[①],且明示其口译来源,具体语料信息见表4-12。

表 4-12　新闻报道中口译来源的明示

序号	类型	新闻源	示例
1		1999 朱_WT	Mr. Zhu said, as translated by an interpreter
2		1999 朱_NYT(east)2	Mr. Zhu continued through an interpreter
3	对具体话语内容的表征	2011 胡_NPR(show)	Pres. Jintao: (through translator)
4		2012 梁_AP	Gen. Liang Guanglie,…, saying through an interpreter
5		2013 常_AP(financial)	Chang said through an interpreter
6		2014 习_NYT(paper)	he said through an interpreter
7	言语行为的叙述	2011 胡_NPR(show)	but also said this, again through a translator
8		2011 胡_NPR(show)	Hu, speaking through a translator
9		2011 胡_NPR(blog)	President Hu speaking through a translator

①　言语行为的叙述指语篇作者对他文本言语行为的主观描述(见第二章第一节),由于不涉及记者会话语的具体内容而无法判断是否以口译为互文来源,因而不纳入对本研究话语表征的考察范围。

　　笔者对上表所示信息作如下分析：第一，涉及具体话语内容表征的 6 个语段，仅占新闻转述语段总数的 2%（见本节第一点），说明总体来说，新闻报道极少明示其引用话语的口译来源；第二，9 段明示口译来源的新闻报道集中于四家美国媒体，即《华盛顿时报》《纽约时报》、美联社和美国国家公共电台，一定程度上说明美国媒体在本研究考察的中、美、英、澳、新加坡等 5 个国家的媒体中，最关注转述话语的口译来源。当然，这与语料库中美国媒体的新闻报道数量最多也有一定关系；第三，上表所示的 9 段报道对口译来源的明示方式基本一致，即在引述动词之后添加"through an interpreter/a translator"（通过译员）。值得注意的是，在 9 段报道中，使用"interpreter"（口译员）5 次，而使用"translator"（译者）4 次，一定程度上说明新闻机构并没有对口译和笔译作清晰的区分。这与笔者的口译实践经历相印证，即口译的使用者，或口译客户常常称呼译员为"translator"，或交替使用"interpreter"和"translator"。

　　新闻媒体很少在报道中专门提及记者会译员或对其口译行为进行评论，这一方面是由于媒体关注的焦点是记者会活动，而口译只是为记者会活动服务的语言中介；另一方面也因为政治外交场合要求译员尽量隐身，比如译员的任务是保证记者会发言人和记者的顺畅交流，甚至让讲话双方忘记译员的存在，又如在两国领导人会晤时译员需注意自己的站位，尽量保证自己在媒体的镜头之外[①]，避免自己受到关注。因此，雷天放、陈菁（2006：113）指出，"译员一旦成为人们议论的对象，往往是由于他的工作出了差错，引起误会或不满，甚至严重后果，真有点'好事不留名，恶事传千里'的味道。"从本研究的语料来看，这种说法基本正确，但不完整。在本章搜集的新闻报道语料中，笔者发现 4 个相关案例，表明口译员或翻译活动的某个环节出错的时候，确实引起了媒体较大的兴趣，但除此之外，作为记者会活动的副产品，译员及其口译行为也在某些情况下出现在新闻报道中。

　　第一个案例出现在 2011 年 1 月 19 日胡锦涛主席和奥巴马总统联合记者会的报道中。这场记者会的翻译环节屡屡出现问题，先是奥巴马总统以为现场进行同声传译，所以给出了非常长的回答，而美方译员仅综述了记者的提问和奥巴马总统的回答，间接使得胡锦涛主席错过美方记者对自己的提问，接着中方译员可能又出现误译，引发现场笑声，除此之外，从视频上看，现场的口译设备也出现断断续续听不清的情况。为此，美联社撰写了一篇专门谈论记者

---

　　①　关于政治外交场合译员要尽量隐身的讨论，参考笔者于 2013 年 8 月 6 日参加地方政府外事翻译培训班时外交部翻译司高级翻译关奕的讲座。

会翻译的报道,题目为"Translation Confusion at Obama-Hu News Confer-
ence"(胡奥记者会上的翻译困惑)(详细信息见附录 3,2011 胡_AP1)。这是
85 篇新闻报道中唯一一篇以翻译为标题、专门讨论记者会口译活动的报道,
说明新闻媒体对记者会上频出状况的口译活动很感兴趣,将其作为记者会系
列报道的一个部分。现场口译出现问题,无疑将影响中美领导人在记者会上
的交流和各自政府的对外传播,这时,口译作为桥梁的作用以及对政府和领导
人形象传播的影响被凸显出来。关于这一点,胡奥记者会后凤凰卫视的评论
员何亮亮甚至说,口译环节频频出错反映出白宫在这次记者会的组织上有些
问题①,这将口译活动的组织问题上升到了政府工作层面。

除了翻译环节出现问题而得到媒体关注之外,在本章新闻报道语料中,还
有 3 例新闻报道语段提及译员,见例 4-29、例 4-30、例 4-31。

例 4-29 出自美联社报道,转述新华社记者提问,其中特别提及了中方译
员和翻译问题。

例 4-29

2011 胡_源语:新华社记者。由于同声传译信号时断时续,我想请中方翻
译费胜潮先生把我的两个问题原原本本地翻译给奥巴马总统。

2011 胡_译语:Because of the on-and-off (.) interpretation from the sim-
ultaneous booths, so I would like to ask the Chinese consecutive interpreter
to interpret my two questions correctly and accurately.

2011 胡_AP1:Later in the news conference, a Chinese reporter
provoked laughter when he raised the translation issue and asked the
Chinese-language translator "to interpret my two questions correctly and ac-
curately".

这个案例中,新华社记者在记者会上罕见地直接说出中方译员费胜潮的
名字,译员译为"the Chinese consecutive interpreter"(中方交替传译译员),而
美联社的报道则在译员翻译的基础上表述为"the Chinese-language
translator"(汉语翻译)。可以看出,中方译员在中外记者会场合尽力保持较
低的曝光程度,隐去自己的姓名转而用"译员"身份代替,他的努力在新闻报道
中得到了体现。

———————

① 参见凤凰视频。下载地址:http://v.ifeng.com/opinion/world/201101/fe87105f-
b339-4e32-aa47-9e4450a847b6.shtml,访问日期:2015-08-23.

例 4-30

1999 朱_源语：当然，这个麦克风好像这个技术不是太先进

1999 朱_译语：Although it seems that the technology with regard to this microphone is not that advanced.

1999 朱_FT1：Then he poked fun at a troublesome microphone，used by the translator，remarking that US technology "is not that advanced."

例 4-30 源于《金融时报》报道在理解上的偏差。朱镕基总理在回答美国记者关于中国偷窃美国军事技术的问题时，调侃自己面前的麦克风不太好用，而《金融时报》误以为朱镕基指的是译员面前的麦克风。我们很难考证导致这一误解的原因，但从《金融时报》报道的表述来看，译员被从幕后推到台前，成为新闻机构对朱镕基总理讲话的评论对象之一。

例 4-31

2013 习_NYT(paper)：Mr. Obama and Mr. Xi，along with their inter-preters and closest aides，retreated to the comfort of the sprawling Sunny-lands estate in nearby Rancho Mirage …

2013 习_WSJ(online)：They chatted as they walked with translators in tow ….

例 4-31 则是《纽约时报》和《华尔街日报》刊登的两则对 2013 年习近平主席和奥巴马总统记者会报道的节选，描述两国元首记者会的相关活动，即在安纳伯格庄园进行非正式会晤的场景，译员被作为随行人员提及。

总之，口译是国内外记者共同参加的记者会中一个必不可少的环节，通过对新闻报道中口译活动的指涉和评论的分析，发现当口译活动出现问题，尤其是对记者会现场交流及话语传播产生影响时，引起新闻媒体较大关注，同时译员作为记者会活动的参与者，也在某些情况下得以在新闻报道中显身。

具体表现为：第一，明示口译来源。本研究语料中明示口译来源的新闻报道全部来自美国新闻机构，对来源的表述均为 "through an interpreter/a translator"（通过译员），其中对译员的表述交替使用 "interpreter" 和 "transla-tor"；第二，新闻媒体对现场口译或在口译活动组织过程中出现的错误或问题较感兴趣，甚至在记者会系列报道中以 "translation confusion"（翻译困惑）为关键词进行整篇报道；第三，除口译出错之外，译员也作为领导人的随行人员在新闻报道中被提及。但译员自己不愿意受到媒体关注，尽力保持隐身状态。

除此之外,笔者认为,从新闻报道语篇的互文建构角度来看,与新闻报道中不同类型的引用不同,涉及译员及口译活动显身性的报道以叙述和评论为主,换句话说,口译活动的显身不是以他引的方式出现,而是作为他文本被吸收、破坏、置换、转化和阐释后编织进新闻语篇的纹理,成为新语境的一部分,参与新闻语篇话语的建构。当然,从整体上看,新闻报道中口译活动的指涉和评论只占很小的比例,口译活动在大部分新闻报道中是隐身的。

第四节　小　结

本章以费尔克劳的互文观,主要是费尔克劳关于话语表征、文本作为"互文性的建构"所具有的编织性、生产性和变革性,以及互文在重塑和创造话语秩序和社会秩序中的作用的论述为主要理论来源和分析框架,通过定量统计和定性分析考察记者会口译译语与英语新闻转述的互文关系。本章分析和解决两个问题,一是口译译语与新闻转述关系的特点,包括表征方式、表征内容、表征来源等,以及口译译语与新闻报道中其他话语的关系,如新闻报道对口译译语和口译活动的评论等,二是口译活动通过新闻报道的互文引述在记者会新闻传播中的参与作用和影响。研究语料为 8 场中美政府联合记者会口译视频及关于记者会话语及其口译的 85 篇主流英语新闻报道,以互文转述为焦点共筛选出 125 个口译语段、相应的 279 段新闻转述和 335 例话语表征,以及不涉及具体记者会话语内容的 6 段指涉和评论口译活动的报道语段。具体的分类讨论从不同表征方式、不同媒体机构、译员自我修正、译语的意义偏移和新闻报道中口译活动的指涉和评论五个方面进行。

针对第一个问题,研究发现:第一,从话语表征方式来看,直接引语占据比例最大(约 45%),直接引语和部分引语的比例合计超过 50%,也就是说,新闻报道中超过半数的引述声称是引用原话,而间接引语大约为话语表征总数的三分之一;从表征内容来看,完全引用译语的比例最大(约 41%),完全引用和修饰译语的合计比例与修改重组译语的合计比例基本相当,各占一半。另外,直接引语和部分引语以完全引用译语及趋近完全引用的译语修改为主,间接引语以译语重组及趋近译语重组的修改为主;从口译来源来看,极少数引述(约 2%)明示口译来源;第二,比较《纽约时报》、美联社和新华社这三家媒体机构报道的话语表征,发现《纽约时报》和美联社报道中有引号转述的比例较大(约 91% 和 67%),完全引用译语(约 61% 和 46%)和明示口译来源的比例较大,而新华社报道中有引号转述相对较少(约 54%),直接引用中也存在大量的译语修改和重组现象(约 58%);第三,译员自我修正在 91% 的相关新闻转述中被接受,译语意义偏移在 100% 的新闻转述中得以接受和呈现,且均以直接引语为主。部分译员修正和译语意义偏移在新闻报道中被显化、评论或拓展解读;第四,口译译语与新闻报道语篇中其他话语的互动关系体现在三点:一是新闻语篇中的其他叙述话语为直接引述提供语境预设和铺垫,如 279 段新闻转述中近四分之一的语段(66 段)为间接引语/言语叙述和部分引语的混合表征;二是语篇中的其他话语对转述话语进行评论;三是少数新闻报道明示转述话语或讲话人言语行为叙述的口译来源,以及对译员和口译行为进行指涉和评论。

从对第一个研究问题的分析可以看出,口译活动通过互文表征、互文语境预设、指涉和评论一定程度上参与了记者会话语在新闻报道中的传播,产生较强的互文影响。具体体现在:第一,新闻报道重视、依赖和尊重现场口译的表述和措辞。比如,新闻报道中直接引语和完全引用译语的比例最大;在超过半数的新闻转述中,口译译语作为记者会发言人的原话被加上引号;报道中有引号引语基本忠实于译语,无引号引语则大多相对于译语有较大改动;当译语与源语不一致,如译员进行自我修正或译语意义偏离于源语时,绝大多数报道引用译语的表述;第二,口译译语对新闻报道的互文影响存在机构差异。现场口译对美国主要报社和通讯社,如《纽约时报》和美联社报道的互文影响较大,而对中国主要通讯社,如新华社报道的互文影响较小。新华社报道对现场译语的修改和重译比例高于美国新闻机构,主要体现在选词和句式重组上,反映出新华社在对外新闻翻译中的措辞推敲,也说明口译在新闻翻译过程中的参与作用是有限的;第三,新闻报道通过话语表征、语境预设、评论等方式将被转述的记者会话语嵌入新闻语境中,引导公众对转述话语的理解,而口译活动则在这一过程中影响甚至引导媒体对于记者会话语的解读。译员自我修正和译语偏移一定程度上是对记者会话语和讲话人形象的修正或修补,同时也可能导致媒体对记者会话语理解的偏差,进而引发媒体对记者会话语正面或负面的评论和传播(见例 4-10、例 4-11、例 4-24、例 4-25、例 4-26、例 4-27、例 4-28);第四,少数情况下,新闻报道指涉或评论译员和口译行为,这时,口译活动以显身的身份参与记者会话语传播。比如,一些新闻转述明示口译来源(约 2%),明示对记者会话语(译语)措辞的修改(如例 4-4、例 4-5),或明示译员的自我修正(如例 4-11),又如,口译环节出现错误时,新闻报道专门对口译活动进行评论等。另一方面,译员本身却表现出明显的不愿受到媒体关注的倾向。

　　本章部分研究结论呼应了前人的研究发现，如沙夫纳关于新闻报道依赖于口译译语的观点，同时，本章通过分析现场口译在新闻报道中被引用的方式、被引用、修改和重写的程度、与新闻报道其他话语的互动关系等，进一步推进沙夫纳的研究，细化了口译活动在记者会话语传播中的具体影响，包括新闻报道对译语忠实度在不同表征方式中的体现、对译语修正、译语意义偏移的接受情况等，同时本章发现现场口译一定程度上影响甚至引导新闻媒体对记者会话语的理解。另外，从本章的互文分析反观口译教学和口译教材编写，笔者认为应慎重对待译员的自我修正，包括译员的"自圆其说"训练，在涉及记者会口译语篇时，可增加有关译员修正造成相关新闻媒体报道不必要误读的讨论。除此之外，本章发现去意象化的翻译策略在国外媒体对中国文化比较了解的情况下会引起误解，这促使笔者反思在翻译研究中应不断更新对受众需求的认识，制定更加有效的翻译策略促进记者会话语的对外传播。

　　当然，需要指出的是，虽然口译活动在记者会新闻传播中有一定的参与作用，但总体来看，口译活动在新闻报道中是隐身的。新闻媒体极强的机构性意味着口译活动在以新闻报道为载体的记者会话语传播中的作用是有限的，不论是话语表征还是指涉评论，新闻媒体的话语选择都体现着意识形态和权力的较量。同时，记者会话语传播是多种因素合力的结果，口译活动只能是其中一种参与因素或影响因素，并不能左右传播效果。另外，本研究语料以传统媒体，尤其是报纸、通讯社、广播、电视为主，英语新闻报道以美国主流媒体报道占多数，研究结果不一定适用于记者会话语在其他媒体，如新媒体中的传播，以及在其他语种新闻报道中的传播。

第五章　口译活动与新闻评论的互文分析

　　根据赵毅衡的符号学互文观,记者会口译活动与其新闻报道形成文本与评论文本关系。本章基于赵毅衡的伴随文本概念框架,以 51 篇主流中文新闻报道为文本分析对象,通过分析新闻报道作为评论文本的标新意义、新闻报道副文本的附加意义,以及链文本的嫁接意义,讨论伴随文本对记者会口译活动符号表意、文本接收、解释和传播的影响,进而探究口译活动在记者会新闻传播中的参与作用。

第一节　从口译到新闻评论：记者会口译的伴随互文

　　口译作为有外国记者参加的记者会的重要环节之一,受到新闻媒体关注。笔者发现,与中国政府记者会有关的中文新闻报道除了以记者会领导人讲话、相关政策背景、政策解读、政策新动向等为主要内容之外,相当一部分报道将政府记者会译员及其口译活动作为新闻焦点。如《浙江日报》聚焦总理身边的女翻译(《浙江日报》,1998-03-31)、中国日报网聚焦外交部译员群体(李潇堃,2012-05-25)、人民日报微信公众号聚焦总理记者会精彩片段的翻译(卢永春等,2015-03-15)等。口译活动报道作为刚硬的政府记者会新闻的柔化剂,成为记者会系列报道中富有人情味的一环,这符合新闻传播对新闻温度的追求。

　　中国政府历来重视对外传播过程中口译的质量,尤其是译语的政治正确性和准确性,因此中国政府记者会的口译工作均由政府译员承担。外交部翻译司作为主要的国家级政府外事翻译部门之一,拥有数量众多的政府译员,翻译司口译团队承担了大多数中国政府重要政治场合的高级别口译活动，如每年的"两会"记者会、国家元首联合记者会，以及大部分国务院新闻办发布会/记者会等。外交部翻译司口译员作为一个群体，在国内媒体中的曝光率很高，一些翻译司的高级翻译，如朱彤、许晖、戴庆利、费胜潮、张璐、孙宁等也成为媒体乃至国内公众耳熟能详的名字。新闻媒体对记者会译员及其口译活动的报道，从某种程度上说，"增添了记者招待会的趣味性"（邱政政，2014-12-21），政府译员成为记者招待会"一道靓丽风景线"（凤凰资讯，2012-03-06），或者说，成为媒体和普罗大众了解政府记者会的一扇特殊的窗口。如《国防时报》报道的导语所说，中国政府高层"偶尔透露的点滴信息远远无法满足公众的好奇，以致一切与之相关的人物都极易成为公众关注焦点"（李光，2010-04-21）。有意思的是，"两会"记者会报道中出现的鲜活群体特写还包括与会记者、会场服务员、来自各行业的政协委员等，但主要都出现在新闻花絮中，没有形成大规模系列报道，这显示出记者会口译活动作为软新闻焦点的特殊性。

　　然而，笔者尚未发现与记者会口译活动的新闻报道，以及这类报道在记者会新闻传播过程中所起作用相关的研究，涉及其他口译活动新闻报道的研究也仅找到两项。一是迪里凯尔（Diriker，2004：39-44）分析同声传译的"元话语"（meta-discourse），即行业内外对同声传译的看法时，用了两个小节的篇幅分析与同声传译活动有关的土耳其媒体报道，分别涉及媒体对会议口译质量和译员薪酬的评论，以及译员接受媒体采访时关于译员中立性的自我认识，由此，迪里凯尔讨论了媒体语境对会议口译员专业和职业定位，以及对会议口译标准和要求的影响；二是费伦（Phelan，2011）通过爱尔兰报纸关于法庭审判的报道分析法庭口译员的工作状态，涉及法庭对译员的需求、法庭译员的职业身份、职业技能、薪酬以及口译伦理等问题。这两项研究都是通过媒体的相关报道深入对口译活动，尤其是译员职业地位和工作状态的认识，但均限于现象的描述，缺乏相关理论指导，也缺乏较为深入的数据挖掘和阐释。其中，迪瑞克关于口译活动新闻报道的分析是作为其研究对象的社会语境背景出现的，并不是专门的针对性研究。另外，两项研究均未考虑口译活动新闻报道所产生的社会影响。

　　针对现有研究在记者会口译活动新闻报道方面的缺失，本章从符号学互文观的视角讨论记者会口译活动与其新闻报道的互文关系，并通过二者的互文现象透视口译活动在记者会新闻传播中的参与作用。

　　本研究的口译活动指一系列与语言符号的即时性转换相关的交际活动，

包括通过口头或手语方式将信息由一种语言即时转换为另一种语言的交际行为，以及对这种语言交际行为产生影响的参与性因素，如讲话人因素、译员因素、现场听众因素、非现场听众/观众因素、口译受众市场因素、口译服务提供机构因素等（参见第一章第二节）。也就是说，本研究认为翻译/口译不仅是一种狭义的语言符号转换活动，也是一种广义的社会实践和文化活动。从符号学的广义文本定义来看，文本是"任何符号表意组合"（赵毅衡，2012:42），因此我们可以将口译活动视作一个符号文本，而口译活动的新闻报道则是其评论文本。本章的记者会口译活动包括记者会讲话人、译员、口译服务提供机构、译语内容等因素。评论文本（commenting-text）是赵毅衡提出的概念，起初称为"元文本"（赵毅衡，2012:148），后改称"评论文本"（赵毅衡，2013:217）（详细讨论见第二章第四节）。评论文本作为伴随文本的一种类型，指"关于文本的文本"，即"此文本生成后被接收之前所出现的评价，包括有关此作品及其作者的新闻、评论、八卦、传闻、指责、道德或政治标签等"（赵毅衡，2012:148）。需要说明的是，本研究的新闻报道作为评论文本，是伴随口译活动文本一起发送的"附加因素"（赵毅衡，2012:143），影响口译活动文本符号表意过程的解释，但同时，新闻报道本身是一个完整的符号文本，其伴随文本也影响着受众对新闻报道的解释（关于符号文本的边界，参见第二章第四节）。

基于中国政府记者会口译活动与中文媒体新闻评论之间的文本与评论文本关系，本章拟作进一步分析和讨论，旨在回答三个问题：（1）中文媒体新闻报道作为评论文本，涉及口译活动的哪些方面或内容，如何对口译活动进行评论？对口译活动文本的符号表意有何影响？（2）新闻报道作为文本，其伴随文本有何特点？对口译活动文本的接收和解释有何影响？（3）基于前两个问题，口译活动在主流中文新闻报道中的传播效果如何？对记者会新闻传播有何影响？

第二节　新闻评论语料及伴随文本互文分析框架

一、记者会口译活动的新闻评论语料

由于中国政府记者会的高关注度和高曝光率，与其密切相关的口译活动也成为记者会系列报道的内容之一。中国政府高级别的政府记者会口译主要由外交部翻译司承担,外交部翻译司译员也是最受媒体关注的政府译员群体。本章的口译活动新闻报道主要指以外交部翻译司、翻译司译员群体及其记者会口译活动为对象的新闻报道语料。如果说译员在政府记者会口译现场以及在记者会相关英语新闻报道中是以隐身为主,但也显示出一定的主体性意识,起到协调交流的作用,或者通过相关新闻报道的互文引述被动地参与记者会传播的话,那么在以记者会译员及其口译活动为主要对象的新闻报道中,译员则从幕后走到台前,在公众视野中显身。

　　语料筛选原则为:(1)口译活动新闻报道需与记者会相关,因而排除不涉及记者会的其他场合口译活动的报道,如 2013 年 11 月 1 日《南方都市报》采写的报道"国家领导人访拉美翻译原是增城妹"(梁艳燕、朱亚玲,2013-11-01)、2013 年 12 月 18 日《法制晚报》对李肇星专著《说不尽的外交》中关于领导人出访口译活动的摘写"翻译也能化解尴尬"(《法制晚报》,2013-12-18);(2)本章关注记者会口译活动与新闻评论的互文关系,聚焦口译活动在新闻评论中的描述和呈现,新闻报道语料包括媒体对口译活动的评论,也包括译员接受媒体采访时对记者会口译活动的评论,但不包括媒体对政府译员在公开场合谈论其他场合口译活动的报道,如媒体对张璐在国际论坛上关于外交口译发言的报道(中国网,2015-12-12);(3)由于符合需求的新闻报道语料主要来源于中文媒体,在国内外英语媒体中比较少见,因此本章的新闻报道主要指发行量较大/关注度较高的国家及地方主流中文媒体新闻报道;(4)语料的获取通过公开发布的渠道,在媒体类型上兼顾传统媒体如报纸,以及新媒体如互联网、微信等。

　　具体来说,报纸报道主要通过"中国报纸资源全文数据库"和"慧科搜索"两大报纸数据库获取,前者"收录了全国各大报业集团的核心报纸近 500 种"[①],后者"提供大陆报纸、港澳台报纸搜索"[②],其他媒体报道主要通过互联网、微信平台获取。需要说明的是,初步筛选发现媒体之间相互供稿,因此新闻报道语料的相似率、转载率和重复率非常高,存在同标题转载、更换标题转载、综合转载,以及更换来源转载等几种情况。比如,《北京晨报》2010 年 3 月 16 日的报道"美女翻译网上人气超刘翔"(张璐、李丰,

---

　　① 　参见国家图书馆网站,http://dportal.nlc.gov.cn:8332/zylb/zylb.htm#,访问日期:2015-10-10。

　　② 　参见福建省图书馆网站,http://www.fjlib.net/sztsg/dzbz/201402/t20140212_171733.htm,访问日期:2015-10-10。

2010-03-16)被《青年报》同标题全文转载（青年报，2010-03-16）；《法制晚报》2010 年 3 月 16 日的报道"巧译古诗词，总理翻译网络'走红'"（王燕、郭悦，2010-03-16）被《杭州日报》全文转载，更换标题为"美女翻译人气胜过刘翔"（《杭州日报》，2010-03-17）；《华西都市报》综合《北京晨报》和《法制晚报》报道进行综合转载（《华西都市报》，2010-03-16）；而《新京报》2015 年 3 月 9 日题为"两会翻译是怎样炼成的？"（王晓枫，2015-03-09）的报道则经"凤凰网"转载（凤凰网，2015-03-09）后，被《澳门日报》以"凤凰网"为来源接力转载（《澳门日报》，2015-03-12）。另外，互联网传播的快速性、规模性和交互性使得信息爆炸式增长，如在百度搜索引擎键入"美女翻译网上人气超刘翔"，出现的相关结果约 484 000 个[①]，因而对相关新闻报道进行全面的筛查和统计比较困难。

　　鉴于此，本章借用扎根理论中的"开放式登录"[②]和饱和原则搜集符合需求的语料案例，尽量追溯至原始报道，剔除重复报道，最终收集 51 篇相关新闻报道，建立记者会口译活动新闻评论语料库。该语料库包括 29 篇报纸报道、18 篇网络报道、3 则微信报道，以及 1 个采访视频（语料详细信息见附录 4），时间跨度为 1998 年至 2015 年，容量（包括视频转写文本字数）约为 8 万字，配图 90 幅。这 51 篇报道的来源媒体覆盖党、国家和各级政府机构主管的党报、机关报、省市级都市报、国家及境内外主流门户网站，兼顾传统媒体和新媒体，绝大部分为原创报道、且转载率较高，具有一定的代表性。

　　需要说明的是，第一，笔者搜集到最早的新闻报道为《浙江日报》1998 年 3 月 31 日第 7 版的"总理身边的女翻译"一文，将其作为语料时间跨度的起点。中国政府记者会和新闻发布制度的逐步确立，始于 20 世纪 80 年代，"两会"总理记者会始于 1991 年，国新办新闻发布制度始于 1993 年，自 1998 年朱镕基总理记者会开始，"总理记者会不仅成为两会的重头戏，而且成为向全世界展示中国政策和主张的重要窗口"（总理，时间不详）。另外，《浙江日报》的这篇文章提到，由于译员朱彤在总理记者会上的出色表现，"许多负责人忽然意识到口译在中外交流中的重要性和急迫性，人们在朱彤身上联想到许许多多的东西"（《浙江日报》，1998-03-31），可见，政府记者会口译活动在 1998 年以后

---

① 该测试于 2015 年 9 月 1 日进行。

② 扎根理论指自下而上从大量原始资料中发现规律。开放式登录指研究者以开放的心态对原始资料的内容进行编码，直到饱和，即没有新的信息出现或信息开始重复。关于开放式登录和饱和原则的讨论，详见陈向明（2000：332-333）。

逐渐进入大众视野。第二,由于笔者主要针对原创报道(包括由媒体综合整理的报道)进行"开放式登录"和搜集,因此本章的统计结果和讨论主要反映原创报道的评论内容和伴随文本的情况,而仅能侧面或间接反映整个中文媒体市场中口译活动的报道情况,如转载的报道一般会注明来源媒体,转载报道刊发的时间一般接近原创报道等。

二、伴随文本互文分析框架

赵毅衡的伴随文本概念兼具宏观和微观的指导意义。宏观上,伴随文本概念有助于揭示单个符号文本意义的接受和解释与社会文化的动态关系。赵毅衡(2012)认为,任何一个符号文本都不是孤立存在的,总是携带着与社会的约定和联系,而伴随文本正是文本的伴随因素,藏于文本之后、处于文本边缘,或文本之外,提示着文本与世界的关系,因此符号文本总是文本和伴随文本共同体。伴随文本概念关注文本与文本的关系,但不同于克里斯蒂娃基于文学作品提出的"文本间性",赵毅衡理论框架中的文本包含社会和文化的大文本。符号文本的表意过程是依靠伴随文本而递进的,比如口译活动的相关新闻报道是其评论文本,影响口译活动的解释,而新闻报道这一伴随文本又需要依靠其伴随文本来确定意义,这样层层推进,于是我们可以依据伴随文本来解读口译活动在新闻报道中的表意和传播。其次,微观上,赵毅衡将伴随文本细分为显性伴随文本、生成性伴随文本和解释性伴随文本三大类,副文本、型文本、前文本、评论文本、链文本和先后文本六小类,每一类伴随文本均有稳定的指向,同时将伴随文本类型与伴随文本对符号意义生成和解释两个环节的影响明确对应起来,这使得伴随文本概念作为一个分析工具,能为具体的符号文本生产和解释提供可操作的指导。比如,我们可以找到口译活动的相关新闻报道,即其评论文本,新闻报道的媒介类型、栏目等副文本,新闻链接等链文本,进而对符号文本与其伴随因素共同发送的意义进行解读。

本章关注新闻报道作为评论文本,对口译活动的哪些内容作评论,该评论文本又受到哪些伴随文本因素影响,进而影响受众对口译活动文本的解释。参考李玮(2014:174-200)在赵毅衡伴随文本理论框架下对新闻文本中伴随文本的具体分类,具体分析框架如下:

表 5-1　伴随文本分析框架

类型	定义	具体应用	示例
评论文本	评论因素	关于政府记者会口译活动的采访、报道	《扬子晚报》《"蘑菇头女神"翻译 5 上总理记者会》一文以总理记者会现场翻译张璐为报道对象
副文本	框架因素	报道文本刊载的媒介机构（机构性质、权威性等）、刊载的媒介类型（如报纸、网络等）、内容版块/栏目、版面位置、版面空间、内容页层级数等	《"蘑菇头女神"翻译 5 上总理记者会》一文刊载于 2015 年 3 月 16 日《扬子晚报》，省级都市报，刊载栏目为"全国两会·总理记者会"，A09 版醒目位置，占据大半个版面
链文本	链接因素	组合式报道、置于报道文本周围的文本、超链接等	《"蘑菇头女神"翻译 5 上总理记者会》一文为组合式报道，该期共 8 个版面报道两会新闻，涉及两会《立法法》的发布、总理记者会答问语录等。同一版面还包括历年总理记者会精彩翻译、其他记者会译员、翻译工作的准备等

　　首先，评论文本是解释性伴随文本，指向文本的评论因素，为文本标新意义。新闻报道为口译活动注入了新闻媒体的意义解读，为口译活动标新了符合新闻机构、新闻导向和政治舆论需求的意义，对评论文本具体内容的分析有助于发现口译活动在新闻报道中的关注焦点。如李玮（2014：195）所说，评论文本如出现在文本生成之后，为文本标新意义，而如出现在文本生成之前，则为文本预设某种意义。口译活动作为记者会组成部分，是"新闻事件的扩展和延伸"（陆冰梅，2010：68），因而成为媒体对记者会活动系列报道的"第二落点"[①]，为媒体提供有故事的、鲜活的新闻素材；媒体的评论文本则为口译活动文本注入了媒体的意义解读，同时也标新了口译活动文本的意义，使其符合媒体机构新闻导向的需求。其中媒体对外交部翻译司译员及译员群体的报道不仅是当场记者会口译活动的评论文本，也是阅读后续记者会口译活动的间接评论文本，其对翻译司译员群体的职业和翻译身份的定位一定程度上为后续记者会上译员的登场预设了意义，引导读者和观众阅读、观看和接收后续的记者会口译活动。

　　其次，新闻文本中的伴随文本影响新闻文本的生成和解释。副文本是显

---

　　① 新闻采写的第一落点重视新闻的时效性，而第二落点则主要针对新闻资源的深度挖掘，参见陆冰梅（2010：67-68）。

性伴随文本,伴随文本的生成,指向文本的框架因素,为新闻报道附加意义。新闻报道的媒介机构、媒介类型、内容版块、版面位置等附加了文本之外的意义,"以达到彰显或削弱新闻文本的某种价值的文本收受效果"(李玮,2014:185),对新闻报道副文本的分析有助于剖析新闻媒体关于口译活动报道的价值选择。链文本是解释性伴随文本,指向文本的链接因素,为文本嫁接意义。置于同一版面的报道、超链接报道、系列报道等,如果被受众附带着一同接收,其文本意义将在一定程度上嫁接到口译活动报道文本上,影响受众对口译活动报道文本的解释偏向新闻媒体引导的方向。对口译活动报道链文本的分析有助于明晰口译活动在新闻报道中的参照背景。

需要说明的是,李玮讨论了新闻文本中的 5 种伴随文本,即副文本、型文本、前文本、评论文本(李玮沿用"元文本"这一表述)和链文本,本章从可操作性和有效性出发,主要讨论评论文本、副文本和链文本。原因是:(1)前文本指影响文本生成的整个文化文本网络,因此是非常巨大的。新闻写作总是基于先前的相关报道以及各种渠道的资源、信息,大部分前文本并不会在新闻文本中明示,不易辨别和追溯;(2)李玮认为,新闻文本的评论文本是对新闻文本的生产过程和新闻话语的批评,而对新闻报道内容的评论不属于新闻文本的评论文本范畴(李玮,2014:195)。本章旨在讨论新闻报道中的口译活动,恰是以新闻报道的内容为焦点,因此新闻报道的评论文本可以不必讨论;(3)新闻报道最典型的型文本是体裁,本章的语料大都属于新闻体裁这一"初级型文本",而更加深入的分类如短消息、通讯、特写等"次级型文本"(李玮,2014:187)则属于新闻研究的范畴,与本章要讨论的主题相关性不大。

第三节　记者会口译的新闻评论文本特征及讨论

一、口译活动新闻报道的内容

评论文本是"关于文本的文本"(赵毅衡,2012:148),记者会口译活动的相关新闻报道伴随口译活动文本发送,借由报纸、网络、微信等大众媒介,传播新闻机构希望呈现给受众的内容。对 51 篇新闻报道语料进行分析和归类统计发现,从内容上看,记者会口译活动的相关新闻评论以口译活动的三个方面为主要议题,如表 5-2 所示。

表 5-2　新闻报道中与口译活动相关的主要议题

类别	范围	报道数量/百分比
具体的译语内容	具体的记者会话语、记者会话语的含义、如何进行翻译和具体准备	32/ 63%
作为个体的口译员	外交部翻译司译员的个人情况、成长经历、当前的工作生活状态以及舆论评价等，不包括仅提及译员的基本信息	36/ 71%
口译组织机构及作为群体的口译员	外交部翻译司的概况、人才选拔、政治和翻译要求、培训流程、政府记者会口译活动组织和筹备等	14/ 27%

　　需要说明的是，第一，本章主要关注口译活动新闻评论的具体内容和方式，以及这些内容和方式体现出的口译活动在记者会新闻传播中的符号表意，因此这三个类别的分类以报道的主要议题为依据，仅简单提及某一方面的信息不纳入统计范围；第二，本章主要讨论口译活动在译语内容、译员个体和译员群体这三个方面的特点以及在新闻报道中的关注度，因而统计各类别在整个语料库中的占比，不深入探讨三方面内容在新闻报道语料中的交叉性，如同时涉及两个议题甚至三个议题内容的报道数量。由表 5-2 可知，"具体的译语内容"（约占 63%）和"作为个体的口译员"（约占 71%的）是口译活动新闻报道关注的焦点，从组织机构和译员群体角度进行的评论相对较少。

　　具体而言，首先，关于译语内容的报道凸显口译活动与记者会发言人话语含义的密切联系，一定程度上引导受众对记者会发言人话语的关注和理解。32 篇涉及译语内容的新闻评论，仅列举源语和口译译语进行中英文对照的报道只有 3 篇（约占译语内容报道总数的 9%），其余 29 篇（约占 91%）均不限于呈现具体的译语内容，而是花费较多笔墨评论译语质量优劣，同时解读记者会发言人原话的含义。

　　报道涉及的记者会发言人话语内容大致可分为以下四类：第一，诗词古训。这类话语在本章的新闻报道语料中主要涉及朱镕基总理，如《南方都市报》对朱彤翻译"不管前面是地雷阵还是万丈深渊，我将勇往直前、义无反顾、鞠躬尽瘁、死而后已"进行点评（李欣，2015-03-05）；以及温家宝总理，如费胜潮在接受新浪网主持人访谈时论及自己在记者会上如何翻译总理的"知难不难、迎难而上"（费胜潮，2007-04-27）、《法制晚报》整理张璐对温总理记者会 5 句古训的翻译并点评（王燕、郭悦，2010-03-16）。32 例相关报道中，温家宝总理引用古语"亦余心之所善兮，虽九死其尤未悔"的含义及其现场口译在媒体报道中出现的次数最为频繁,为 12 次。

第二,接地气话语,如网络用语和打比方的"大白话"①。这类话语主要涉及李克强总理,如《扬子晚报》整理张璐对 2015 年总理记者会中 6 句话的翻译,包括"穿鞋要合脚,施政应该利国惠民"、"(削权)它不是剪指甲,是割腕,忍痛也得下刀"等;以及政协发言人吕新华,如微信公众号"中国日报网双语新闻"解读吕新华所说"大家都很任性""铁帽子王""你懂的"的原意并对现场口译进行评论(中国日报网,2015-03-14)、《扬子晚报》对比吕新华的"任性"与李克强总理政府工作报告"有权不可任性"中的"任性",评论"任性"的使用及其翻译(扬子晚报,2015-03-06)。

第三,中国特色话语。除了关注记者会发言人话语的口译之外,媒体也关注记者会现场译员如何处理一些具有中国特色的话语,如习近平的"四个全面"("中国网"报道,参见吴爱凤,2015-03-03)、江泽民的"三个代表",以及胡锦涛的"科学发展观"(《南方都市报》报道,参见李欣,2015-03-05)。

第四,其他记者会相关话语。如"中国共产党新闻网"2010 年 4 月 22 日的报道"走进总理身边的女翻译:经历了'淘汰式培训'"提及译员张璐在温家宝总理有意使用"一位欧洲领导人"而不指明其姓名时所做的翻译处理,张璐在会后交流中表示她既不能直接说出这位领导人的名字,也不能表露其性别,因此使用了被动语态(刘娜,2010-04-22)。这一报道让受众得以管窥记者会发言人的话语意图。从某种程度上说,新闻机构将其对记者会发言人话语的理解和阐释,连同口译译语以及译语背后故事的呈现一起打包发送给受众,对于读者关注、理解记者会话语及其翻译起到一定的引导作用,标新了口译译语的意义。

其次,关于译员个体的报道深度呈现政府译员的生活和工作状态,标新政府口译活动成为生动有趣、有温度的标签,译员群体在记者会活动相关报道中的集体显身。关于译员个体的新闻报道,除 4 篇(约占 11%)透过译员关注其译语内容或者其所在的外交部翻译司口译团队,如微信公众号"人民日报"的报道(卢永春、胡洪江、崔鹏,2015-03-15)及《新京报》的报道(储信艳,2013-04-06),大部分为特写或深度报道(32 篇,约占译员个体报道总数的 89%)。深度评论报道分为两类,一类为图片新闻特写(12 篇,约占 33%),如"人民网"专题图片报道"国务院总理李克强答中外记者问:记者聚焦女翻译"用高清镜头记录译员在记者会上的工作状态(人民网,2015-03-15);另一类为译员个体深度报道

---

① 《现代快报》总结李克强总理的话语是大白话多,喜欢打比方,参见赵丹丹、刘伟伟(2013-06-13)。

（20 篇，约占 56％），如《中国产经新闻》对费胜潮的报道（单一良，2009-09-21）、《扬子晚报》对孙宁的报道（王璟，2013-03-18），均用整版篇幅对译员的成长、生活以及与记者会相关的工作经历进行深度评论。关于译员个体的报道主要涉及朱彤、费胜潮、张璐、张京、孙宁、张蕾等译员，其中张璐在 36 篇报道语料中出现的频次最高，为 20 次。值得注意的是，借力互联网的快速传播，媒体的触角遍及政府译员的生活细节，包括家庭背景、求学经历、社会活动经历、个人社交网站、爱好、英语学习方法等，"网上走红""网络红人""火了"等字样频频出现在语料中，这说明关于政府译员个体的报道不限于政府记者会场合，也关注政府译员作为公众人物的社会性和娱乐性。

再次，媒体对外交部翻译司及其译员群体的报道主要集中在机构运作情况、人才选拔、培训流程、记者会口译工作的组织和筹备、译员的职业素质要求和翻译标准等方面，从内容上看，相关的 14 篇报道信息大体相似。

总之，从内容上看，记者会口译活动的新闻评论文本主要关注具体的译语内容，包括对记者会发言人源语含义的解读，对现场口译译语的质量的评论，涉及记者会译员的个人形象，工作、生活细节，以及外交部翻译司的口译活动组织、译员培训和要求等。符号学互文观认为，伴随文本向接收者发送关于符号文本与其文化背景相联系的信号。记者会口译相关新闻报道一是通过对源语和译语的对照和评论，将口译活动与记者会发言人话语联系起来，同时加入媒体对发言人话语及其翻译的解释，二是将译员个体/群体及口译组织机构与公众对记者会及其相关人物的兴趣联系起来，同时展示了政府译员的职业和生活状态。媒体针对记者会口译活动的评论以具体、直观的图片记录和对具体细节的解读和描写为主，通过对口译活动的评论引导公众对记者会话语、政府机构活动、政府译员群体及其职业的认识和理解，为记者会贴上了生动有趣、有血有肉、有温度的标签。

二、口译活动新闻报道的副文本

副文本指显露在文本表层的框架性因素，对符号文本的生成和解释均有影响，如文章的标题、作者，商品的价格等。本研究主要分析新闻报道的媒介机构、内容板块/栏目、发布时间、版面位置/版面空间，以及内容页层级数等副文本，讨论这些副文本如何为口译活动报道附加意义，如报道的性质、重要性、报道发生的背景等，从而影响新闻报道文本接收者对口译活动与记者会背景关系的解读。

第一，就媒介机构而言，其性质、主管部门、发行量以及相关的权威性或大众性等一定程度上影响读者对其刊载报道的理解和认同。51 篇新闻报道涉及 34 个新闻机构（见表 5-3），以党和国家主管的网络媒体和省市都市报为主，体现出多元性和大众性特点。

表 5-3　新闻报道的刊载机构

类别	媒介机构	机构数量/百分比
中央和国家部门主办或主管	外交部网站、中国新闻网、中国共产党新闻网、中国日报网、新华网、人民网、中国网、光明网、中国青年网、中国产经新闻报、"中国日报网双语新闻"微信号、"人民日报"微信号	12/35％
省市级党报或政府主管	《浙江日报》《江阴日报》《兰州日报》《长江日报》	4/12％
省市级都市报	《法制晚报》《北京晨报》《兰州晨报》《每日新报》《新文化报》《扬子晚报》《都市快报》《现代快报》《钱江晚报》《金陵晚报》	10/29％
其他主流媒介机构	新浪网、凤凰网、新京报、《国防时报》、《国际先驱导报》、《南方都市报》、《新华澳报》、"文汇学人"微信号	8/24％

由上表可知，中央和国家部门主管的新闻机构和省市都市报所占比例均接近三分之一，其次是主流门户网站和新锐报纸，省市级党报或机关报所占比例最小。其中党和国家主管的新闻机构类型以网络媒体为主，通过新媒体，如互联网、微信等进行传播，报纸传播渠道中未见相关报道；报纸报道以省市级都市报为主。

相关研究显示，刊载于党和国家主管的新闻机构的报道一般携带着权威性和重要性，而刊载于省市级都市报的报道则带有一定的社会性和娱乐性（李玮，2014：176），同时，报纸报道的权威性和可信度大于网络报道（廖圣清、李晓静、张国良，2007：70）。从阅读体验上看，新媒体中信息呈现的手段比报纸更加丰富多样，在普通大众中的传播也更加广泛和迅速。政府记者会口译活动报道没有见诸国家级党报和中央政府机关主管的报端，而主要出现在党和国家主管的新媒体、省市都市报，以及多元化的新锐报纸和主流门户网站，如新京报、南方都市报、凤凰网等媒介机构中，一定程度上表明记者会口译活动总体上受到主流新闻机构关注，但口译活动报道主要配合党和政府的网络媒体传播，以及社会化程度更高的都市报、新锐报纸和门户网站对记者会活动进行深度报道和多元化采写的需要，就其刊载媒体机构的性质而言，体现出大众性、社会性、娱乐性，以及党和国家新媒体传播的亲民性特点。

值得注意的是一段外交部网站"中国外交论坛"和新浪网论坛共同主办的媒体采访（外交部，2007），该活动于 2007 年 4 月 27 日下午 3 点邀请外交部费胜潮等四位嘉宾进行网上在线访谈和交流，网友登录中国外交论坛和新浪网论坛均可参与。费胜潮在采访中就记者会口译的准备工作、现场口译心得等话题与网友交流。在新华网对这次访谈和交流活动的报道"外交部优秀青年干部与公众在线交流外交心得"（刘兰香、林立平，2007-04-27）一文中，费胜潮的身份不仅是译员，而且是外交官，活动的目的则明确为"增进公众对外交工作的理解和支持"。这可以视为是政府机构将译员作为政府代言人推向媒体平台，通过译员在媒体中关于自身翻译工作的话语拉近媒体、公众与政府之间距离的一个案例，也是政府译员通过媒体平台主动发声，参与记者会新闻传播的案例。

第二，就内容板块/栏目而言，不同板块的设置和内容的置放，体现出媒体对"话语类别的选择"（李玮，2014：177），凸显报道内容的特殊性、主题性和重要程度，从而影响报道文本符号价值的生成。口译活动报道所属的内容板块/栏目显示出与"两会"记者会系列报道的紧密联系。分类统计数据见表 5-4（有 7 篇报道没有明示其所在内容板块或栏目的名称，故统计总数为 44 篇）。

表 5-4　新闻报道的内容板块/栏目

类别	内容板块/栏目	数量/百分比
两会记者会	总理记者会 16 年・记者会花絮（2）、2012 两会图片报道、2015 年两会图片、两会（2）、2015 全国两会（2）、国务院总理李克强答中外记者问、两会专题报道、总理记者会・花絮、2013 全国两会、全国两会・总理见面会揭秘、全国两会・总理记者会、全国两会・报告、2015 全国两会、全国两会・总理记者会	17/39%
时事要闻	要闻时事、视觉聚焦、头条图片、李克强欧洲行	4/9%
社会/综合新闻	国内国际新闻、国内新闻、综合报道、中文国际・深度、国内・社会、国际・特别报道、文体新闻、教科卫新闻、社会记录、热线新闻、核心报道、独家、科教・教育、重点、国内关注	15/34%
其他	人物、双休日阅读、网人网事、环球、中国眼、英语点津、网友之声、中华大地	8/18%

如上表所示，超过三分之一的报道置于与"两会"记者会相关的板块或栏目中，所占比例最大，凸显出口译活动报道与"两会"活动的密切联系；另有大

约三分之一置于社会/综合新闻板块,作为社会关注的热点新闻进入公众视线;除此之外,少量报道被置于时事要闻版,并作为头条报道。总体来看,与机构活动密切相关的"两会"记者会板块和时事要闻板块共占约 50%,而社会新闻、文体教育和其他休闲类新闻板块占据另外的 50%,且社会/综合和教育休闲类新闻板块的标签非常丰富,涉及社会新闻、文体新闻、教科卫新闻、环球趣闻、网络红人、英语学习等,一定程度上表明媒体对记者会口译活动多元化价值的认识,既是机构活动的组成部分,也是具有社会性和趣味性的话题。

第三,从报道时间来看,51 篇报道跨度 1998 年至 2015 年,其中 39 篇报道在"两会"召开期间刊发(占 76%),配合媒体对"两会"记者会的系列报道,是媒体关注记者会口译活动,对其进行集中报道的高峰期。其余 12 篇报道在其他与机构活动有关的时间(占 6%)或其他时间(占 18%)刊发,这 12 篇报道均提及相关译员在"两会"记者会中的口译活动。相关报道详细信息见表 5-5。

表 5-5　"两会"召开时间之外发布的新闻报道

类别	时间	标题
其他与机构活动相关的时间	2011 年 1 月 26 日	费胜潮再次见证胡锦涛访美
	2013 年 6 月 13 日	一哥当过总理翻译 又跟着主席访奥巴马
	2014 年 6 月 18 日	总理英语好 还用翻译吗?
其他时间	1998 年 3 月 31 日	总理身边的女翻译
	2007 年 4 月 22 日	走近总理身边的女翻译:经历了"淘汰式培训"
	2009 年 9 月 21 日	费胜潮:"黑马"闯进外交部
	2010 年 4 月 21 日	揭秘:外交部如何培养国家领导人翻译
	2010 年 4 月 27 日	外交部优秀青年外交干部代表做客嘉宾聊天室,与公众在线交流
	2012 年 5 月 25 日	探访外交部翻译室:平均年龄 31 岁女干部占 70%
	2013 年 4 月 6 日	领导人的翻译如何炼成?
	2014 年 12 月 19 日	揭秘中国领导人翻译团队
	2015 年 4 月 10 日	揭秘国家领导人身边的"高翻"

如上表所示,除"两会"召开期间之外,3 篇报道出现在国家元首/总理出访期间,分别为 2011 年胡锦涛主席访问美国,2013 年习近平主席访问美国和墨西哥,以及 2014 年李克强总理访问英国。这 3 篇报道主要以政府译员个体及外交部翻译司群体为议题,均提及译员在"两会"记者会中的口译活动。其中《费胜潮再次见证胡锦涛访美》一文除"两会"外也提及其他记者会活动,如胡主席访美期间与奥巴马举行的联合记者会。在其他时间刊登的 9 篇报道以

"探访"和"揭秘"为主,对因"两会"记者会口译活动而受到关注的译员或译员群体进行深度报道。总体来说,报道时间分析显示,媒体对政府记者会口译活动的关注与机构活动,尤其是与"两会"密切相关:大部分针对口译活动的报道配合媒体对记者会活动的系列报道进行,其中涉及国家领导人出访时举行的联合记者会,但绝大部分围绕"两会"记者会进行报道。不在"两会"召开期间发布的报道一定程度上也可视为是对"两会"走红译员或译员群体关注的延伸。

其中,1998 年 3 月 31 日《浙江日报》刊登的《总理身边的女翻译》①一文值得一提。这是笔者在能力范围内,通过"中国报纸资源全文数据库"和"慧科搜索"平台所能找到的最早的相关报纸报道,且两个数据库中相关报道的时间点在这篇 1998 年的报道之后就跳到 2008 年,而报道数量在 2010 年以后明显增多;其次,从报道内容透露的信息来看,朱彤受到关注源于她在朱镕基总理"两会"记者会上"出色的表现",但朱彤谢绝采访,记者与她"不期而遇"方能找到机会(《浙江日报》,1998-03-31),这使得这篇报道在两会结束一段时间之后才得以成文。"两会"期间召开总理记者会的传统始于 1991 年,在 1998 年朱镕基记者后,总理记者会开始成为国内外关注中国政治和政策主张的重要窗口②,而从《浙江日报》报道的时间点和其他报道时间的分析来看,政府、媒体和公众也是从 1998 年前后开始逐渐注意到政府译员这个群体及其口译活动,但到 2010 年前后政府译员才受到越来越多的关注,这时中国政府机构运作更加透明,传播手段更加多元化,领导人话语风格也越来越接地气,这都赋予译员越来越多与政府机构传播有关的意义和价值,口译活动成为政府机构传播自身形象和公众了解政府公开信息的一座桥梁。

外交部翻译司译员在国务院新闻办和国家部委定期召开的记者会,以及"两会"期间集中召开的记者会中的参与度均非常高,但口译活动报道所属版块和报道时间均与"两会"密切相关,这表明口译活动报道的产生与机构活动本身的受关注程度高度相关,"两会"是最受民众关注的政府机构活动之一,同时,对"两会"走红译员的关注也延伸到他们在其他时间段参与的其他机构活动,如陪同领导人出访,以及参与其他记者会活动等。

第四,从版面位置、版面空间和内容页层级数这三类副文本来看,口译活

① 该报道提到《北京青年报》记者的采访,但附注"本报北京专电"而没有提及是否是转载自《北京青年报》,笔者能力范围也没有找到《北京青年报》的相关报道,故以《浙江日报》的报道为讨论对象。

② 参见凤凰网专题:总理记者会 16 年,http://news.ifeng.com/special/zhonglijizhehui/,访问日期:2020-3-28。

动报道受重视程度较高,大部分报纸报道置于较容易被阅读的版位区域,拥有较大的报纸版面空间、较为醒目的版面排版,网络报道则设置较容易抵达的内容页层级数。

首先,报纸的版面位置也称"版位",指文本"位于版面的哪一个位置",版面空间指文本"所占据的版面的大小"(李玮,2014:178-179)。在报纸版面资源配置有限的情况下,版面位置的安排和版面空间大小隐晦地表达了新闻文本重要性和地位,不同版面位置和版面空间也潜在地影响着新闻文本符号表意的充分性和读者的关注度的高低。比如,一般来说,报纸版位的优先阅读顺序为左上、右上、左下、右下(杨新敏,2006:14),而相对于角落版面的豆腐块报道,整版报道的信息更丰富,更容易吸引读者注意。

在本章搜集的 29 篇报纸报道中,8 篇为整版报道(约占 28%),全部配有图片,其中 6 篇配三张以上图片,2 篇配 1 张图片。图片内容包括记者会现场译员、其他场合的译员(如习近平和奥巴马会晤时译员在侧)、其他场合的领导人(如李克强总理与卡梅伦首相)、译员生活照等,除正文外均链接相关背景信息,如领导人话语的中英文翻译、译员背景等,图文并茂,内容丰富。如图 5-1 所示。

图 5-1　《法制晚报》对记者会口译活动的报道

图 5-1 为 2013 年 3 月 17 日《法制日报》的整版报道，标题醒目、照片凸显译员个体形象，空间安排上分"数说翻译""遴选""培养""临阵""记者盘点""总理记者会现场""走红翻译""近年全国人大会议发布会数量统计表"八个小版块对记者会口译团队的选拔、现场工作状态、译员个人情况、人大会议发布会历史数据等进行了较为全面深入的报道。

其次，报纸报道语料中 12 篇为占据半版以上空间的报道（约占 41%），其中 3 篇大致占据二分之一版面，而其余 9 篇从视觉上醒目地占据大半版面（或文字内容超出半版，或标题/配图超出半版），9 篇报道中 7 篇配有图片。图 5-2 为其中一篇报道的示例。

图 5-2 《新京报》对记者会口译活动的报道

图 5-2 为 2015 年 3 月 9 日《新京报》的报道。《两会翻译是怎样炼成的？》一文实际占据约二分之一版面，但图片和分隔线的设置在视觉上造成该文跨栏占据大半版面的效果，较其余两则报道更为醒目。

再次，报纸报道语料中 9 篇为占据约三分之一或更小版面的报道（约占 31%），其中 4 篇配有图片，占据空间最小的两篇是 1998 年 3 月 31 日《浙江日报》的报道和 2015 年 3 月 6 日《扬子晚报》的报道，见图 5-3、图 5-4。

图 5-3　《浙江日报》对记者会口译
活动的报道

图 5-4　《扬子晚报》对记者会口译
活动的报道

　　这两篇报道都只有"豆腐块"大小。《浙江日报》报道所在版面由近二十个大大小小的版块组成,《总理身边的女翻译》一文在其中属于较大的板块,但不显眼;《扬子晚报》的《李总理的"任性"是怎么翻译的?》一文显然是作为全方位解读李克强总理政府工作报告中"大道至简,有权不可任性"这句话的延伸阅读,解读"任性"一词及其翻译,因此文章所占版面空间较小,其中涉及现场译员对政协发言人吕新华在记者会上所说的"任性"一词的处理,但篇幅也不大。

　　就版位而言,29 篇报纸报道中,8 篇为整版报道,21 篇为部分版面报道,其中 15 篇位于版面的上半部区域(其中 10 篇覆盖整个上半部区域,2 篇位于上半部中间,3 篇位于上半部左上角)、2 篇位于版面的下半部区域(其中 1 篇覆盖整个下半部区域,1 篇位于下半部左下角)、4 篇位于版面的中部(其中 3 篇位于右侧中部,1 篇位于整个版面的正中)。根据杨新敏(2006:14)的研究,报纸版位的阅读顺序中,通常上部优于下部。口译活动新闻报道大部分处于版面的上部区域,为相对优先的阅读版位。

　　当然,关于版位和版面空间的分析只是对报纸媒体排版时附加于报道文本的潜在意义的分析,可能影响读者阅读优先顺序或吸引力大小,但不可否认的是,文本的内容对报道重要性的影响更大。如 2015 年 3 月 4 日《钱江晚报》刊登了一则关于政府记者会口译活动的不十分显眼的报道(见图 5-5),却引发大规模的转载和热议。

图 5-5　《钱江晚报》对记者会口译活动的报道

《钱江晚报》题为《今年两会"任性"女翻译，又是杭外毕业生》的报道位于版面中部，大约占据三分之一的空间，但标题字体较小，也没有配图，在同版面的三篇报道中并不突出，但"这条并不显眼的稿子却在网上疯传"（郝也，2015-03-05），成为众多网络、报纸媒体转载的源头，因为它爆出一条重磅新闻："两会"记者会中政协发言人吕新华的翻译张蕾与此前媒体广泛关注的译员孙宁是一对伉俪。

总的来说，就版面空间而言，虽然也存在较小的"豆腐块"版面报道，但大部分报道占据较大空间（20 篇，约 69％ 的报道占据半版以上版面），且 21 篇报道（72％）配有相应的图片，因而大部分报道从视觉上看较为醒目。就版面位置而言，大部分报道位于版面的上部区域，为相对优先的阅读版位。

第五，网络新闻的内容页层级数指"从标题到正文所需的层级数"（李玮，2014:181），一般来说，从标题到正文经过的层级数越多，受众所花费的精力越多，越不容易到达，因此报道越是重要的报道，设置的层级数通常越少。对本章搜集的 18 篇网络报道进行统计（由于其中 2 篇没有显示层级数，最终统计16 篇），结果见表 5-6。

表 5-6　网络报道的层级数

层级数	报道篇数
3	10
4	3
5	2
7	1

由上表可知,16 篇报道中大部分(10 篇,占 63%)只需 3 层即可进入正文页面,如 2015 年 3 月 13 日中国网报道《扒一扒两会美女翻译》(许允兵,2015-03-13)的层级数为"首页＞头条图片＞正文"、2010 年 4 月 22 日中国共产党新闻网报道《走近总理身边的女翻译》(刘娜,2010-04-22)的层级数为"中国共产党新闻＞综合报道＞正文"。在网页层级的设置上,第一层通常为网站首页,第二层为频道或栏目首页,因此,如果第三层即进入正文,说明该文的标题或直接入口实际上在首页页面上即可找到,对受众而言费力程度很低。所需层级数最多的是 2015 年 3 月 15 日人民网的一则报道(人民网,2015-03-15),需要 7 层点击才能进入正文,即"人民网＞中国人大新闻＞十二届全国人大三次会议专题＞直播汇总＞国务院总理李克强答中外记者问＞图片报道＞正文"。

以上分析表明,口译活动报道的生产与记者会的受关注度密切相关,记者会口译活动报道是"两会"新闻报道的重要组成部分,主要配合主流新闻媒体多元化、接地气的新闻传播需求,同时"两会"口译活动报道具有一定的溢出效应(spillover effect),或称"外部收益"(马锋,2006:46),即媒体和公众对"两会"译员的关注延伸到对译员参与的其他活动的关注。具体发现为:(1)从媒介机构、内容板块/栏目和报道时间这三类副文本来看,新闻报道中的记者会口译活动一方面具有一定的机构性,另一方面又同时具有一定的社会娱乐性。媒介机构方面,中央和国家政府机构主管的权威新闻机构占三分之一以上,但主要以贴近大众的多元化新媒体作为载体来传播,而占大多数比例的省市都市报和主流门户网站则在符号表意上更具社会性和娱乐性;内容板块方面,与政府机构活动(尤其是"两会"活动)有关的板块与社会性和趣味性更强的社会新闻和休闲板块大致上各占一半;报道时间方面,大部分报道与机构活动(尤其是"两会"活动)时间相吻合,而不在记者会活动期间刊登的报道则是对记者会活动中较为生动有趣的一面,如译员背景的延伸报道;(2)从版面空间、版面位置和内容页层级数这三类副文本来看,新闻媒体对记者会口译活动这一话题较为重视,给予较大的报纸版面空间、设计较为醒目的版面排版,如大部分报道配有图片等，将其放置在较容易被阅读的版位区域，以及设置较容易抵达的网络报道内容页层级数。

二、口译活动新闻报道的链文本

链文本指符号文本的链接因素，即文本接收者在对符号文本进行解释时，所受到的来自与文本相链接的其他文本的影响，如文章的延伸阅读、注释说明、网络"超链接"（赵毅衡，2012:149）等。李玮（2014:198）认为新闻文本最显著的链文本是刊登在新闻文本周围的文本，如报纸报道中刊登于同一版面或同一栏目的其他报道，网络报道中正文旁边的超链接等。本研究的链文本主要为与口译活动报道位于同一报纸版面、同一网络报道页面的报道，以及媒体采访的同一期节目，分析发现：

第一，约三分之一的口译活动报道（18篇，约占35%）属于"组合式报道"（李玮，2014:198），即由一组不同时间、不同类别或不同切入点的稿件来反映同一个主题的情况。这些组合式报道都与机构活动有关，其中17篇为"两会"系列报道，包括图片报道、两会花絮、总理记者会揭秘、两会报告等版面主题，1篇为李克强总理出访欧洲的系列报道。通过组合式报道，各报道对象之间互相补充和对照，形成对同一主题意义较为完整深入的挖掘和解释，对于受众而言，阅读口译活动报道的同时也容易接收系列报道的其他机构活动信息，如"两会"新政策发布，总理政府工作报告的解读等。

第二，对同一报纸版面/网页页面/微信页面或同一期采访的其他内容进行分析，发现这些中文媒体报道的链文本大致可以分为五类①。

第一类是链接同一场记者会活动的其他信息。包括政策信息，如微信号"人民日报"2015年3月15日与记者会口译活动报道同一时间发布的文章包括《李克强与记者聊到的18个问题》《李克强记者会透露哪些信号》②等；领导人话语内容，如《扬子晚报》2015年3月6日A3版《李总理的"任性"是怎么翻译的》一文在同一版面链接了对李克强总理"大道至简，有权不可任性"的解释和解读，《新华澳报》2015年4月10日在同一版面链接的中英文对照板块《美女翻译官与她们的神翻译》（《新华澳报》，2015-04-10），凤凰网在同一网页的

---

① 由于同一版面或页面的链文本常常不止一个，且不限于同一种类，因此本章在这一部分不作量化统计，仅作分类讨论。

② 参见"人民日报"微信公众号客户端2015年3月15日推送信息。

"超级链接"中放置《朱镕基总理记者会答问实录》《温家宝总理记者会引经据典、古语典籍出自六处》等文章[①];记者会其他花絮,如与《新文化报》2011 年 3 月 15 日的报道位于同一版面的另一篇文章为《记者见面会上总理的 23 次手势》(窦仲、邢程,2011-03-15)、与《扬子晚报》2014 年 3 月 14 日的报道同一版面的包括供延伸阅读的小文《翻译时总理在干啥? 喝点水看着记者》,以及《两会上那些"亮晶晶"的提问》等(《扬子晚报》,2014-03-14)。

　　第二类是链接其他政府机构活动。如"中国日报网"2012 年 5 月 25 日对外交部翻译司的报道的"超级链接"为李克强副总理访问欧盟总部以及外交部发言人谈外交和政府工作的报道[②];外交部网站和新浪网共同主办的媒体访谈除了采访译员费胜潮之外,也邀请非洲司、亚洲司和领事司的青年干部作为嘉宾参与在线交流会,接受访问,访谈内容涉及外交部的日常外交工作、与领导人相关的政治活动(刘兰香、林立平,2007-04-27)等。

　　第三类是链接其他翻译活动。如"中国日报网"2012 年 5 月 25 日的报道将"网络流行语翻译"以及"从'啃老族'的英文翻译说起"等作为同一网页的"超级链接"[③];《金陵晚报》2015 年 3 月 5 日关于译员孙宁和张蕾的报道"两会火了一对翻译伉俪"旁边链接了一篇题为《任性网友挑战翻译姐》(《金陵晚报》,2015-03-05)的文章,总结整理网友对"任性"一词在其他不同语境下的多个翻译版本。

　　第四类是链接其他社会娱乐科教信息,包括广告、社会娱乐新闻、科教新闻等。比如,《江阴日报》2010 年 3 月 18 日 A04 版《总理翻译张璐,一战成名》一文链接了关于老虎伍兹、李娜、周星驰、宋祖英等的报道(《江阴日报》,2010-03-18);《国防时报》2010 年 4 月 21 日第 5 版的《揭秘:外交部如何培养国家领导人翻译》一文占据超过四分之三的版面,同一版面右下角刊登的一则转引自《环球时报》题为《法国亲朋聚会避谈政治》的文章(《国防时报》,2010-04-21)的文章,与国内媒体和公众对政府译员群体和翻译组织机构的津津乐道相映成趣。

　　第五类是链接普通大众的评论。如 2010 年 3 月 16 日位于"人民网"首页

---

① 参见凤凰网,http://news.ifeng.com/special/zhonglijizhehui/,访问日期:2020-3-28。

② 参见中国日报网,http://www.chinadaily.com.cn/hqzx/2012-05/25/content_15390836.htm,访问日期:2020-3-28。

③ 参见中国日报网,http://www.chinadaily.com.cn/hqzx/2012-05/25/content_15390836.htm,访问日期:2020-3-28。

"强国社区"栏目中的报道《温总理记者招待会上的现场美女翻译为何受热捧？》（王淼之，2010-03-16），点击进入正文后，网页下方附有链接地址，原文是署名王淼之的网民当日于"人民网"强国社区论坛发布的一则同标题热帖。由此，口译活动成为普通网民关注"两会"，关注政府记者会活动，并得以通过链文本在政府官方网站发声的一个案例。

符号文本和链文本之间的关系是相对的，或者说，一定程度上是可以互相转化的，即符号文本同时也是其他文本的链文本，如以记者会口译活动报道为观察点，则同版面的其他报道成为链文本，而以同版面的另一篇报道为观察点，则口译活动报道就成为链文本。除了这个隐性的关系之外，在笔者搜集的语料中还有有两个例子是口译活动报道文本被明确地作为其他文本的链文本而出场，即《都市快报》2013 年 3 月 14 日的《两会冷艳美女翻译走红网络，她叫张京，杭外毕业的》一文作为封面文本的链文本，见图 5-6，以及《国际先驱导报》2014 年 12 月 19 日的《揭秘中国领导人团队》一文，见图 5-7。

图 5-6　《都市快报》对记者会口译
活动的报道

图 5-7　《国际先驱导报》对记者会口译
活动的报道

可以看出，《都市快报》和《国际先驱导报》均采用封面导读的方式报道记者会口译活动。值得注意的是，两份报纸都将关于记者会译员的报道与领导人相关重要新闻一起摆放在封面的显著位置，《都市快报》的政治新闻为《今天上午选举新一届国家机构领导人》，《国际先驱导报》为《世界在学"习"》，深度报道《习近平谈治国理政》一书在新西兰书展中展出的情况。口译活动报道的标题与其他要闻标题在封面版面中形成链文本关系，进而又由封面链接到内页的相关版面。

总之，链文本是在时间或空间上与符号文本相邻的伴随文本，也是接收者在阅读符号文本时顺带着链接到的另一个符号文本。链文本在接收者的阅读过程中为符号文本"嫁接"（李玮，2014：195）了来自另一文本的意义，影响接收者对符号文本的解读，通过链文本，符号文本意义的解释范围就从其所在的意义网络节点延伸到与之相关或可由之联想到的更广阔的意义网络中。口译活动报道通过链文本一方面与政治活动，另一方面与社会文化活动联系起来，链文本进一步为口译活动嫁接了机构性和社会娱乐性的双重意义。口译活动报道既可与硬新闻搭配，也可与软新闻相配，成为政府记者会活动系列报道中富有人情味的一抹亮色，也成为普通大众参与新闻传播的桥梁和话题。此外，从链文本的设置可以看出，译员对政府发言人妙语，如"铁帽子王""你懂的"等的精彩翻译一定程度上引导大众对中国文化和流行语翻译的兴趣。

具体发现可总结为：（1）约三分之一的报道是组合式报道，与机构活动尤其是"两会"的其他信息相链接，进一步印证媒体对记者会口译活动的关注与机构活动密切相关；（2）在空间或时间上位于/链接于同一版面/页面或同一节目的其他报道内容涉及其他机构活动、翻译活动、社会娱乐活动、领导人话语内容、网民评论帖子等，进一步印证记者会口译活动具有机构性和社会性双重价值，同时是普通大众参与政府活动的接口之一（参与政府主办的网友在线交流以及在政府官方网站论坛发表评论帖并被官网首页转载等），且接收者对记者会口译活动的关注不仅延伸到对领导人话语内容的关注，也引发对其他翻译行为的关注，如网络语言翻译；（3）部分新闻文本作为其他文本的链文本，如报纸封面的链文本，一定程度上体现出媒体对口译活动报道新闻性和重要性的认可。

第四节　小　结

赵毅衡在符号学视野下对文本互文的不同情况进行分类，细化和拓展克里斯蒂娃的互文概念，提出伴随文本概念，并讨论在符号文本的接收过程中，其所处的广阔的文化背景对文本表意和解释的影响。本章以赵毅衡的伴随文本，主要是其中的评论文本、副文本和链文本概念为理论框架，以李玮对伴随文本在新闻报道中的应用为具体分析框架，考察记者会口译活动与新闻报道文本之间存在的符号文本与评论文本的互文关系。

本章聚焦的问题包括中文新闻报道对记者会口译活动的评论内容、方式；新闻报道的伴随文本所体现出的记者会口译活动文本的符号表意；以及口译活动在记者会新闻传播中的参与作用。具体分析新闻报道内容聚焦的标新意义、新闻报道框架因素的附加意义，以及链接因素的嫁接意义对口译活动报道生成、解释和传播的影响。研究语料为 51 篇主流中文媒体对记者会口译活动的报道，时间跨度为 1998 年至 2015 年。

针对第一个问题，研究发现：第一，中文媒体对记者会口译活动的报道主要涉及三个方面：具体的译语内容、作为个体的口译员、作为群体的口译员及其所属的组织机构，其中前两个方面所占比例较大；第二，总体来看新闻报道以具体、直观的细节呈现和描述为主，其中"具体的译语内容"方面，大部分报道对照现场口译译语和源语，解读记者会发言人话语的原意并评论翻译的质量，将口译活动与记者会发言人话语联系起来，尤其关注发言人话语中的诗词古训、网络用语和打比方的接地气话语、中国特色话语等；"作为个体的口译员"和"译员群体"方面，通过报道政府译员个人工作、生活细节和政府组织机构运作情况将译员、译员群体与公众对政府机构活动相关人物和活动的兴趣联系起来。总之，新闻报道作为记者会口译活动的评论文本，在报道内容上把口译活动文本与其所在的政治活动背景联系起来，并通过口译活动文本的解释，为其注入新的意义，引导受众对记者会发言人话语、外交部翻译司译员群体的关注和解读。

针对第二个问题，研究发现：第一，新闻报道中的媒介机构、内容板块/栏目、报道时间等副文本，以及"组合式报道"、同版面其他报道等链文本，体现出媒体对记者会口译活动所具有的机构性和社会娱乐性双重价值的解读。具体表现为媒介机构中，中央和国家政府主管的机构占三分之一以上，但主要通过网络和微信等多元化新媒体来传播，也包括通过网络平台进行的政府译员访谈，而占大多数比例的则是社会性和娱乐性更强的都市报和门户网站；与机构活动有关的板块和社会新闻、娱乐休闲板块大致上各占一半；大部分报道的时间与机构活动时间相吻合；对报道时间的历时观察发现，媒体对政府译员活动的关注与对记者会活动关注的高潮期相吻合；"组合式报道"与机构活动密切相关；同版面的其他报道则涉及机构活动、其他翻译活动、其他社会娱乐活动等多元化内容；第二，版面空间、版位、网络报道的内容页层级数等副文本，以及封面链接等链文本，体现出媒体对记者会口译活动这一报道内容的重视。具体表现为大部分报道分配到的版面空间较大、所安排的版位较便于阅读、内容页层级数较少、部分报道醒目地出现在封面导读中。

　　基于前两个问题的研究发现,记者会口译活动通过新闻媒体的评论报道在记者会新闻传播中的参与主要体现在其作为传播渠道和窗口的作用,成为连接政府机构宣传、媒体对于机构活动及其周边活动的机构性和社会娱乐性的双重需求,以及公众参与记者会话语互动的接口。口译活动报道着眼于多元化、有故事、有温度的传播,体现了新闻传播的百姓视角。

　　具体表现为:第一,政府译员作为机构代言人,通过接受媒体访谈以及与公众交流,传播政治外交理念、解读记者会话语及其翻译。这是政府借助媒体的传播规律,向媒体提供"可供包装的叙事故事"(李希光,2006:27),也是政府译员在媒体中发声,主动参与记者会话语传播;

　　第二,中央和国家直接主管的媒体和其他主流大众媒体重视记者会口译活动的新闻价值,将口译活动与其所处的机构活动背景和社会娱乐背景相联系,体现出新闻报道关注政府机构活动和娱乐大众的双重目的,制作"有温度的新闻"(人民网,2011-11-09)。在报道载体和手段上既通过传统媒体也通过多元化新媒体等媒介,既包括图片报道也包括文字报道;在评论内容上既关注译语与源语的联系,解读记者会源语的深层意思,也热衷于译员个人和群体的娱乐性八卦;在报道文本框架因素和链接因素上既关注与口译活动相关的记者会话语,也延伸链接到其他记者会活动、其他机构活动、其他社会娱乐新闻和其他翻译活动。这是口译活动通过媒体平台被动参与记者会新闻传播;

　　第三,公众如普通网民通过在政府官方论坛发帖对记者会译员及其翻译进行评论而间接参与记者会新闻传播,进而帖子被政府官方网站首页转载,在这个过程中,口译活动成为公众议论记者会活动的互动话题。

　　值得注意的是,"两会"口译活动报道一定程度上影响新闻媒体对其他记者会口译活动及其他机构活动、翻译活动的传播。主要表现为其他时间段的记者会或领导人出访口译活动报道均提及相关译员在"两会"记者会中的口译活动;口译活动报道以其他翻译活动作为链文本等。这可能与"两会"是国人参政议政的平台有关。译员出席其他场合活动,以及译员的英语学习方法等也受到新闻媒体关注,如"中国网"2015年12月12日报道张璐出席翻译人才发展论坛发表演讲(张璐,2015),《长江日报》2015年10月4日第4版《习近平访美翻译有个武汉伢》一文详细报道跟随习近平主席访美的翻译司译员周宇(刘嘉,2015-10-04),"凤凰国际智库"2016年12月2日转载报道孙宁主讲"商务青年讲堂",谈英语学习方法("商务青年讲堂",2016)等。这些报道由于没有涉及记者会,不符合本研究语料筛选条件而没有进入语料范围,但作为辅助语料一定程度上表明"两会"期间关于政府译员及其口译活动的集中新闻报道具有一定的溢出效应,已经引起了大众关于译员个体和群体、外交翻译实践及英语学习的更多兴趣。从伴随文本概念来看,评论文本具有向前文本转化的潜势,前一年关于"两会"口译活动的新闻报道成为下一年"两会"及其他活动新闻报道的前文本,影响关于口译活动的更多评论。

另外,媒体在记者会新闻传播中具有重要的引导作用。媒体常常能够塑造或是打破机构角色在公众心目中的形象,使机构角色成为公众人物或者是明星,机构角色不仅以个人身份与公众互动而且也代表着机构形象(Bhatia,2006:174)。对本章新闻报道的伴随文本,尤其是内容板块和报道时间的分析发现,媒体主要是在关于记者会活动的全方位报道中关注译员群体,译员作为政府代言人被媒体塑造成明星,媒体和公众对译员群体的兴趣激活了译员与记者会话语、机构活动、翻译活动、甚至是娱乐活动的更广泛的联系。这可以说是口译活动在媒体中的高调显身。

更进一步,本章对口译活动与新闻评论互文关系的讨论一定程度上超越了学界关于译员"隐身"与"显身"之争①,而是在符号学互文观的视野下描述口译活动在记者会新闻传播中的互文影响,即口译活动作为认识记者会活动的一扇窗口,成为新闻报道聚焦和评论的焦点,通过新闻报道这一评论文本向接收者发出口译活动文本与其记者会活动背景相联系的信号。从这一点上看,记者会口译活动在新闻报道中被推到了台前。另外,记者会口译活动成为公众热议的话题,对于公众通过口译活动关注记者会事件可能产生一定影响,当然,这其中少不了政府以及新闻媒体的引导作用。除此之外,口译员的出色表现,使得口译在国家重大政治外交活动中的"重要性和急迫性"(浙江日报,1998-03-31)走进公众视野,进而引发对口译/翻译活动更多的关注,这是口译活动成为媒体评论焦点所带来的附加影响。

---

① 笔者认为,学界主要是在翻译/口译过程中讨论"隐身"和"显身"问题,如译者被消隐于作者之后,未被视作写作过程的一部分;口译员通常被认为是"传声筒",然而即使是在外交、法庭场域,译员仍然可以通过一定的言语或非言语策略影响对话双方交际过程的走向。本文从"事件"(event,具体讨论参见第一章第二节)的角度定义口译活动,本研究所说的"显身"指的是口译活动在新闻转述和评论中出现,影响媒体和公众对记者会活动的解释。

第六章 结 语

本章回顾研究问题,总结主要研究发现、主要贡献以及本研究在翻译/口译研究、口译教学与实践以及国际新闻传播研究和实践等方面的启示,反思本研究的不足之处,最后提出建议,展望后续研究发展方向。

一、主要研究发现

本研究提出的研究问题为:记者会口译如何通过跨媒介互文,参与记者会新闻传播,对记者会新闻传播效果有何影响?具体从口译译语与现场源语、口译译语与新闻转述,以及口译活动与新闻评论的互文关系三个方面展开讨论。

研究发现,口译活动对记者会新闻传播有较强的互文影响,在从口语文本发送、现场受众接收,到新闻媒体转述,新闻报道受众接收的跨媒介传播过程中都影响着受众对记者会活动及其话语的理解和阐释。口译活动的参与使记者会话语在信息性和机构意图性上得以增强、在文化异质性和对话性上被一定程度地削弱,导致发言人话语在记者会现场的不完整传递;译语中的这些意义变形在很大程度上被新闻媒体完全接受并在新闻报道中接力传播,进而以译语变形为基础展开更进一步的解读和阐释,这导致新闻媒体受众对记者会话语的理解产生一定程度的偏移,换句话说,新闻报道对记者会话语的不同解释一定程度上是由于口译活动的参与而产生的;同时,口译活动作为记者会活动的副产品,成为政府机构、译员、新闻媒体和普通公众参与记者会新闻传播的接口和互动话题,在新闻报道中显示出其机构性和社会娱乐性的双重价值。另外,就译员角色而言,译员在记者会口译过程中受到机构因素影响表现出一定的立场偏移和与机构的同盟关系,但也在事实信息的显化和具体化方面也表现出对记者会发言人和提问记者一视同仁的沟通者角色,这促使我们对记者会译员角色有更为辩证的认识。

二、本研究的贡献

本研究发现对前人研究的补充和推进主要体现在三个方面：

第一，调整互文指涉翻译模型。在哈提姆和梅森基于情景交际语境的互文指涉翻译模型中增加社会和机构因素的维度，进一步证实在一定的机构因素的影响下，译员的决策是"有选择的忠实"（Kang，2014：475），与其社会、身份、地位、经历等前语篇知识相关联。虽然哈提姆和梅森并不排斥其模型与社会文化维度的结合，甚至为二者的结合留有一定的空间（参见第二章第二节），本研究是将二者融合的理念付诸实践。

第二，补充记者会口译文本分析及译员角色研究。拓展和细化王斌华（Wang，2012；王斌华，2013）系列研究中对译语偏移的分类，认为译语偏移不仅包括增添、删减和修改源语中不够准确或有误之处，还包括对源语语用意义的改变，如运用前语篇知识显化源语隐含的互文指涉意义、修改带有冲突性的互文指涉链等。补充调整孙婷婷（2013：180）研究中关于口译译语是"语义上中立但情感或语用意义上非中立"的表述，认为译语的非中立不仅体现在语用意义上，也体现在信息意义和意图意义上，如通过增补信息使源语的事件背景指涉具体化，强化记者会主办机构所要传播的主题等，因此记者会口译译语在语义和语用意义上都表现出非中立的倾向。补充刘（Liu，2010）、王斌华（2013）、詹成（2013）、孙婷婷（2013）等学者关于译员沟通角色和机构同盟角色的研究，认为译员在记者会现场所表现出的机构代言人和机构同盟者的立场偏移主要出现在话语的语用冲突中，而在信息和意图传递等更多的话语中则表现出其作为桥梁和沟通者的身份，这是对记者会译员角色研究的具体化补充和进一步反思。

第三，拓展口译研究的界限。首先，本研究一定程度上超越了学界关于译员"隐身"和"显身"的争论，在符号学互文观的框架下将口译活动定义为宏观文本，讨论口译活动与新闻评论之间的互文关系，这为前人研究中的争议提供新的思考方向。研究发现，口译活动作为记者会新闻传播的参与因素，以及媒体和公众认识记者会活动和理解记者会话语的窗口，在媒体对口译活动的新闻评论中被推到了台前。其次，本研究进一步证实沙夫纳关于新闻报道依赖于口译译语的观点，同时细化和推进了沙夫纳的研究，通过分析口译译语在新闻报道中被引用、修改和重写的内容、方式、频次、程度，以及被引话语与新闻报道其他话语的互动关系等，描述现场口译在新闻报道话语表征中的接受情况,发现现场口译一定程度上影响甚至引导新闻媒体对记者会话语的理解。

值得注意的是,虽然本研究发现口译活动在记者会现场,以及以新闻报道为载体的记者会传播中发挥着一定作用,对记者会新闻传播有较强的互文影响,但口译活动的作用是有限的,受到政府机构权力、媒体机构权力、讲话人因素、受众因素以及其他政治、社会、文化等因素的制约,同时,记者会新闻传播是多种因素合力的结果,口译活动只是其中一种参与性因素或影响因素。因此,本研究认为口译活动在记者会新闻传播的互文影响方面有一定作用,但不能夸大其影响和作用。

三、本研究的启示

本研究在翻译/口译研究、口译教学与实践以及国际新闻传播研究和实践方面有一定的启示作用。

第一,翻译/口译研究方面,首先,对记者会现场口译的分析发现,译员与机构的同盟关系在消解话语冲突方面表现得比较突出,而在事件信息传递方面译员则更多地运用熟知政府机构事务的前语篇知识显化互文指涉,促进沟通交流。这一方面证实译员在机构口译过程中仍然具有一定的"权力"和"资本"(Inghilleri,2005,2012;詹成,2013;任文、徐寒,2013),另一方面也说明译员的权力角色与作为沟通桥梁的角色存在一定的互补性和交替性,前者是翻译研究"文化转向",尤其是"社会学"转向后的关键概念,而后者则是翻译研究语言学路径的主要关注点之一。因此,如何更进一步结合翻译研究语言学派的语篇、语境和对等思想,以及文化学派关于意义解构和追求"差异"(方薇,2012:27)的思想,在两者之间寻求联系、合作、融通而非对立,从而更加辩证地看待口译活动中的译语建构,评价口译活动的影响和译员角色,这些问题值得学界继续深入思考。

其次,本文搭建翻译研究、批评话语分析研究和符号学研究的跨学科三维理论框架来解释记者会传播中的口译活动,同时将研究对象从传统的翻译/口译文本和译员/译者转向微观和宏观的文本关系,说明翻译/口译研究理论和研究对象结合其他领域进行延展的可能性。另外,从记者会现场口译视频可以看出,在部分话轮的问答中,记者会发言人与提问的外国记者彼此都能听懂对方的语言,如外国媒体记者用中文向发言人提问;或外国记者的英语提问刚结束,记者会发言人就有所反应,发出笑声或点头示意等。这时按照记者会既定程序,译员仍然照常口译,照顾其他在场的媒体记者、工作人员或不在场的通过直播观看记者会的更广大的国际社会受众。记者会中英问答和口译也成为话语研究者、英语学习者学习和研究的语料。这进一步说明在记者会口译研究中，研究对象不仅应包括参与现场对话交流的发言人、提问记者和口译员，还应包括记者会的其他"旁听者""偷听者"①，以及关于记者会活动的新闻报道文本等。口译活动不仅是作为记者会发言人和提问记者对话和交流的桥梁而存在，同时也是国家对外传播过程中一种必不可少的形式和程序。在这个意义上，翻译/口译研究应该在立足本体研究的基础上，更大胆地走出学科藩篱，与更多其他领域的元素，如与国际新闻传播中的媒体、受众等其他因素相结合，丰富研究内容。

第二，口译教学与实践方面，首先，顺着语流对已说出口但认为不太妥当的译语表述进行补充或修正，是口译教学和培训中重要的技巧训练内容之一（雷天放、陈菁，2006；詹成，2010），比如本文语料中的"big difference, or big gap"（大的不同，或者说大的差距）就是对译语表述的补充修正。通常认为这样的技巧有助于译员在修补失误的同时保证语流的流畅性，自圆其说，从而不易被听众觉察。但本研究表明，译员自我修正的互文影响可使记者会话语在新闻报道传播中出现意义和理解上的偏差，造成不必要的误读。因此，在口译教学和培训中可以进一步思考这一技巧使用的前提、语境、时机等，结合更多的实证分析促进这一技巧的有效使用，同时，在口译教材的编写中可以适当加入有关译员自我修正的新闻媒体接受效果的讨论，提高口译学员的受众意识。

其次，本研究发现，记者会现场口译在文化符号指涉的处理上，倾向于使用偏向归化的去意象化口译策略，弱化互文指涉的文化符号形式，传递文化符号的信息意义和意图（参见第三章第三节）。但同时，对口译译语和新闻转述互文关系分析显示，外国媒体乐于接收带有中国文化特色的异质性信息（参见第四章第三节），甚至逐渐接受"中国式英语"表达，并将其纳入英语词汇（参见第三章第三节。而去意象化的翻译策略则可能在某些情况下，如在对中国文化比较了解的媒体中引起误解，导致媒体对讲话人措辞的质疑和讲话人形象的负面传播。这一定程度上说明文化异质性在记者会口译中的弱化倾向值得进一步思考。在中国受到越来越多国际关注的今天，国外受众需求的定义需

---

① 在戈夫曼（Goffman，1981：132-133）对话语参与框架中听话者的分类基础上，贝尔（Bell，1984：160）进一步将听话者分为受话者（addressees，直接对话对象）、旁听者（authitors，在场但非直接对话对象）、无意听见者（overhearers，因某种原因在场但非对话范围的对象）、偷听者（eavesdroppers，不在场但听到对话内容的对象）四种类型。

要不断更新,翻译/口译在记者会话语国际传播、融入国际话语体系过程中的作用也需要进一步深入,从而更好地制定有效的翻译策略,助力记者会话语的积极对外传播。

第三,国际新闻传播研究和实践方面,首先,本研究提出在国际新闻传播研究中增加对翻译/口译维度的考量。记者会话语传播研究中翻译/口译维度的缺失,一定程度上降低了记者会话语分析的完整性。经过翻译的过滤和重塑,不同语言表述所隐含的意识形态潜势和呈现的讲话人形象将有所不同,而"话语分析研究者[也]将由于所研究的语言版本的不同而得出不同的结论"(Shäffner,2010:268-269)。本研究表明,口译活动的参与对记者会话语在现场和新闻媒体报道中的传播,尤其是在现场受众和新闻报道受众对话语的理解和阐释方面均有一定的互文影响。在一些案例中,口译活动的介入一定程度上导致媒体对记者会话语的误读。因此,在国际新闻传播研究中增添翻译/口译维度,有利于更全面地了解话语及其他因素在记者会传播过程中的变化,有助于更客观地评判媒体对记者会话语的报道,推进记者会新闻传播的效果研究。其次,从翻译/口译维度出发考察记者会新闻传播效果的实证数据也可为中国政府以及中国对外传播的相关机构提供策略参考,从而促进政府记者会以更有效的话语策略向世界传递准确、易于接受并能够达到预期效果的信息。

四、本研究的不足

本文研究的不足之处主要有四个方面。

第一,公众调查和研究的缺失。受众是国际新闻传播的要素,"既是传播活动的归宿,也是传播效果最重要的表现"(刘晓盈,2013:193)。本研究虽然也涉及国内受众,但主要是针对国外,尤其是英语国家受众。受地域距离、样本规模、成本费用,调查过程不可控等诸因素所限,本研究未对国外公众进行调查和分析,主要从媒体新闻报道中观察记者会话语的国外传播效果。当然,本研究的做法有一定的理据,如程曼丽、王维佳(2011:11)认为在国际传播研究中进行国外受众调查存在困难,调查数据的准确性和代表性均不易控制,故建议将受众调查作为国际传播效果评估的一种辅助手段。另一方面,国际媒体作为中国对外传播的主要受众之一,其涉华报道体现着所在国家受众的文化心理和意识形态倾向(程曼丽、王维佳,2011:151),因此通过主流媒体新闻报道来描述记者会话语的国际传播情况是可行的。除此之外,限于调查研究的复杂性、研究成本较高等因素的限制,本研究也未对国内受众进行调查研究,通过国内媒体新闻评论了解记者会传播的情况,这使本研究具有一定的局限性。

第二,定性研究方法和定量研究方法的不平衡使用。在研究方法上,本研究虽然兼顾定性与定量方法,并基于定量统计进行数据描述、对比和分析,但主要是使用定性方法对语料进行解释、阐释,并对语料呈现的规律进行总结和延伸讨论。另外,本研究虽然自建微型语料库并尝试利用已有语料库,但主要是运用语料库进行数据和语料的搜集工作,以及运用定性方法对语料库中的典型案例进行文本分析,未基于语料库进行标注和量化统计。因此,本研究离定性和定量结合的"复合型研究"(张威,2015:113)尚有一定差距,研究结果也不可避免地受到定性方法主观性阐释局限性的影响。

第三,研究语料的连贯性尚有提高的空间。本研究对记者会口译和现场源语的对比分析涉及国新办记者会、"两会"记者招会和中美政府联合记者会三种记者会类型,但对口译译语和新闻转述的互文分析仅选取中美政府联合记者会口译及其相关新闻报道语料。这样做的主要原因是联合记者会涉及中、美两国政府,国际英文媒体关注度高,相关新闻报道中涉及口译译语和口译活动的内容较为丰富,已经可以形成一定规模的较为完整同质的研究语料,而其他两种类型的记者会在新闻媒体中的报道比较零散。但这样做的不足是仅有 2 场记者会同时进行了记者会话语的现场口译分析,以及记者会话语在后续国际新闻报道中的传播效果分析,即 1999 年朱镕基总理和克林顿总统联合记者会和 2013 年习近平主席和奥巴马总统联合记者会,这对于记者会话语在现场和新闻报道传播两个阶段的连贯性分析有一定影响。

第四,研究语对的限制。本研究的语言对为汉语—英语语对,研究语料为汉英口译以及汉语和英语新闻报道,尤其以中国本土和美国新闻媒体报道占多数,因此研究结果具有一定的局限性,记者会话语在其他语种新闻媒体报道中的传播还有待进一步拓展研究。

五、后续研究展望

在本研究基础上,后续研究可以在以下四个方面展开:

第一,记者会新闻传播中的受众调查和受众访谈。受众调查和受众访谈可以采用问卷调查、焦点小组讨论、个别深入访谈等形式,从国内和国外两个方面,对记者会口译的现场受众、国外和国内新闻媒体受众三个群体进行研究。针对记者会现场受众,可以采用模拟记者会口译现场的实景调查、问卷调查或访谈等形式,考察以英语为母语的身在国外和在中国生活的受众对现场口译的评价和接受程度;针对主流英语新闻媒体报道受众,可以采用问卷调查、访谈等形式,考察以英语为母语的国外和在中国生活的受众对新闻报道中引用口译内容的理解和认知情况;针对主流中文新闻媒体报道受众,可以采用问卷调查、访谈等形式,考察以汉语为母语的国内受众对媒体报道口译活动的关注度、兴趣度,对政府译员的辨识度,以及受众对口译活动的关注度与对记者会活动关注度的关联性。

第二,记者会口译在更多语言对和媒体类型中的传播效果。除汉语—英语语言对之外,后续研究可以考察更多语言对,同时对比记者会口译在不同国家、语言、意识形态、文化中传播效果的异同。在这个过程中,记者会现场英译被转换成不同语言,也必然涉及不同语种、不同媒体机构中新闻翻译实践在记者会传播中的参与作用。另外,后续研究可以通过更多媒体平台,如中国各级政府、各类组织、团体、个人官方微博、微信公众号等考察新媒体对记者会口译活动的报道情况,以及通过 Twitter、Facebook 等国外社交网站考察国外受众对记者会新闻传播以及记者会口译活动的了解情况。

第三,政府译员的机构化和职业化研究。中国政府历来重视翻译队伍的建设,在外交部下专门设立翻译司(前身为"翻译室"),吸收和培养高水平的政府翻译团队,各级政府外事部门也设置翻译人员编制,作为政府机构的一部分。因此,后续研究可以对中国政府译员的机构化和职业化状况进行调查,讨论政府翻译队伍建设和指导性翻译策略对译员口译决策、译员身份认同以及职业认同等方面的影响,进而考察这些影响在记者会话语传播中的分量。另外,后续研究可以对比中国政府译员和其他国家政府翻译人员的机构化和职业化情况。很多国家没有较为完整并形成梯队的政府翻译队伍,如多次在中英高层会晤时为英国女王和英国首相担任口译的林超伦并非英国政府的官员,因此,机构设置和机构翻译政策对译员口译工作的影响,以及对记者会话语传播效果的影响值得进一步深入探究。

第四,口译活动在中国记者会话语传播中的历时对比研究。本研究语料虽然有一定的历时性,时间跨度 1998 年至 2015 年,但主要针对的是进入新世纪之后的中国政府记者会口译活动,后续研究可以将目光投向中国政府记者会口译更广阔的历史发展过程。根据赵鸿燕(2010:18-28)的研究,中国境内最早的政府记者会可以追溯 1912 年中华民国总理唐绍仪举行的记者会,之后政府记者会在抗战时期、内战时期、新中国成立之后有不同程度的发展,改革开放之后的发展较为迅速。在这个过程中,口译活动在不同历史时期对记者会话语传播的影响,包括媒体接受和引用情况、国内外公众接收效果和舆论反馈等方面的历时对比值得进一步研究。

　　总之,本研究是在国际新闻传播背景下对口译活动社会影响力的一个尝试性探索,总结口译活动在记者会话语传播过程中的参与作用,同时,在了解媒体和机构语境下口译活动规律的基础上,也引发了关于口译理论研究、口译教学与实践、国际新闻传播研究与实践等方面的思考和启示。展望未来的口译研究,笔者认为,口译研究除了继续关注口译过程,如语言转换、神经心理机制之外,口译活动的社会属性将受到更多的重视。一方面,结合新技术和新手段,如大规模口译语料库、人工智能等,口译服务和口译产业在解决现实问题上的作用将更加突出;另一方面,随着跨学科视野的进一步拓展,口译研究的"文化转向",甚至是"社会学转向"将进一步被付诸实践,口译活动的政治、社会和文化影响以及口译活动作为社会、历史进程中参与和变革的力量将得以进一步深化,甚至重新审视。当口译研究不再囿于本体研究的视野,而是着眼于解决社会现实中存在的问题,为社会和历史发展贡献绵薄之力时,相信口译研究的前景将更加广阔。

参考文献

Allen，Graham. *Intertextuality*[M]. London and New York：Routledge，2000.

Anderson，Bruce W. Perspectives on the Role of the Interpreter[A]. In Brislin，Richard. (ed.)*Translation：Applications and Research*[C]. NewYork：Gardner Press，1976：208-228.

Angelelli，Claudia. *Medical Interpreting and Cross-Cultural Communication*[M]. Cambridge：Cambridge University Press，2004.

Arthern，Peter J. European Community Translation in Belgium[J].*Meta*，1994，39(1)：150-158.

Baker，Mona. Non-Cognitive Constraints and Interpreter Strategies in Political Interviews [A]. In Simms，Karl.(ed.)*Translating Sensitive Texts：Linguistic Aspects*[C]. Amsterdam：Rodopi，1997：111-129.

Baker，Mona. *Translation and Conflict：A Narrative Account*[M].London：Routledge，2006.

Baker，Mona. Translation as an Alternative Space for Political Action[J].*Social Movement Studies*，2013，12(1)：23-47.

Baker，Mona. A Changing Langdscape of Translation and Interpreting Studies[A]. In Bermann，Sandra & Catherine Porter.(eds.)*A Companian to Translation Studies*[C]. The Atrium：John Wiley & Sons，Ltd.，2014：15-27.

Bassnett，Susan. The Translation Turn in Cultural Studies[A]. In Bassnett，Susan & André Lefevere.(eds.)*Constructing Cultures：Essays on Literary Translation*[C]. Clevedon：Multilingual Matters，1998：123-140.

Baumgarten，S & C. Gagnon. Written Political Discourse in Translation：A Critical Discourse-Perspective on *Mein Kampf*[A]. In Thiele，Wolfgang，Joachim Schwend & Christian Todenhagen.(eds.) *Political Discourse：Different Media，Different Intentions，New Refelctions*[C]. Tubingen：Stauffenburg，2005：11-32.

Beaton，Morven. Intertextuality and Ideology in Interpreter-Mediated Communication：The Case of the European Parliament[D]. PhD Dissertation. Edinburgh：Heriot Watt University，2008.

Beaugrande，Robert-Alain de & Wolfgang U. Dressler.*Introduction to Text Linguistics*［M］. New York：Longman，1981.

Bennett，W.L. & R.M. Entman.*Mediated Politics：Communication in the Future of Politics*［M］. Cambridge：Cambridge University Press，2001.

Bhatia，Aditi. Critical Discourse Analysis of Political Press Conferences［J］.*Discourse & Society*，2006，17(2)：173-203.

Bielsa，Esperança & Susan Bassnett.*Translation in Global News*［M］. Shanghai：Shanghai Foreign Language Education Press，2011.

Bowen，Margareta et al. Interpreters and the Making of History［A］. In Delisle，Jean & Judith Woodsworth.（eds.）*Translators Through History*［C］. Amsterdam & Philadephia：John Benjamins Publishing，1995：245-277.

Catford，John C.*A Linguistic Theory of Translation：An Essay in Applied Linguistics*［M］. London：Oxford University Press，1965.

Chaffee，Steven H.（ed.）*Political Communication*［C］. Beverly Hills，CA：Sage Publications，1975.

Chen，Yamei. The Translator's Constrained Mediation in Trans-Editing of News Texts Narrating Political Conflicts［J］.*Cultus*，2008，1(1)：34-55.

Chesterman，Andrew. Bridge Concepts in Translation Sociology［A］. In Wolf，Michaela & Alexandra Fukari（eds.）*Constructing a Sociology of Translation*［C］. Amsterdam and Phipadelphia：John Benjamins Publishing，2007.

Cheung，Martha P.Y. Rethinking Activism：The Power and Dynamics of Translation in China During the Late Qing Period(1840-1911)［A］. In Baker，Mona，Maeve Olohan & María Calzada Pérez.（eds.）*Text and Context*［C］. Manchester：St. Jerome Publishing，2010：237-258.

Chilton，Paul.*Analysing Political Discourse：Theory and Practice*［M］. London and New York：Routledge，2004.

Conway，Kyle. News Translation and Culture［J］.*Perspectives*，2015，23(4)：517-520.

Constantinou，Maria. EU Lay Communication in Translation：Mediation Affectivity and EU Citizenship［J］. *Perspectives*，2019. https：//doi. org/10. 1080/0907676X. 2019. 1663890

Creswell，John W.*Research Design：Qualitative，Quantitative and Mixed Methods Approaches*(2nd edition)［M］. Thousand Oaks，CA：Sage，2003.

Cronin，Michael. The Empire Talks Back：Orality，Heteronomy and the Cultural Turn in Interpreting Studies［A］. In Pöchhacker，Franz & Miriam Shlesinger.（eds.）*The Interpreting Studies Reader*［C］. London & New York：Routledge，2002：386-397.

Damaskinidis, George. Ideological Shifts Between Bilingual EU Texts[J]. *Babel*, 2017, 63 (5): 702-728.

Davis, Bob. Rivals Seek New Balance: Obama, Hu Emphasize CommonGround, Gloss over Lasting Disputes at Summit[N].*Wall Street Journal(eastern)*, 2011-01-20: A1.

Desmet, Mieke K. T. Intertextuality/ Intervisuality in Translation: *The Jolly Postman*'s Intercultural Journey from Britain to the Neterlands[J]. *Children's Literature in Education*, 2001, 32(1): 31-43.

Diriker, Ebru. *De-/Re-Contextualizing Conference Interpreting: Interpreters in the Ivory Tower*? [M]. Amsterdam: John Benjamins Publishing, 2004.

Donahue, Ray T. & Michael H.Prosser. *Diplomatic Discourse: International Conflict at the United Nations Address and Analysis*[M]. Greenwich, Connecticut and London: Ablex Publishing Corporation, 1997.

Doorslaer, Luc van et al.*Interconnecting Translation Studies and Imagology*[M]. Amsterdam and Philadelphia: John Benjamins, 2015.

Eagleton, Terry. Translation and Transformation[J].*Stand*, 1977, 19(3): 72-77.

Ekström, Mats. Politicians interviewed on Television News[J]. *Discourse & Society*, 2001, 12(5): 563-584.

Ekström, Mats & Marianna Patrona.(eds.)*Talking Politics in Broadcast Media*[C]. Amsterdam: John Benjamins Publishing, 2011.

Eshbaugh-Soha, Matthew. Presidential Press Conferences Over Time[J].*American Journal of Political Science*, 2003, 47(2): 348-353.

Eshbaugh-Soha, Matthew. Presidential Influence of the News Media: the Case of the Press Conference[J]. *Political Communication*, 2013, 30(4): 548-564.

Fairclough, Norman.*Discourse and Social Change*[M]. Cambridge: Polity Press, 1992.

Fairclough, Norman.*Critical Discourse Analysis: the Critical Study of Language*[M]. London & New York: Longman, 1995.

Fairclough, Norman.*Analyzing Discourse*[M]. London: Routledge, 2003.

Fairclough, Norman. Genres in Political Discourse[A]. In Brown, Keith et al.(eds.) *Encyclopedia of Language and Linguistics(2nd edition)*[Z].Oxford: Elsevier ltd, 2006: 32-38.

Federici, Eleonora. The Translator's Intertextual Baggage[J]. *Forum for Modern Language Studies*, 2007, 43(2): 147-160.

Federici, Federico M. et al.*Mediating Emergencies and Conflicts: Frontline Translating and Interpreting*[M]. New York: Palgrave Macmillan, 2016.

Fetzer, Anita & Gerda Eva Lauerbach.(eds.)*Political Discourse in the Media: Cross-Cultural Perspectives*[C]. Amsterdam and Philadelphia: John Benjamins Publishing,

191

2007.

Foucault, Michel. *The Archaeology of Knowledge*[M]. London: Tavistock Publications, 1972.

Fowler, Roger, Bob Hodge, Gunther Kress and Tony Trew. *Language and Control*[M]. London: Routledge and Kegan Paul, 1979.

Franssila, Sanna. *Sell* Metaphors in American Political News Discourse[J]. *Procedia*, 2013 (95): 418-424.

Fu, Rongbo. Translating Like a Conduit? A Sociosemiotic Analysis of Modality in Chinese Government Press Conference Interpreting[J]. *Semiotica*, 2018, 221(2): 175-198.

Fu, Rongbo & Jing, Chen. Negotiating Interpersonal Relations in Chinese-English Diplomatic Interpreting: Explicitation of Modality as a Case in Point[J]. *Interpreting*, 2019, 21(1): 12-35.

Gambier, Yves. Public Communications: Beyond Boundaries[A]. In Schäffner, Christina & Susan Bassnett. (eds.) *Political Discourse, Media and Translation*[C]. Cambridge: Cambridge Scholars Publishing, 2010: 233-242.

Garnaut, John. China Insider Sees Revolution Brewing[N]. *The Sydney Morning Herald*, 2010-02-27: 8.

Geis, M. L. *The Language of Politics*[M]. New York: Springer-Verlag, 1987.

Genette, Gérard. (trans. by Lewin J.E.) *The architext: An Introduction*[M]. Berkeley: University of California Press, 1992.

Genette, Gérard. (trans. by C. Newman & C. Doubinsky) *Palimpsests: Literature in the Second Degree*[M]. Lincoln and London: University of Nebraska Press, 1997.

Ghessimi, Hamed. Translation and Political Engagement: The Role of Ali Shariati's Translations in Islamic Marxists Movements in Iran in the 1970s[J]. *Babel*, 2019, 65 (1): 51-60.

Gonzalez Ruiz, V M. La Traducci On Del Titulo Cinematografico Como Objecto de Autocensura: El Factor Religioso[A]. In Beeby, A., D. Ensinger & M. Presas. (eds.) *Investigating Transation*[C]. Amsterdam: John Benjamins Publishing, 2000: 161-169.

Gu, Chonglong. Mediating 'Face' in Triadic Political Communication: A CDA Analysis of Press Conference Interpreters' Discursive(Re)construction of Chinese Government's Image(1998-2017)[J]. *Critical Discourse Studies*, 2019, 16(2): 201-221.

Gumul, Ewa. Explicitating Political Discourse[A]. In Schäffner, Christina and Susan Bassnett. (eds.) *Political Discourse, Media and Translation*[C]. Newcastle up Tyne: Cambridge Scholars Publishing, 2010: 94-115.

Guo, Yijun. Effects of the Interpreter's Political Awareness on Pronoun Shifts in Political Interviews[J]. *Babel*, 2018, 64(4): 528-547.

Hale, Sandra & Jemina Napier. *Research Methods in Interpreting*: *A Practical Resource* [M]. London & New York: Bloomsbury, 2013.

Hatim, Basil. Intertextual Intrusions: Towards a Framework for Harnessing the Power of the Absent Text in Translation[A]. In Simms, Karl. (ed.) *Translating Sensitive Texts*: *Linguistic Aspects*[C]. Amsterdam: Rodopi, 1997: 29-45.

Hatim, Basil. *Communication Across Cultures*: *Translation Theory and Contrastive Text Linguistics*[M]. Shanghai: Shanghai Foreign Language Education Press, 1997/2001.

Hatim, Basil & Ian Mason. *The Translator as Communicator*[M]. London: Routledge, 1997.

Hatim, Basil & Ian Mason. *Discourse and the Translator*[M]. Shanghai: Shanghai Foreign Language Education Press, 1990/2001.

Hermans, Theo. Translation, Irritation and Resonance[A]. In Wolf, Michaela & Alexandra Fukari. (eds.) *Constructing a Sociology of Translation*[C]. Amsterdam: John Benjamins Publishing, 2007: 57-75.

Hu, Kaibao & Meng, Lingzi. Gender Differences in Chinese-English Press Conference Intepreting[J]. *Perspectives*, 2017, 26(1): 117-134.

Hung, Eva & Judy Wakabayashi. (eds.) *Asian Translation Traditions*[M]. Manchester: St. Jerome Publishing, 2005.

Ibrahim, Firas. Interpreter Modification of Discourse Features in the Media: A Study of the Broadcast Trail of Saddam Hussein[D]. PhD Dissertation. Edinburgh: Heriot-Watt University, 2011.

Inghilleri, Moira. The Sociology of Bourdieu and the Construction of the 'Object' in Translation and Interpreting Studies[J]. *The Translator* (*Special Issue*), 2005, 11 (2): 125-145.

Inghilleri, Moira. *Interpreting Justice*: *Ethics, Politics and Language* [M]. London: Routledge, 2012.

Jakobson, Roman. On Linguistic Aspects of Translation[A]. In Venuti, Lawrence. (ed.) *The Translation Studies Reader* (3rd *Edition*)[C]. London & New York: Routledge, 2012: 126-131.

Kang, Ji-Hae. Recontextualization of News Discourse: A Case Study of Translation of News Discourse on North Korea[J]. *The Translator*, 2007, 13(2): 219-242.

Kang, Ji-Hae. Institutions Translated: Discourse, Identity and Power in Institutional Mediation[J]. *Perspectives*, 2014(4): 469-478.

Kim, Kyung Hye. Examining US News media discourses about North Korea: A Corpus-Based Critical Discourse Analysis[J]. *Discourse & Society*, 2014, 25(2): 221-244.

Kontos, Petros & Maria Sidiropoulou. Political Routines in Press Translation[J]. *Meta*,

2012，57(4)：1013-1028.

Koskinen，K. Institutional Illusions：Translating in the EU Commission[J]. *The Transla-tor*，2000，6(1)：49-65.

Koskinen，K. *Translating Institutions*[M]. Manchester：St. Jerome Publishing，2008.

Kristeva，Julia. Word，Dialogue and Novel[A]. In Moi，Toril.(ed.) *The Kristeva Reader* [C]. New York：Columbia University Press，1986a：34-61.

Kristeva. Julia. Semiotics：A Critical Science and/or a Critique of Science[A]. In Moi，To-ril.(ed.) *The Kristeva Reader* [C]. New York：Columbia University Press，1986b：74-88.

Landler，Mark. Fruitful Vist by Obama Ends with A Lecture From Xi[N]. *New York Times(paper)*，2014-11-13：A6.

Leech，Geoffrey N. & Mick Short. *Style in Fiction：A Linguistic Introduction to English Fictional Prose*[M]. London：Longman，1981.

Lefevere，André & Susan Bassnett. Introduction[A]. In Bassnett，Susan & André Lefe-vere.(eds.) *Translation，History and Culture* [C]. London and New York：Pinter Publishers，1990：1-13.

Lefevere，André & Susan Bassnett. Introduction：Where Are We in Translation Studies [A]. In Bassnett，Susan & André Lefevere.(eds.)*Constructing Cultures：Essays on Literary Translation*[C]. Clevedon：Multilingual Matters，1998：1-11.

Levelt，W. J. M. Monitoring and Self-Repair in Speech[J].*Cognition*，1983(14)：41-104.

Li，Juan. Intertextuality and National Identity：Discourse of National Conflicts in Daily Newspapers in the United States and China[J].*Discourse & Society*，2009，20(1)：85-121.

Li，Jingjing & Saihong Li. New Trends of Chinese Political Translation in the Age of Glob-alisation[J].*Perspectives*，2015，23(3)：424-439.

Li，Xin. Mediation Through Modality Shifts in Chinese-English Government Press Confer-ence Interpreting[J].*Babel*，2018，64(2)：269-293.

Liu，Hui. Audience Design in Interpreted Press Conferences(Chinese-English)：Face Man-agement and Information Management [D]. PhD Dissertation. Edinburgh：Hariot-Watt University，2010.

Liu，Jane Qian. Pseudotranslation，Intertextuality and Metafictionality：Three Case Studies of Pseudotranslation from Early Twentieth-century China[J]. *Perspectives*，2019，27 (3)：389-403.

Liu，Minhua. Methodology in Interpreting Studies：A Methodological Review of Evidence-Based Research[A]. In Nicodemus，Brenda & Laurie A. Swabey.(eds.)*Advances in Interpreting Research：Inquiry in Action*[C]. Amsterdam：John Benjamins Publishing，2011：85-119.

Lung，Rachel. *Interpreters in Early Imperial China* [M]. Amsterdam：John Benjamins Publishing，2011.

Ma，Liyao & Li Xiaokun. Public Diplomacy at Early Stage[N].*China Daily*. 2011-03-03. http://www. chinadaily. com. cn/cndy/2011-03/03/content _ 12106167. htm accessed 2019-10-03.

McLaughlin，Martin & Javier Munoz-Basols. Ideology，Censorship and Translation Across Genres：Past and Present[J]. *Perspectives*，2016，24(1)：1-6.

Mason，Ian. Text Parameters in Translation：Transitivity and Institutional Cultures[A]. In Venuti，Lawrence.(ed.) *The Translation Studies Reader* (3rd edition)[C]. London：Routledge，2012：399-410.

Mathis，D. Zhu Denies China Stole Nuclear Secrets，Spied or Funneled Money to Democrats[N].*USA Today*. 1999-04-09. Retrieved from http://infoweb.newsbank. com/ iw-search/we/InfoWeb? p_product = AWNB & p_theme = aggregated5 & p_action = doc & f _ lastaction = doc & p _ docid = 127D8918C21A3D10 & p _ docnum = 2 & p _ queryname=66.

McHoul，Alec. Text[A]. In Bouissac，Paul.(ed.)*Encyclopedia of Semiotics*[Z]. Oxford and New York：Oxford University Press，1998：609-611.

Milton，John. The Translation of Mass Fiction[A]. In Beeby，A.，D. Ensinger & M. Presas.(eds.) *Investigating Transation* [C]. Amsterdam：John Benjamins Publishing，2000：171-179.

Mossop，Brian. Translating Institutions：A Missing Factor in Translation Theory[J]. *TTR*，1988，1(2)：65-71.

Mossop，Brian. Translating Institution and 'Idiomatic' Translations[J].*Meta*，1990，35 (2)：341-354.

Mossop，Brian. Motivation and De-Motivation in a Government Translation Service：A Diary-Based Approach[J].*Perspectives*，2014，22(4)：581-591.

Munday，Jeremy. *Introducing Translation Studies* [M]. London and NewYork：Routledge，2001.

Munday，Jeremy.*Evaluation in Translation：Critical Points of Translator Decision-Making*[M]. London：Routledge，2012.

Neubert，Albecht & Gregory M. Shreve.*Translation as Text*[M]. Kent：The Kent State University Press，1992.

Newmark，Peter. *About Translation*[M]. Clevedon：Multilingual Matters，1991.

Ortego-Anton，Maria & Pimentel，Janine. Interlingual Transfer of Social Media Terminology：A Case Study Based on a Corpus of English，Spanish and Brazilian Newspaper

Articles[J].*Babel*，2019，65(1)：114-130.

Pan，Li. Investigating Institutional Practice in News Translation：An Empirical Study of a Chinese Agency Translating Discourse on China[J].*Perspectives*，2014，22(4)：547-565.

Pan，L. Ideological Positioning in News Translation：A Case Study of Evaluative Resources in Reports on China[J]. *Target* ，2015，27(2)，215-237.

Pearson，B & P de Villiers. Discourse，Narrative and Pragmatic Development[A]. In Brown，Keith et al.(eds.) *Encyclopedia of Language and Linguistics* (2ⁿᵈ *edition*) [Z].Oxford：Elsevier ltd，2006.

Pérez，Marcos Sarmiento. The Role of Interpreters in the Conquest and Acculturation of the Canary Archipelago[J].*Interpreting*，2011，13(2)：155-175.

Pérez-González，L. Translation，Interpreting and the Genealogy of Conflict[J].*Journal of Language and Politics* (*Special Issue*)，2012，11(2)：169-184.

Petite，Christelle. Evidence of Repair Mechanisms in Simultaneous Interpreting：A Corpus-Based Analysis[J].*Interpreting*，2005，7(1)：27-49.

Petrilli，Susan. Iconicity in Translation：On Similarity，Alterity，and Dialogism in the Relation among Signs[J].*The American Journal of Semiotics*,2008，24(4)：237-302.

Phelan，Mary. Legal Interpreters in the News in Ireland[J]. *The International Journal for Translation& Interpreting Research*，2011，3(1)：76-105.

Pöchhacker，Franz.*Introducing Interpreting Studies*[M]. London：Routledge，2004.

Pöchhacker，Franz. The Turns of Interpreting Studies[A]. In Hanson，Gyde et al.(eds.)*Efforts and Models in Interpreting and Translation Research*[C]. Amsterdam/Philadelphia：John Benjamins Publishing，2008：25-46.

Pöllabauer，Sonja. 'Translation Culture' in Interpreted Asylum Hearings[A]. In Pym，A，Miriam Shlesinger & Zuzana Jettmarová.(ed.) Sociocultural Aspects of Translating and Interpreting[C]. Amsterdam：John Benjamin Publishing，2006：151-162.

Postma，Albert. Detection of Errors During Speech Production：A Review of Speech Monitoring Models[J].*Cognition*，2000(77)：97-131.

Postma，Albert & H. Kolk. The Covert Repair Hypothesis：Prearticulatory Repair Processes in Normal and Stuttered Disfluencies[J]. *Journal of Speech and Hearing Research*，1993，36(3)：472-487.

Prunč，Erich. Priests，Princes and Pariahs. Contructing the Professional Field of Translation[A]. In Wolf，Michaela & Alexandra Fukari.(eds.)*Constructing a Sociology of Translation*[C]. Amsterdam：John Benjamins Publishing，2007：39-56.

Pym，Anthony, Miriam Shlesinger & Zuzana Jettmarová.(eds.)*Sociocultural Aspects of Translating and Interpreting*[C]. Amsterdam：John Benjamin Publishing，2006.

Roland, Ruth A. *Interpreters As Diplomats: A Diplomatic History of the Role of Interpreters in World Politics* [M]. Ottawa: University of Ottawa Press, 1999.

Roy, Cynthia B. *Interpreting as a Discourse Process* [M]. Oxford: Oxford University Press, 2000.

Rundle, Christopher & Kate Sturge. (eds.) *Translation under Fascism* [C]. Basingstoke: Palgrave Macmillan, 2010.

Sakellariou, Panagiotis. The Appropriation of the Concept of Intertextuality for Translation-Theoretic Purposes[J]. *Translation Studies*, 2015, 8(1): 35-47.

Schäffer, Christina. Political Texts as Sensitive Texts[A]. In Simms, Karl. (ed.) *Translating Sensitive Texts: Linguistic Aspects* [C]. Amsterdam & Atlanta: Rodopi, 1997: 131-138.

Schäffner, Christina. Metaphor and Translation: Some Implications of a Cognitive Approach[J]. *Journal of Pragmatics*, 2004a, 36(7): 1253-1269.

Schäffner, Christina. Political Discourse Analysis from the Point of View of Translation Studies[J]. *Journal of Language and Politics*, 2004b, 3(1): 117-150.

Schäffner, Christina. Politics and Translation[A]. In Kuhiwczak, Piotr & Karin Littau. (eds.) *A Companion to Trnslation Studies* [C]. Clevedon: Multilintual Matters Ltd, 2007: 134-147.

Schäffner, Christina. Political Communication: Mediated by Translation[A]. In Okulska, Urszula & Piotr Cap. (eds.) *Perspectives in Politics and Discourse* [C]. Amsterdam: John Benjamins Publishing, 2010: 255-278.

Schäffner, Christina. Unknown Agents in Translated Political Discourse [J]. *Target*, 2012a, 24(1): 103-125.

Schäffner, Christina. Press Conference and Recontextualisation[A]. In Iciar, Alonso Araguas, Jesus Baigorri Jalon & Helen L. Campbell. (eds.) *Ensayos Sobre Traduccion Juridica e Institucional* [C]. Granada: Comares, 2012b: 69-83.

Schäffner, Christina. Speaker Positioning in Interpreter-Mediated Press Conferences[J]. *Target*, 2015, 27(3): 422-439.

Schäffer, Christina & Susan Bassnett. Politics, Media and Translation: Exploring Synergies[A]. In Schäffner, Christina & Susan Bassnett. (eds.) *Political Discourse, Media and Translation* [C]. Cambridge: Cambridge Scholars Publishing, 2010: 1-29.

Schäffer, Christina, Luciana Sabina Tcaciuc & Wine Tesseur. Translation Practices in Political Institutions: A Comparison of National, Supranational, and Non-Governmental Organizations[J]. *Perspectives*, 2014, 22(4): 493-492.

Schäffner, Christina. Language, Interpreting and Translation in the News Media[A]. In Malmkjaer, Kirsten(ed.). *The Routledge Handbook of Translation Studies and Lin-*

guistics[C]. London and New York：Routledge，2017：327-341.

Schiffrin，D. & D. Tannen. *The Handbook of Discourse Analysis*[M]. Massachusetts：Blackwell Publishers，2001.

Setton，R. Corpus-based interpreting studies（CIS）：Overview and prospects[A]. In A. Kruger，K. Wallmarch & J. Munday（eds.）. *Corpus-based translation studies：research and applications*[C]. London & New York：Continuum，2011：33-75.

Shlesinger，Miriam. Crossing the Divide：What Researchers and Practitioners Can Learn From One Another[J]. *The International Journal for Translation and Interpreting*，2009，1（1）：1-16.

Shunnaq，Abdullah. Arabic-English Translation of Political Speeches[J]. *Perspectives*，2000，8（3）：207-228.

Smith，J. M. Text and Textuality[A]. In *International Encyclopedia of Human Geography*[Z]，2009：215-219. Available at http://ac.els-cdn.com/B9780080449104010105/3-s2. 0-B9780080449104010105-main. pdf?_tid = 20000a56-7bb4-11e4-b884-00000aacb35d &acdnat = 1417697608_af180e6b4e021d5bd34a5c2781a5e4e5 accessed 2014-12-02.

Snell-Hornby，Mary. *The Turns of Translation Studies：New Paradigms of Shifting Viewpoints?*[M]. Amsterdam：John Benjamins Publishing，2006.

Spivak，Gayatri Chakravorty. Translator's Preface to Jacques Derrida. In Derrida，Jaques.（trans. by Spivak，Gayatri Chakravorty）*Of Grammatology*[M]. Baltimore：John Hopkins University Press，1976：ix-lxxxvii.

Still，Judith & Michael Worton. Introduction[A]. In Worton，Michael & Judith Still.（eds.）*Intertextuality：Theories and Practices*[C]. Manchester and New York：Manchester University Press，1990：1-44.

Stout，David. China's Prime Minister Denies Secrets Were Stolen[N]. *New York Times*（*Late Edition，East Coast*），1999-04-09：12.

Sullivan，Laura. China' Leader Says Journalists Are Like Broken Cars[OL]. *NPR*.2014-11-12. Available at *Access World News*：https://vpn2.nlc.cn/prx/000/http/infoweb.newsbank.com/iw-search/we/InfoWeb? p_product = AWNB&p_theme = aggregated5&p_action=doc&p_docid=15192AF27B2DCBA8&p_docnum=1&p_queryname=2 accessed 2015-10-04.

Sun，Tingting. Adversarial Questioning and Answering Strategies in Chinese Government Press Conferences[J]. *Taiwan Journal of Linguistics*，2010，8（2）：131-162.

Toury，Gideon. A Rationale for Descriptive Translation Studies[J]. *Dispositio*，1982，7（19/21）：23-39.

Toury，Gideon. *Descriptive Translation Studies and Beyond*[M]. Amsterdam and Phipadelphia: John Benjamins Publishing, 1995.

Tryuk, Małgorzata. Interpreting in Nazi Concentration Camps During World War II[J]. *Interpreting*, 2010, 12(2): 125-145.

Tsai, Claire. News Translator as Reporter[A]. In Schäffner, Christina & Susan Bassnett. (eds.)*Political Discourse*, *Media and Translation*[C]. Amsterdam: John Benjamins Publishing, 2010: 178-197.

Tymoczko, Maria. Ideology and the Position of the Translator: In What Sense is a Translator 'in Between'? [A]. In Calzada-Pérez, María.(ed.)*A propos of Ideology*: *Translation Studies on Ideology-Ideologies in Translation Studies*[C]. Manchester: St. Jerome Publishing, 2003: 181-201.

Tymoczko, Maria. Translation, Ethics and Ideology in a Violent Globalizing World[A]. In Bielsa, Esperanza & Christopher W. Hughes.(eds.)*Globalization*, *Political Violence and Translation*[C]. Houndmills: Palgrave Macmillan, 2009: 171-194.

Tymoczko, Maria. (ed.) *Translation*, *Resistance*, *Activism* [C]. Amherst: University of Massachusetts Press, 2010.

Tyulenev, Sergey. *Translation and Society*: *An Introduction* [M]. Lonon: Routledge, 2014.

Valdeón, R. A. Anomalous News Translation: Selective Appropriation of Themes and Texts in the Internet[J].*Babel*, 2008, 54(4): 299-326.

van Dijk, Teun A. What is Political Discourse Analysis[A]. In Blommaert, Jan & Chris Bulcaen.(eds.) *Political Linguistics* [C]. Amsterdam: John Benjamins Publishing, 1997: 11-52.

van Doorslaer, Luc.(More than)American Prisms on Eurocentrisms: An Interview Article [J].*Translation and Interpreting Studies*, 2011, 6(2): 225-234.

Velshi, A & E. Henry. Analysis of U.S./ China Relationship, Post-press Conference[N]. *CNN*(*newsroom*). 2011-01-19. Retrieved from.

http://infoweb.newsbank.com/iw-search/we/InfoWeb? p_product = AWNB&p_theme = aggregated5&p_action = doc&p_docid = 134E0A3317940A90&p_docnum = 6&p_queryname=14.

Venuti, Lawrence. Translation, Intertextuality, Interpretation[J].*Romance Studies*, 2009, 27(3): 157-173.

Vološinov, V. N.(trans. by Ladislav Matejka & I.R. Titunik).*Marxism And the Philosophy of Language*[M]. New York and London: Seminar Press, 1973.

Vranjes, Jelena et al. Affiliation in Interpreter-mediated Therapeutic Talk[J]. Interpreting, 2019, 21(2): 220-244.

Vuorikoski, Anna-Riitta. A Voice of Its Citizens or a Modern Tower of Babel? The Quality of Interpreting as a Function of Political Rhetoric in the European Parliament[D]. PhD Dissertation. Tampere：Acta Universitatis Tamperensis，2004.

Wadensjö，Cecilia. *Interpreting as Interaction*[M]. London and New York：Longman，1998.

Wadensjö，Cecilia. Co-Constructing Yeltsin：Explorations of an Interpreter-Mediated Political Interview[A]. In M. Olohan.（ed.）*Intercultural Faultlines：Research Methods in Translation Studies Ⅰ：Textual and Cognitive Aspects*[C]. Manchester：St. Jerome Publishing，2000：233-252.

Wagner，Emma，Svend Bech & Jesús Martínez.*Translating for the European Union Institutions*[M]. Manchester：St. Jerome Publishing，2002.

Wallmach，Kim. Seizing the Surge of Language by Its Soft，Base Skill：Simultaneous Interpreting，the Truth Commission and 'Country of My Skull'[J].*Current Writing*，2002，14（2）：64-82.

Wang，Binhua. A Descriptive Study of Norms in Interpreting：Based on the Chinese-English Consecutive Interpreting Corpus of Chinese Premier Press Conferences[J].*Meta*，2012，57（1）：198-212.

Wang，Binhua & Dezheng，Feng. A Corpus-based Study of Stance-taking as Seen from Critical Points in Interpreted Political Discourse[J]. *Perspectives*，2018，26（2）：246-260.

Whittell，Giles. We Must Improve Our Human Rights Record，Chinese Leader Tells America[N].*The Times*，2011-01-20.

Wigen，Einar. Two-Level Language Games：International Relations as Inter-Lingual Relations[J]. *European Journal of International Relations*，2015，21（2）：427-450.

Witt，Susanna. Institutionalized Intermediates：Conceptualizing Soviet Practices of Indirect Literary Translation[J].*Translation Studies*，2017，10（2）：166-182.

Wolf，Michela & Alexandra Fukari.（eds）*Constructing a Socioloty of Translation*[C]. Amsterdam：John Benjamins Publishing，2007.

Wolf，Michaela. The Sociology of Translation and Its 'Activist Turn'[J].*Tranlation and Interpreting Studies*，2012，7（2）：129-143.

Worton，Michael & Judith Still.（eds.）*Intertextuality：Theories and Practices*[C]. Manchester and New York：Manchester University Press，1990.

Xiao，Xiaoyan. English Adpots More Chinese Phrases[OL].*China Daily*. 2010-12-29. http://usa.chinadaily.com.cn/2010-12/29/content_11770116.htm accessed 2019-10-03.

Xinhua News Agency. Highlights of President Hu's Speech at Reform Eulogy Meeting [OL]. 2008-12-18. https://vpn2. nlc. cn/prx/000/http/infoweb. newsbank. com/iwsearch/we/InfoWeb? p_product ＝ AWNB&p_theme ＝ aggregated5&p_action ＝

doc&p_docid＝1252E335DDF92820&p_docnum＝5&p_queryname＝3 accessed 2015-
11-02.

Yi，Yan & Tsan-Kuo Chang. Institutionalizing Public Relations in China：A Sociological
Analysis of the Chinese Premier's Press Conference[J]. *Public Relations Review*，
2012，38：711-722.

Yule，George.*Pragmatics*[M]. Oxford：Oxford University Press，1996.

Zhang，Di. A Relational Perspective on Media Relations Strategies：The Chinese
Government's News Conferences From 2001-2009[J].*Public Relations Review*，2012，
38：684-696.

Zhou，Su. 'Zero Tolerance' to Continue[N].*China Daily*，2015-03-03：3.

Zhu，Zhe. We'll Forge Ahead with Reforms：Hu[N]. *China Daily*. 2008-12-19：3.

澳门日报. 两会翻译是怎样炼成的[N]. 2015-03-12：B04.

本报评论员. 党风廉政建设和反腐败斗争永远在路上[N]. 人民日报，2015-01-15：1.

曹明伦. 翻译之道：理论与实践(修订版)[M]. 上海：上海外语教育出版社，2013.

曹山柯. 对"互文性"理论运用于国内翻译批评的反思[J]. 中国翻译，2012(4)：91-95.

谌莉文. 口译思维过程中的意义协商概念整合研究[D]. 博士论文. 上海：上海外国语大
学，2011.

陈平. 系统中的对立——谈现代语言学的理论基础[J]. 当代修辞学，2015(2)：1-11.

陈向明. 质的研究方法与社会科学研究[M]. 北京：教育科学出版社，2000.

程曼丽、王维佳. 对外传播及其效果研究[M]. 北京：北京大学出版社，2011.

程锡麟. 互文性理论概述[J]. 外国文学，1996(1)：72-78.

储信艳. 领导人的翻译如何炼成[N]. 新京报，2013-04-06：A13.

啜京中. 交传的互文性解构模式及运用[J]. 外语与外语教学，2007(1)：52-55.

戴庆利. 做"非典"记者招待会的一点感受[J]. 中国翻译，2004(1)：63-64.

邓隽. 解读性新闻中的互文关系——兼论互文概念的语言学化[J]. 当代修辞学，2011(5)：
42-55.

邓媛. 讲讲外交高翻背后的故事[N]. 国际先驱导报，2014-12-19：32.

窦仲、邢程. 记者见面会上总理的 23 次手势[N]. 新文化报，2011-03-15：A05.

法制晚报. 翻译也能化解尴尬[N].2013-12-18：A50.

方薇. 忠实之后：翻译伦理探索[D]. 博士论文. 上海：上海外国语大学，2012.

方薇. 翻译伦理研究：需要走向更为开阔的视阈——国内"规范导向"翻译伦理研究反思
[J]. 外语研究，2013(4)：70-75.

外交部青年外交官访谈[OL]. 2017-04-27.检索于 http://news.sina.com.cn/c/2007-04-27/
205212883772.shtml 登录时间 2019-10-03.

凤凰网. 两会翻译是怎样炼成的？网友："有才就是任性"[OL]. 2015-03-09.http://hebei.
ifeng.com/news/detail_2015_03/09/3631064_0.shtml 登录时间 2019-10-03.

凤凰资讯. 小清新翻译成为两会一道靓丽风景线[OL]. 2012-03-06. http://news.ifeng.com/photo/special/2012lianghui/zuixin/detail_2012_03/06/12998115_0.shtml 登录时间 2019-10-03.

冯建中、殷东豪. 基于语料库的国防部理性记者会汉英口译词汇特征研究[J]. 外语研究，2016(3)：69-73.

封一函. 结构与解构：从乔姆斯基到韦努蒂——论翻译的归化、异化与文化身份[D]. 博士论文. 北京：首都师范大学，2006.

高巍、高颖超. 商务文本的互文性与翻译研究[J]. 中国外语，2018(2)：82-89.

高小丽. 汉英报纸新闻语篇中转述形式的对比分析[J]. 外语学刊，2013(2)：64-70.

顾毅、陈建生. 以翻译为目的的互文性阅读[J]. 解放军外国语学院学报，2008(2)：73-78.

管志斌. 语篇互文形式研究[D]. 博士论文. 上海：复旦大学，2012.

过家鼎. 关于政治会谈口译的点滴体会[J]. 中国翻译，1984(11)：16-21.

过家鼎. 岁月不曾流逝的记忆：外交翻译生涯三十余年点滴谈[J]. 对外大传播，2004(9)：12-14.

国防时报. 法国亲朋聚会避谈政治[N]. 2010-04-21：5.

郭卫民. 中国政府新闻发布工作概况[A]. 汪兴明、李希光. 政府发言人 15 讲[C]. 北京：清华大学出版社，2006：63-76.

杭州日报. 美女翻译人气胜过刘翔[N]. 2010-03-17：A03.

郝也. 两会火了一对翻译伉俪[N]. 金陵晚报，2015-03-05：A06.

胡开宝、谢丽欣. 记者招待会汉英口译中英语关系从句的应用研究[J]. 山东外语教学，2014(4)：8-16.

华西都市报. 温总理记者会，美女翻译人气超刘翔[N]. 2010-03-16b：8.

黄念然. 当代西方文论中的互文性理论[J]. 外国文学研究，1999(1)：15-21.

黄友义. 坚持"外宣三贴近"原则，处理好外宣翻译中的难点问题[J]. 中国翻译，2004(6)：27-28.

江阴日报. 总理翻译张璐，一战成名[N]. 2010-03-18：A04.

金陵晚报. 任性网友挑战翻译姐[N]. 2015-03-05：A06.

纪卫宁、辛斌. 费尔克劳夫的批评话语分析思想论略[J]. 外国语文，2009(6)：21-25.

蒋骁华. 互文性与文学翻译[J]. 中国翻译，1998(2)：20-25.

荆学民、苏颖. 中国政治传播研究的学术路径与现实维度[J]. 中国社会科学，2014(2)：79-95.

赖彦. 新闻语篇的互文中介性分析[J]. 外语与外语教学，2009(3)：19-22.

雷天放、陈菁. 口译教程[M]. 上海：上海外语教育出版社，2006.

李光. 揭秘：外交部如何培养国家领导人翻译[N]. 国防时报，2010-04-21：5.

李红满. 国际翻译学热点与前沿的可视化分析[J]. 中国翻译，2014(2)：21-26.

李玮、蒋晓丽. 试对"伴随文本"理论进行修正与扩展——与赵毅衡教授商榷[J]. 甘肃社会科学,2012(4):251-255.

李玮. 新闻符号学[M]. 四川:四川大学出版社,2014.

李玮. 赵毅衡伴随文本的三个比较优势[J]. 当代文坛,2015(1):29-32.

李希光. 执政的媒体环境与发言人制度[A]. 汪兴明、李希光. 政府发言人 15 讲[C]. 北京:
    清华大学出版社,2006:1-32.

李小坤、庞继贤. 互文性:缘起、本质与发展[J]. 西北大学学报,2009(4):152-155.

李欣. 两会女神翻译逐个数[N]. 南方都市报,2015-03-05:AA04.

李玉平. 互文性研究[D]. 博士论文. 南京:南京大学,2003.

李玉平. 互文性新论[J]. 南开学报,2006(3):111-117.

李珍. 从互文性角度看跨文化翻译[J]. 温州大学学报,2008(6):52-57.

梁艳燕、朱亚玲. 国家领导人访拉美翻译原是增城妹[N]. 南方都市报,2013-11-01:AA19.

廖圣清、李晓静、张国良. 解析中国媒介新闻的可信度[J]. 新闻大学,2007(4):66-73.

刘嘉. 习近平访美翻译有个武汉伢[N]. 长江日报,2015-10-04:4.

刘兰香、林立平. 外交部优秀青年干部与公众在线交流外交心得[OL].新华网. 2007-04-27.
    检索于 http://news.xinhuanet.com/politics/2007-04/27/content_6037382.htm 检索
    时间 2017-02-23

刘娜. 走近总理身边的女翻译:经历了"淘汰式培训"[OL]. 中国共产党新闻网. 2010-04-
    22.http://cpc.people.com.cn/GB/64093/67507/11424717.html 登录时间 2019-10-03.

刘小燕. 中国政府形象传播[M]. 太原:山西人民出版社,2005.

刘笑盈.国际新闻传播[M]. 北京:中国广播电视出版社,2013.

陆冰梅. 深度体会寻找新闻"第二落点"[J]. 中国记者,2010(3):67-68.

卢永春、胡洪江、崔鹏. 总理记者会翻译还是她! 看看她的高难度翻译[OL]. 人民日报.
    2015-03-15.http://mp.weixin.qq.com/s? __biz＝MjM5MjAxNDM4MA＝＝＆mid＝
    210943785＆idx＝2＆sn＝b59aeeabbf032

e597db033e1f8bbec48＆scene＝4＃wechat_redirect 登录时间 2019-10-03.

罗选民. 互文性与翻译[D]. 博士论文. 香港:岭南大学,2006.

马浩亮. 北京观察:腐败没有"铁帽子王"[OL]. 大公网. 2015-01-19.http://news.takung-
    pao.com/mainland/focus/2015/01/2893231.html 登录时间 2019-10-03.

孟建. 政府的发布活动与传播效果[A]. 汪兴明、李希光. 政府发言人 15 讲[C]. 北京:清华
    大学出版社,2006:201-218.

钱芳. 英汉同声传译中译员的自我修正[D]. 博士论文. 广州:广东外语外贸大学,2013.

秦海鹰. 互文性理论的缘起与流变[J]. 外国文学评论,2004(3):19-30.

秦文华. 翻译研究的互文性视角[M]. 上海:上海译文出版社,2006.

青年报. 美女翻译网上人气超刘翔[N]. 2010-03-16a:国内新闻版.

裘燕萍. 部分投射及其在新闻语类中的评价功能[J]. 外国语,2007(3):32-38.

邱政政. 最美译员分享演讲与翻译心得[OL]. 2014-12-21.http://mp.weixin.qq.com/s? __

biz＝MjM5NTA1MzM4MA＝＝＆mid＝202425671＆i

dx＝1＆sn＝110e1a8e8dc5b78de396b055a86dc2f9＆scene＝4♯wechat_redirect 登录时间 2019-10-03.

屈文生. 十八届四中全会《决定》若干政法新词英译研究[J]. 中国翻译,2015(2):96-100.

人民网. 做有温度的新闻[OL]. 2011-11-09. http://media. people. com. cn/GB/192301/ 192373/192374/16191043.html 登录时间 2019-10-03.

人民网. 国务院总理李克强答中外记者问:记者聚焦女翻译[OL]. 2015-03-15.http://liang-hui.people.com.cn/2015npc/n/2015/0315/c394538-26695198.html 登录时间 2019-10-03.

任文. 文化转向后翻译研究语言学派和文化学派的互补性——伊恩·梅森教授访谈录[J]. 中国翻译,2007(6):24-28.

任文. 联络口译中译员的主体性意识研究[D]. 博士论文. 成都:四川大学,2008.

任文. 联络口译过程中译员的主体性意识研究[M]. 北京:外语教学与研究出版社,2010.

任文、徐寒. 社区口译中的场域、惯习和资本——口译研究的社会学视角[J]. 中国翻译, 2013(5):16-22.

任文. 口译研究的"社会学转向"——Claudia Angelelli 教授对话访谈录[J]. 中国翻译, 2016(1):70-76.

任小平. 外交口译的灵活度[J]. 中国翻译,2000(5):40-44.

萨莫瓦约著. 邵炜译. 互文性研究[M]. 天津:天津人民出版社,2003.

宋双峰. 新闻发言人制度在我国 20 年[J]. 中国记者,2003(9):19-21.

单一良. 费胜潮:"黑马"闯进外交部[N]. 中国产经新闻报,2009-09-21:B8.

"商务青年讲堂"开讲,孙宁谈英语学习方法[OL]. 2016-12-02.http://pit.ifeng.com/a/ 20161202/50353672_0.shtml 登陆时间 2020-02-23

申田. 试论媒体语言传播对国家形象的建构[J]. 新闻战线,2019(4):16-17.

施燕华. 怎样做好外交口译[J]. 中国翻译,2007(3):57-60.

苏妮. 发言说"任性",翻译不任性[N]. 法制晚报,2015-03-06:A21.

孙婷婷. *Interpreting China:Interpreters' Mediation of Government Press Conferences in China*[M]. 北京:外语教学与研究出版社,2013.

孙秀丽. 克里斯蒂娃解析符号学研究[D]. 博士论文. 长春:东北师范大学,2010.

孙艺风. 翻译规范与主体意识[J]. 中国翻译,2003(3):3-9.

唐青叶. 话语政治的分析框架及其意义[J]. 阿拉伯世界研究,2013(3):94-106.

王晨燕.《纽约时报》涉华报道中的消息来源与新闻话语分析[J]. 新闻界,2014(22):28-32.

王斌华. 口译规范的描写研究——基于现场口译较大规模语料的分析[M]. 北京:外语教学与研究出版,2013.

王斌华. 汉英口译目标语交际规范的描写研究——基于现场口译语料库中增补性偏移的分析[J]. 外语教学与研究,2015(4):598-610.

王国庆. 加强地方政府新闻发布制度的建设[A]. 汪兴明、李希光. 政府发言人 15 讲[C].

北京:清华大学出版社,2006:45-61.

王洪涛. 互文性理论之于翻译学研究:认识论价值与方法论意义[J]. 上海翻译,2010(3):6-11.

王璟. 从南外走出的"总理翻译",大学没毕业就被外交部相中[N]. 扬子晚报,2013-03-18:A12.

王丽、李桃. 基于语料库的汉英会议模糊限制语口译研究[J]. 中国翻译,2015(5):96-100.

王淼之. 温总理记者招待会上的现场美女翻译为何受热捧[OL]. 人民网. 2010-03-16.http://www.people.com.cn/GB/32306/33232/11161905.html 登录时间 2019-10-03.

王晓枫. 两会翻译是怎样炼成的[N]. 新京报,2015-03-09:A11.

王雪明、杨子. 典籍英译中深度翻译的类型与功能——以《中国翻译话语英译选集》(上)为例[J]. 中国翻译,2012(3):103-108.

王燕、郭悦. 巧译古诗词,总理翻译网络"走红"[N]. 法制晚报,2010-03-16:A15.

王振华. 语篇语义的研究路径——一个范式、两个脉络、三种功能、四种语义、五个视角[J]. 中国外语,2009(6):26-38.

王志龙、自国天然. 媒体微博涉军议题呈现特征及对策——以 2014 年国防部例行记者会为例[J]. 青年记者,2015(12):29.

温如军、郭媛丹、陶韵西. 16 个字标准,选出翻译[N]. 法制晚报,2013-03-17:A12.

吴爱凤. 两会新闻眼:"任性"不起来的两会翻译[OL]. 中国网. 2015-03-03.http://v.china.com.cn/zhuanti/2015lianghui/2015-03/03/content_34937668.htm 登录时间 2019-10-03.

武光军. 翻译社会学研究的现状与问题[J]. 外国语,2008(1):75-82.

武建国、牛振俊、冯婷. 互文视域下中国传统文化的外宣——以林语堂的翻译作品为例[J]. 外语学刊,2019(6):117-121.

吴瑛. 中国话语的议程设置效果研究——以中国外交部新闻发言人为例[J]. 世界经济与政治,2011(2):16-39.

辛斌. 语篇互文性的语用分析[J]. 外语研究,2000(3):14-16.

辛斌. 批评语言学:理论与应用[M]. 上海:上海外语教育出版社,2005.

辛斌. 语篇研究中的互文性分析[J]. 外语与外语教学,2008(1):6-10.

辛斌. 中文报纸新闻标题中的转述言语(上)[J]. 当代修辞学,2013(5):48-56.

新华澳报. 美女翻译官与她们的神翻译[N]. 2015-04-10:3.

新华网. 外交部优秀青年干部与公众在线交流外交心得[OL]. 2007-04-27.http://news.xinhuanet.com/politics/2007-04/27/content_6037382.htm 登录时间 2014-12-02.

许峰、陈丹、殷甘霖. 外宣翻译的传播模式与古诗词翻译策略——以温家宝总理"两会"记者招待会为例[J]. 中国地质大学学报(社会科学版),2012(5):81-85.

徐赳赳. 互文研究综述[A]. 黄国文、常晨光. 功能语言学年度评论[C]. 北京:高等教育出版社,2010:197-211.

徐涛. 语篇与语篇的"对话"——语篇互文性的理论探讨[J]. 外语与外语教学,2006(6):56-

59.

许允兵. 扒一扒两会美女翻译：高贵冷艳美貌智慧并重[OL]. 中国网. 2015-03-13.http://cppcc.china.com.cn/2015-03/13/content_35045606.htm 登录时间 2019-10-03.

闫威. 对外新闻编译的忠实与叛逆[J]. 中国翻译,2011(6):24-27.

严文斌."趣"说政治话语对外传播[J]. 中国翻译,2015(5):8-10.

杨大亮、赵祥云. 政治文本翻译探析[J]. 上海翻译,2012(1):39-41.

杨明星、闫达."政治等效"理论框架下外交语言的翻译策略——以"不折腾"的译法为例[J]. 解放军外国语学院学报,2012(3):73-77.

杨新敏. 网络新闻版面处理的视觉中心[J]. 南京邮电大学学报,2006(4):14-18.

扬子晚报. 两会上那些"亮晶晶"的提问[N]. 2014-03-14:A09.

扬子晚报. 李总理的"任性"是怎么翻译的[N].2015-03-06:A03.

殷莉. 全国两会新闻发布历史回顾[J]. 新闻与写作,2009(4):11-12.

赞宁. 宋高僧传[M]. 北京:中华书局,1987.

曾军. 克里斯蒂娃在"词语、对话和小说"一文中对巴赫金理论的借鉴和改造[J]. 外国文学研究,2014(1):133-139.

詹成. 联络口译[M]. 北京:外语教学与研究出版社,2010.

詹成. 政治场域中口译员的调控角色[M]. 北京:外语教学与研究出版社,2013.

张冰.《马克思主义与语言哲学》是马克思主义的吗？[J]. 中国人民大学学报,2013(6):123-129.

张立英、徐勇. 新闻直接引语的叙事功能[J]. 解放军外国语学院学报,2013(3):32-36.

张璐、李聿. 美女翻译网上人气超刘翔[N]. 北京晨报,2010-03-16:A02.

张璐在首届翻译人才发展国际论坛分论坛发言[OL]. 2015-12-12.http://www.china.com.cn/news/world/2015-12/12/content_37336730.htm 登陆时间 2020-02-23

张威. 我国翻译研究现状考察——基于国家社科基金项目(2002—2013)的统计与分析[J]. 外语教学与研究,2015(1):106-118.

张晓峰、赵鸿燕. 政治传播研究[M]. 北京:中国传媒大学出版社,2011.

张易凡、许明武、张其帆. 人称指示语语用功能与口译策略研究[J]. 中国翻译,2015(4):104-109.

张援远. 谈谈领导人言论英译的几个问题[J]. 中国翻译,2004(1):55.

赵丹丹、刘伟伟. 一哥当过总理翻译,又跟着主席访奥巴马[N]. 现代快报,2013-06-13:封11.

赵鸿燕. 政府记者招待会——历史、功能与问答策略[M]. 北京:中国传媒大学出版社,2007.

赵启正. 序[A]. 汪兴明、李希光. 政府发言人15讲[C]. 北京:清华大学出版社,2006:1-3.

赵文静、胡海珠. 社会学视阈下的翻译叙事建构研究——访谈著名翻译理论家 Mona Baker 教授[J]. 中国翻译,2015(1):67-70.

赵毅衡. 论"伴随文本"——扩展"文本间性"的一种方式[J]. 文艺理论研究,2010(2):2-8.

赵毅衡. 符号学[M]. 南京:南京大学出版社,2012.

赵毅衡. 广义叙述学[M]. 成都:四川大学出版社,2013.

浙江日报. 总理身边的女翻译[N]. 1998-03-31:7.

郑晔. 国家机构赞助下中国文学的对外译介——以英文版《中国文学》(1951—2000)为个案[D]. 博士论文. 上海:上海外国语大学,2012.

中国报道网.《纽约时报》的中国态度[OL]. 2014-09-02. http://www.chinareports.org.cn/news-13-24101.html 登陆时间 2015-08-14.

中国日报网双语新闻. 政协发言人你又任性了,满嘴蹦潮词让翻译多纠结啊[OL]. 2015-03-14. http://mp.weixin.qq.com/s?＿＿biz＝MjM5MzI3NT I2MA＝＝&mid＝205299881&idx＝1&sn＝d6c6bcd4dcef9f2c3a4c01af5346 a073♯rd 登录时间 2015-03-14.

中国网. 张璐在首届翻译人才发展国际论坛分论坛发言[OL]. 2015-12-12. http://www.china.com.cn/news/world/2015/12/12/content_37336730.htm 登录时间 2019-10-03.

总理记者会 16 年[OL].检索于 http://news.ifeng.com/special/zhonglijizhehui/时间不详. 登录时间 2020-02-10.

仲伟合. 序. 詹成. 政治场域中口译员的调控角色[M]. 北京:外语教学与研究出版社,2013:i-iii.

仲伟合、贾兰兰. 中国口译研究的发展和研究走向浅析——一项基于国内口译研究博士论文的分析[J]. 中国翻译,2015(2):19-25.

周宇豪. 政治传播学[M]. 武汉:武汉大学出版社,2013.

周宗顺. 从国防部理性记者会看应对记者提问方法[J]. 军事记者,2014(6):49-50.

朱纯深、张峻峰. "不折腾"的不翻译:零翻译、陌生化与话语解释权[J]. 中国翻译,2011(1):68-72.

祝克懿. 互文性理论的多声构成:《域士》、张东荪、巴赫金与本维也斯特、弗洛伊德[J]. 当代修辞学,2013(5):12-27.

朱晓敏、曾国秀. 现代汉语政治文本的隐喻模式及其翻译策略——一项基于汉英政治文本平行语料库的研究[J]. 解放军外国语学院学报,2013(5):82-86.

朱振明.理解国际传播:问题、视角和阐释[M]. 北京:中国广播电视出版社,2013.

附　录

附录1　转写符号[①]

转写符号

,	继续性语调
。	终止性语调
?	询问语调
…	未结束或渐弱语调
……	省略部分话语
(.)	短暂停顿
(..)	2秒以上停顿
(er..)	英语口语赘词
(嗯)	汉语口语赘词
(呃)	汉语口语赘词
(啊)	汉语口语赘词
(XXX)	无法听清
(sic)	原文如此
///	重叠话轮

---

① 本研究的转写符号参考瓦登斯约（Wadensjö，1998：xxi）、迪里凯尔（Diriker，2004：149）和任文（2010：356）著作中使用的转写符号。

附录2　记者会口译语料

时间:1999-04-08

时长:01:32:05

基本信息:中国国务院总理朱镕基和美国总统克林顿(Bill Clinton)在美国白宫举行联合记者招待会,朱彤担任译员。记者招待会主要涉及中美关系、中美在台湾问题上的立场、中美军事安全、中国经济发展和经济政策、中国的人权政策等问题。

时间:2003-05-30

时长:02:10:39

基本信息:中国国务院新闻办公室召开记者招待会,邀请卫生部常务副部长高强介绍非典型肺炎防治工作进展情况,戴庆利担任译员。记者招待会主要涉及非典型肺炎疫情的发展情况、疫情病例的数据通报、各级政府监管和控制疫情的主要措施和防治经验、政府信息发布的透明度、疫情对中国经济和社会的影响、国家公共卫生制度建设等问题。

时间:2006-12-28

时长:01:35:59

基本信息:中国国务院新闻办公室召开记者招待会,邀请蔡武主任介绍中国新闻发布工作和新闻发言人制度建设的进展情况,钱歆艺担任译员。记者招待会主要涉及国家新闻发言人制度的建立健全、新闻发布会制度的发展、信息发布的即时性和透明度、中国的对外传播政策、外国记者在华采访的规定等问题。

时间:2009-02-21

时长:00:55:12

基本信息:中国外交部长杨洁篪和美国国务卿克林顿(Hillary Diane Rodham Clinton)在北京钓鱼台国宾馆举行联合记者招待会,译员信息不详。记者招待会主要涉及中美关系、中美在外交、经贸、能源、气候等领域的政策、人权问题等议题。

时间:2010-03-14

时长:02:17:41

基本信息:全国人大十届三次会议闭幕后,中国国务院总理温家宝在人民大会堂会见记者,回答记者提问,张璐担任译员。记者招待会主要涉及中国货币政策、中国经济形势和经济政策、外交政策、海峡两岸商签经济合作协议、中国在国际舞台上的作用、香港的经济发展、外商投资环境、中美关系等问题。

时间：2011-01-19

时长：01：07：50

基本信息：中国国家主席胡锦涛和美国总统奥巴马（Barack Hussein Obama）在美国白宫举行联合记者招待会，费胜潮担任译员。记者招待会主要涉及中美关系、中美在经贸、军事、国家安全、民间往来、人权问题等方面的对话和合作、货币政策、两国签署的协议等议题。

时间：2012-05-07

时长：00：47：51

基本信息：中国国防部长梁光烈和美国国防部长帕内塔（Leon Panetta）自美国五角大楼举行联合记者招待会，译员信息不详。记者招待会主要涉及中美军事战略、两军关系、地区和世界安全局势、网络安全等问题。

时间：2012-09-05

时长：00：37：25

基本信息：中国外交部长杨洁篪和美国国务卿克林顿在北京人民大会堂举行联合记者招待会，译员信息不详。记者招待会主要涉及中美关系、网络安全、两国外交政策、对话机制、两国在国际事务中的责任和合作、对国际局势和地区和平稳定的看法和主张等问题。

时间：2013-06-07

时长：00：38：04

基本信息：中国国家主席习近平和美国总统奥巴马在美国安纳伯格庄园举行联合记者招待会，孙宁担任译员。记者招待会主要涉及中美战略关系、中美对话和合作的制度化和常态化、国际局势、网络安全等问题。

时间：2013-08-19

时长：01：02：22

基本信息：中国国防部长常万全和美国国防部长哈格尔（Chuck Hagel）在美国五角大楼举行联合记者招待会，译员信息不详。记者招待会主要涉及中美两军关系、军事政策、两军在维护地区和国际安全、网络安全等方面的协调和合作、中美军事安全磋商机制的建立、联合军演等问题。

时间：2014-11-02

时长：00：50：48

基本信息：中国国家主席习近平和美国总统奥巴马在北京人民大会堂举

行联合记者招待会,孙宁担任译员。记者招待会主要涉及中美关系、两国在经贸往来、地区和世界安全、能源、气候、信息技术等方面的主张,以及两国的交流和合作等问题。

时间:2015-03-02

时长:01:28:07

基本信息:全国政协十二届三次会议记者招待会召开,大会新闻发言人吕新介绍全国政协工作情况,回答记者提问,张蕾担任译员。记者招待会主要涉及本次大会主要安排、全国政协2014年主要工作、反腐败工作、反恐国际合作、中央对香港政改的立场、民主党派参政议政、政府维护民族宗教信仰工作、政协的民主监督作用、政协推动中小微企业技术创新等问题。

附录 3 记者会话语的新闻转述报道

1.1999 年 4 月 8 日朱镕基克林顿联合记者会

序号	作者	标题	来源(标注)	时间	版面
1	David Sanger	U. S.-China Talks Fail To Produce Major Trade Deal	NYT (east)1	1999-04-09	1
2	David Stout	China's Prime Minister Denies Secrets Were Stolen	NYT (east)2	1999-04-09	12
3	anonymous	Quotation of the Day	NYT (east)3	1999-04-09	2
4	Walter Shapiro	Only So Much U.S. Can Do about China	USAT1	1999-04-09	09A
5	Susan Page	Clinton, Zhu Take Light Tone on Serious Issues	USAT2	1999-04-09	06A
6	Helene Cooper, Bob Davis	No Deal: Overruling Some Staff, Clinton Denies Zhu What He Came for	WSJ (eastern)1	1999-04-09	A1
7	David S. Cloud, Phil Kuntz	Probe of Chinese Donations to Clinton Campaign Stalls	WSJ (eastern)2	1999-04-09	A14
8	Kenneth R. Bazinet	China Premier Denies Theft Says No Nuclear Secrets Taken	NYD	1999-04-09	无法获取
9	Andrew Cain	China's Zhu Denies Spying, Nuke Theft—Outspoken Leader Defends Rights Record	WT	1999-04-09	无法获取
10	Deborah Mathis	Zhu Denies China Stole Nuke Secrets	ST	1999-04-09	无法获取
11	Nancy Dunne	World Trade: Zhu Steals the Show	FT1	1999-04-09	无法获取
12	Nancy Dunne, Stephen Fidler	First Section: US and China Fall Short of Deal on WTO Entry	FT2	1999-04-09	无法获取

续表

序号	作者	标题	来源(标注)	时间	版面
13	Ben Macintyre	Fresh Spy Claims Hit Zhu's US Visit	TT	1999-04-09	无法获取
14	MATP	China Denies Theft of Secrets	DT (Sydney)	1999-04-09	无法获取
15	George Gedda	China Premier Mulls Export Issue	AP1	1999-04-09	N/A
16	AP	Taiwanese Outraged by Zhu Remarks	AP2	1999-04-09	N/A
17	Xinhua News Agency	China And USA to Issue Joint Statement On 'Significant Progress' of WTO Talks	XHA	1999-04-09	N/A
18	NPR(show)	Analysis：President Clinton and Premier Zhu Rongji of China Make Some Headway on an Agreement to Allow China into the WTO	NPR (show)	1999-04-09	N/A

2.2009 年 2 月 21 日杨洁篪希拉里联合记者会

序号	作者	标题	来源(标注)	时间	版面
1	Mark Landler	Clinton Paints China Policy with a New Green Hue	NYT(east)	2009-02-22	A8
2	Paul Richter，Barbara Demick	U.S.，China to Divide Issues into Separate Tracks	LAT	2009-02-21	无法获取
3	Geoff Dyer	US，China On 'Help Lead the World Recovery'	FT	2009-02-21	无法获取
4	TG(web)	Clinton Seeks Consensus with China on Tackling Global Economic Woes	TG(web)	2009-02-21	N/A
5	Matthew Lee	Clinton Assures China on Investments in US	AP1	2009-02-21	N/A
6	Matthew Lee	Clinton Urges China's Continued Investment in US	AP2	2009-02-22	N/A
7	Xinhua News Agency	China to Have Human Rights Dialogue With U.S	XHA	2009-02-21	N/A

3.2011 年 1 月 19 日胡锦涛奥巴马联合记者会

序号	作者	标题	来源（标注）	时间	版面
1	Helene Cooper，Mark Landler	Obama Raises Human Rights，Pressing China	NYT（east）1	2011-01-20	A1
2	Michael Wines	In Words at Least，Subtle Signs Of Progress in U. S.-China Relations	NYT（east）2	2011-01-20	A12
3	Richard Wolf	More Needs to Be Done on Human Rights，Hu Says：U. S.-China Economic Issues Also Hot Topic During Day of Tough Talks	USAT	2011-01-20	A4
4	Bob Davis	Rivals Seek New Balance：Obama，Hu Emphasize Common Ground，Gloss Over Lasting Disputes at Summit	WSJ（eastern）	2011-01-20	A1
5	Thomas M. De Frank	Red Carpet for China Prez. but Amid Glitter，Bam，Hu also Discuss Serious Stuff	NYD	2011-01-20	无法获取
6	Ed. Crooks	China's Success 'Made Possible' By US	FT	2011-01-20	无法获取
7	Ewen Macaskill，Tania Branigan	The Strain Behind the Smiles	TG	2011-01-20	无法获取
8	Giles Whittell	We Must Improve Our Human Rights Record，Chinese Leader Tells America	TT	2011-01-20	无法获取
9	Erica Werner	Translation Confusion at Obama-Hu News Conference	AP1	2011-01-19	N/A
10	Ben Feller	With Obama，Hu Concedes China's Rights Need Help	AP2	2011-01-20	N/A
11	Tom Raum	Hu Urges Closer US-China Ties as World Powers	AP3	2011-01-20	N/A

续表

序号	作者	标题	来源（标注）	时间	版面
12	Darlene Superville	A Jazzy All-American State Dinner for Chinese Prez	AP4	2011-01-20	N/A
13	Ali Velshi, Ed Henry	Analysis of U. S./China Relationship, Post-Press Conference	CNN (newsroom)	2011-01-19	N/A
14	the CNN wire straff	Highlights: Hu Jintao Tells Business Leaders China Is not Pusuing An Expansionist Policy	CNN （wire）1	2011-1-20	N/A
15	Jill Dougherty	How Did Obama's Salesmanship Stack Up With China?	CNN(wire)2	2011-01-20	N/A
16	NPR(show)	Obama, Hu Discuss Econoic Ties, Human Rights	NPR （show）	2011-01-19	N/A
17	UPI News Service	Obama, Hu Questioned on Human Rights	UPI	2011-01-19	N/A
18	Xinhua News Agency	Highlights of Chinese President's Activities in U.S.	XHA1	2011-01-20	N/A
19	Du Jing	Youth Serve as Best Ambassadors Between China, U.S.	XHA2	2011-01-20	N/A
20	XHA （economic）	China, U.S. Aim at Cooperative Partnership for Global Benefits	XHA （economic）	2011-01-19	N/A
21	Eyder Peralta	Obama and Hu Tackle Human Rights, Currency During Press Conference	NPR(blog)	2011-01-19	N/A

4.2012 年 5 月 7 日梁光烈帕内塔联合记者会

序号	作者	标题	来源（标注）	时间	版面
1	Tan Yingzi	China's Defense Minister Visits Pentagon, Panetta	CD(web)	2012-05-08	N/A
2	Lolita C. Baldor	US, China To Cooperate More On Cyber Threat	AP	2012-05-08	N/A

5.2012 年 9 月 5 日杨洁篪希拉里联合记者会

序号	作者	标题	来源（标注）	时间	版面
1	Steven Lee Myers, Jane, Perlez	No Movement on Major Disputes as Clinton Meets with Chinese Leaders	NYT（east）	2012-09-06	A10
2	Brian Spegele, Monica Langley	U.S. and China Yield Little Ground in Talkss	WSJ（eastern）	2012-09-06	A10
3	Kathrin Hille	Clinton Struggles to Reassure Beijing	FT	2012-09-06	无法获取
4	AFP	China, US Sea Code Could Smooth Troubled Waters	TA	2012-09-06	无法获取
5	Malcolm Moore, Julian Ryall	China's Xi Jinping Cancels Hillary Clinton Meeting Amid 'Tensions'	DT（web, London）	2012-09-05	N/A
6	Teddy Ng	Wen and Clinton Fail to Narrow Key Differences	SCMP1	2012-09-06	无法获取
7	Keith Zhai, Teddy Ng	'Scheduling' Issues Force Xi To Cancel Clinton Talks	SCMP2	2012-09-06	无法获取
8	Peh Shing Huei	Xi Jinping Suffers Injury, Calls Off Meetings	TST	2012-09-06	无法获取
9	Matthew Lee	Clinton's China Visit Produces No Breakthrough	AP1	2012-09-05	NA
10	Matthew Lee	US Expects South China Tensions to Rise	AP2	2012-09-06	N/A
11	Xinhua News Agency	China's Position On South China Sea Consistent, Clear	XHA1	2012-09-05	N/A
12	Xinhua News Agency	China Calls for Open, Inclusive Asia-Pacific Region	XHA2	2012-09-05	N/A
13	Xinhua News Agency	China to Maintain Coordination on Ian	XHA3	2012-09-05	N/A
14	the CNN wire staff	Clinton Visits Young Nation of East Timor, Misses Husband's Speech	CNN（wire）	2012-09-06	N/A

6.2013 年 6 月 7 日习近平奥巴马联合记者会

序号	作者	标题	来源（标注）	时间	版面
1	Jackie Calmes，Steven Lee Mayers	Obama and Xi Tackle Cyber Security as Talks Begin in California	NYT（east）	2013-06-08	A5
2	Jackie Calmes，Steven Lee Myers	Obama and Chinese President Open Informal Meetings In California	NYT（paper）	2013-06-08	A5
3	Philip Rucker	Obama Warns Xi on Continued Cyber Theft	WP（paper）	2013-06-09	A5
4	Colleen McCain Nelson，Jeremy Page	Obama, Xi Conclude 'Shirtsleeves' Summit, Pledge to Continue Talks	WSJ（online）	2013-06-08	N/A
5	Julie Pace	Obama Says US, China Must Develop Cyber Rules	AP（financial）	2013-06-08	N/A
6	UPI News Service	Obama, Xi Agree to Cooperate on Phasing down HFC Usage	UPI	2013-06-08	N/A
7	XHA（economic）	Xi, Obama Hold Second Meeting on Economic Ties	XHA（economic）	2013-06-08	N/A
8	Kyung Lah，Fredricka Whitfield	Obama Meets with China's President	CNN（newsroom）	2013-06-08	N/A

7.2013 年 8 月 19 日常万全哈格尔联合记者会

序号	作者	标题	来源（标注）	时间	版面
1	Julian Barnes	U. S. Improving China Military Ties	WSJ（online）	2013-08-19	N/A
2	Chen Weihua	China, US Militaries Bolster Ties	CD（USA）	2013-08-20	1
3	Robert Burns	Hagel Says He Will Visit China Next Year	AP（financial）	2013-08-20	N/A
4	Xinhua News Agency	China, U. S. Agree on New Steps to Enhance Military Cooperation	XHA	2013-08-20	N/A

8.2014 年 11 月 12 日习近平奥巴马联合记者会

序号	作者	标题	来源(标注)	时间	版面
1	Mark Landler	Fruitful Visit by Obama Ends With A Lecture From Xi	NYT(paper)	2014-11-13	A6
2	Carol E Lee，Jeremy Page，William Mauldin	Obama，Xi Unveil Commitments to Curb Greenhouse Gas Emissions，Avert Militry Confrontations	WSJ(online)	2014-11-12	N/A
3	Carol E Lee	In Rare Move，Obama and Xi Take Questions at News Conference in Beijing	WSJ(online)	2014-11-12	N/A
4	Tania Branigan	US And China Agree More Cooperation But Differ Over Hong Kong Protests	TG(web)	2014-11-12	N/A
5	Malcolm Moore	Xi Jinping Declares Hong Kong Protests Are 'Illegal'	DT(web, London)	2014-11-12	N/A
6	Kashmira Gander	President Obama Denies US Supported Hong Kong Protesters	TI(web)	2014-11-12	N/A
7	Wu Jiao	Xi, Obama Seek to Buoy Public Perceptions	CD(USA)	2014-11-13	3
8	Julie Pace	Obama，Xi Seek to Downplay Persistent Tensions	AP	2014-11-12	N/A
9	Jim Acosta，Matthew Hoye	Colorful Economic Summit Ends With Rare News Conference in Beijing	CNN(wire)	2014-11-12	N/A
10	Brianna Keilar，Rachel Crane，Mark Hertling	Awkward Exchange Between Chinese President	CNN(newsroom)	2014-11-12	N/A
11	Laura Sullivan	China's Leader Says Journalist Are Like Broken Cars	NPR(blog)	2014-11-12	N/A

附录4　记者会口译的新闻评论报道

1.报纸报道

序号	作者	标题	来源	时间	版面
1	浙江日报	总理身边的女翻译	《浙江日报》	1998-03-31	7
2	单一良	费胜潮:"黑马"闯进外交部	《中国产经新闻报》	2009-09-21	B8
3	底东娜	总理记者会5年来首次起用女翻译	《法制晚报》	2010-03-15	A17
4	王燕、郭悦	巧译古诗词 总理翻译网络"走红"	《法制晚报》	2010-03-16	A15
5	张璐、李津	总理翻译网络人气超刘翔	《北京晨报》	2010-03-16	A02
6	江阴日报	总理翻译张璐 一战成名	《江阴日报》	2010-03-18	A04
7	陈潇俊、沈丹	"两会"同声翻译	《兰州日报》	2010-03-21	4
8	刘德胜	张璐翻译,我们稀罕你!	《每日新报》	2010-03-22	25
9	李光	揭秘:外交部如何培养国家领导人翻译	《国防时报》	2010-04-21	05
10	李佳、张全友、肖书瑶	费胜潮再次见证胡锦涛访美	《长江日报》	2011-01-26	12
11	窦仲	总理翻译是怎样炼成的	《新文化报》	2011-03-15	A05
12	涂秋晨	张璐三年总理记者会精彩翻译	《扬子晚报》	2012-03-15	A9
13	兰州晨报	看"总理翻译"译的"古语"	《兰州晨报》	2012-03-16	A29
14	蒋大伟	两会冷艳美女翻译走红网络 她叫张京,杭外毕业的	《都市快报》	2013-03-14	08
15	温如军、郭媛丹、陶韵西	16个字标准 选出翻译	《法制晚报》	2013-03-17	A12
16	王璟	从南外走出的"总理翻译"大学没毕业就被外交部相中	《扬子晚报》	2013-03-18	A12

续表

序号	作者	标题	来源	时间	版面
17	储信艳	领导人的翻译如何炼成？	《新京报》	2013-04-06	A13
18	赵丹丹、刘伟伟	一哥当过总理翻译 又跟着主席访奥巴马	《现代快报》	2013-06-13	封11
19	石小磊	美女翻译归来兮，依旧"高大上"总理说话直白兮，她照样翻得溜	《扬子晚报》	2014-03-14	A09
20	张洁清	总理英语好 还用翻译吗？	《法制晚报》	2014-06-18	A04
21	邓媛	揭秘中国领导人翻译团队	《国际先驱导报》	2014-12-19	32
22	沈蒙和	今年两会"任性"女翻译，又是杭外毕业生	《钱江晚报》	2015-03-04	A0015
23	郝也	两会火了一对翻译伉俪	《金陵晚报》	2015-03-05	A06
24	李欣	两会女神翻译逐个数	《南方都市报》	2015-03-05	AA04
25	苏妮	发言说"任性" 翻译不任性	《法制晚报》	2015-03-06	A21
26	扬子晚报	李总理的"任性"是怎么翻译的	《扬子晚报》	2015-03-06	A03
27	王晓枫	两会翻译是怎样炼成的？	《新京报》	2015-03-09	A11
28	涂秋晨	"蘑菇头女神"翻译5上总理记者会	《扬子晚报》	2015-03-16	A09
29	蒲琳	揭秘国家领导人身边的"高翻"	《新华澳报》	2015-04-10	03

2.门户网站报道

序号	作者/编辑	标题	来源	时间
1	李阳泉	朱彤:总理记者会上的女翻译	凤凰网	2007-03-13
2	凤凰网	组图:总理记者会上的翻译们	凤凰网	2007-03-13
3	李樵、陈俊旺	在总理记者会上当翻译 费胜潮讲述幕后故事	中国新闻网	2007-03-19
4	王淼之	温总理记者招待会上的现场美女翻译为何受热捧？	人民网	2010-03-16
5	刘娜	走近总理身边的女翻译:经历了"淘汰式培训"	中国共产党新闻网	2010-04-22
6	钱小蹲	小清新翻译成为两会一道亮丽风景线	凤凰网	2012-03-06

续表

序号	作者/编辑	标题	来源	时间
7	李潇堃	探访外交部翻译室：平均年龄 31 岁女干部占 70%	中国日报网	2012-05-25
8	李志强	盘点网上走红的两会美女翻译	新华网	2014-03-08
9	李清	总理记者会美女翻译知多少	新华网	2014-03-14
10	凤凰网	历届两会上的美女翻译	凤凰网	2015-03-03
11	单芳、陈悦	2015 两会：遇"反腐大家都很任性"美女翻译卡壳	人民网	2015-03-03
12	吴爱凤	两会新闻眼："任性"不起来的两会翻译	中国网	2015-03-03
13	丛芳瑶	盘点历届两会上的美女翻译	光明网	2015-03-04
14	王飞	2015 年两会："小木屋"里的男女翻译	中国青年网	2015-03-06
15	李福森	2015 两会：女翻译头戴发卡清纯小清新	中国网	2015-03-07
16	许允兵	扒一扒两会美女翻译：高贵冷艳美貌智慧并重	中国网	2015-03-13
17	李鑫	两会上的翻译	中国网	2015-03-14
18	人民网	国务院总理李克强答中外记者问：记者聚焦女翻译	人民网	2015-03-15

3.记者会译员接受媒体采访

序号	嘉宾	内容	主办方	时间
1	费胜潮	外交部优秀青年外交干部代表做客嘉宾聊天室，与公众在线交流	外交部网站与新浪网（中国外交论坛与新浪网论坛）	2007-04-27

4.微信报道

序号	作者/编辑	标题	微信公众号	时间
1	单颖文	陆谷孙：试译"任性"和"铁帽子王"	文汇学人	2015-03-06
2	中国日报网双语新闻	政协发言人你又任性了……满嘴蹦潮词让翻译多纠结啊……	中国日报网双语新闻	2015-03-14
3	卢永春、胡洪江、崔鹏	总理记者会翻译还是她！看看她的高难度翻译	人民日报	2015-03-15